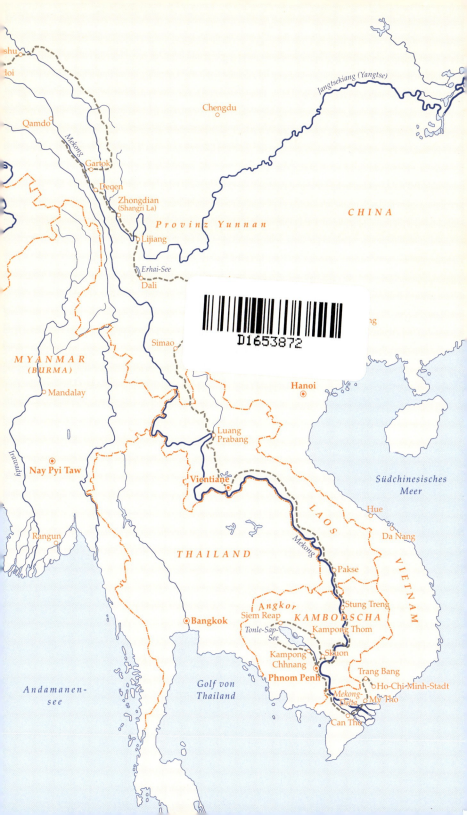

ANDREAS PRÖVE
*Abenteuer Mekong*

ANDREAS PRÖVE

# *Abenteuer Mekong*

5700 Kilometer von Vietnam
bis ins Hochland von Tibet

Mit 30 farbigen Fotos und zwei Karten

MALIK

*Mehr über unsere Autoren und Bücher:*
*www.malik.de*

Alle Fotos aus dem Archiv Andreas Pröve.
Die Bilder S. 1, 4–7, 9 oben, 12 unten, 21 unten, 22/23 und 24 unten wurden von Nagender Chhikara aufgenommen.

ISBN 978-3-89029-423-0
© Piper Verlag GmbH, München 2013
Karten: Eckehard Radehose, Schliersee
Satz: seitenweise, Tübingen
Gesetzt aus der Sabon
Litho: Lorenz & Zeller, Inning a. A.
Druck und Bindung: CPI – Ebner & Spiegel, Ulm
Printed in Germany

*Für meinen treuen Freund Nagender*

## Inhalt

| | |
|---|---:|
| Der ganz normale Wahnsinn | 11 |
| Die Spuren des Vietnamkriegs | 17 |
| Auf ins Delta | 26 |
| Im Land der Khmer | 37 |
| Phnom Penh, eine ganze Stadt in Feierlaune | 45 |
| Geister, Götter und Dämonen | 55 |
| »Zuladung« ist in Kambodscha ein dehnbarer Begriff | 64 |
| Wegelagerer in Uniform | 71 |
| Angkor – in Stein gehauene Harmonie | 78 |
| Die Spinnen von Skuon | 84 |
| Unsere erste Nacht am Ufer des Mekong | 90 |
| Eine gigantische Sackgasse | 99 |
| Laos, eine weitere Kleptokratie | 107 |
| Einmal Robinson sein | 112 |
| Streubomben, heimtückische Ausgeburt der Waffenindustrie | 121 |
| Als Passagier im Torpedo | 130 |
| Allein durch China | 139 |
| Lost in Translation | 145 |
| Nebel in den Bergen – Fotografenpech | 150 |

| | |
|---|---:|
| Jao Lan – Nebel in den Bergen bringt Glück | 160 |
| Chinesen und der Tourismus, eine unheilige Allianz | 171 |
| Eine folgenschwere Entscheidung | 176 |
| Abschied von Catleen | 190 |
| Lebensgefahr im Tunnel | 197 |
| Der Kormoranfischer und seine Vögel | 205 |
| Lijiang | 211 |
| An der Grenze meiner Leistungsfähigkeit | 217 |
| *Gan-bei*, lasst uns die Gläser trocknen! | 224 |
| Tibet ist atemberaubend | 233 |
| Ich gehe fast vor die Hunde | 244 |
| Ein Pilz durchkreuzt meinen Plan | 254 |
| Doujie – meine letzte Hoffnung | 264 |
| Bei tibetischen Yakbauern | 271 |
| Am Ende aller Wege | 281 |
| Das Ziel | 291 |
| Nachspiel | 301 |

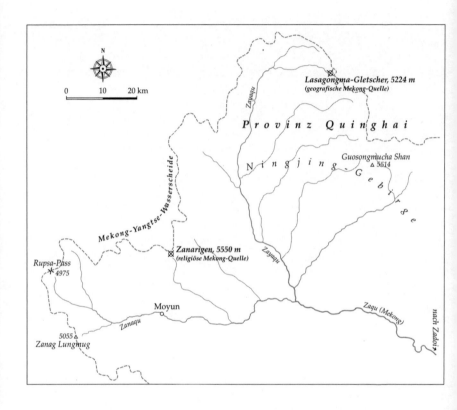

## Der ganz normale Wahnsinn

Auf dem Gehsteig habe ich einen herrlichen Blick auf die größte Attraktion der Stadt – den Verkehr. Was ich sehe, kriegt mein Verstand nicht zu fassen: ein Paradox, an dem jeder Chaosforscher seine Freude hätte. Es rauscht ein Meer bunt behelmter Geisterfahrer auf Mopeds in allen Richtungen an mir vorüber. Überall sehe ich Kollisionen voraus, höre schon das Krachen von Blech und Plastik, doch nichts passiert. Es muss ein Wunder sein. Oder besitzen diese Menschen ein mir unbekanntes Sinnesorgan, das sie befähigt, sich mit schlafwandlerischer Sicherheit durch ein schier undurchdringliches Gewirr anderer Mopeds zu lavieren?

Ich bin fasziniert. Größte Bewunderung habe ich für die Linksabbieger. Sie müssen sehenden Auges in den gegenläufigen Verkehr fahren. Eigentlich Selbstmord. Todesmutige Individualisten, Rebellen mit eigenem Kopf, kürzen den Kreisverkehr ab und fahren links herum, um sich den scheinbar unsinnigen Umweg zu sparen. Geht gar nichts mehr, muss der Bürgersteig herhalten.

Spiegelt sich hier etwa die vietnamesische Mentalität? Wenn es so ist, muss es ein Volk von Querdenkern, Anarchisten und Partisanen sein. Auf Anhieb sympathisch.

Nach einer Weile glaube ich, hinter den Überlebenstrick der Dschungelkämpfer auf zwei Rädern gekommen zu sein: Es ist der Blickkontakt, er muss es sein. Kommunikation mit den Augen ist das Geheimnis, denn die Hupe wird kaum bemüht, und eine spezielle Geste gibt es nicht.

Mir ist klar, Ho-Chi-Minh-Stadt hält für mich ihren Initiationsritus bereit. Überlebe ich sie – und das bedeutet, alles zu vergessen, was ich in der Fahrschule gelernt habe –, bin ich optimal auf meine Reise entlang des Mekong vorbereitet.

Ich docke das Handbike vor meinen Rollstuhl, setze die Kurbel in die richtige Position und lege den ersten Gang ein. Sogleich fühle ich mich wie der Kajakfahrer beim Einsetzen ins Wildwasser. Eine große Herausforderung wartet auf mich, ohne dass ich die leiseste Ahnung hätte, wie das Spiel ausgeht. Ich fahre den Bürgersteig entlang bis zu einer Absenkung und fädele mich in den Strom ein. Das klappt schon ganz gut. Doch beim Überqueren der Kreuzung kommt es fast zu einer Kollision mit einem Stadtbus. Sosehr ich auch den Blickkontakt mit einem Lächeln suche – und alle lächeln freundlich zurück –, ich bewege mich doch wie ein Fremdkörper in der Masse. Fluchtartig ziehe ich mich zum rettenden Ufer, zum Gehsteig, zurück. Offensichtlich fehlt mir irgendein Trick, um sicher über die Straße zu kommen. Es ist wohl das rechte Augenmaß für die passende Lücke. Immerzu stürze ich mich in den Verkehr. Und jedes Mal lerne ich dazu, vor allem, was ich eigentlich längst weiß: Mein Rolli ist genau sechsundfünfzig Zentimeter breit, und jede Lücke von sechzig Zentimetern reicht.

Dann, als hätte jemand einen Schalter umgelegt, gehöre ich plötzlich dazu. Linksabbiegen gegen den Verkehr?, kein Problem, wie von selbst tut sich eine Lücke auf. Den Kreisverkehr austricksen?, niemand nimmt mir das übel. Jetzt der Härtetest: bei Rot über die Ampel fahren und in den Querverkehr eintauchen. Es funktioniert.

Augenblicklich fühle ich mich wie der Teil eines gigantischen Fischschwarmes, in dem eine wundersame Harmonie alle Verkehrsregeln ersetzt, gerade so, als hätte Buddha seine Hand im Spiel – gerade so, als wäre ich unverwundbar. Welch ein Start für eine Reise, die fünftausendsiebenhundert Kilometer weiter in der chinesischen Provinz Qinghai an der Quelle des Mekong zu ihrem Höhepunkt kommen soll.

Sieben verschiedene Namen wird der Fluss bis dahin haben, sieben buddhistische Länder durchqueren oder streifen. Für Millionen Menschen ist der Mekong die Lebensgrundlage, die »Mutter aller Wasser«.

Im tibetischen Hochland, dort oben, wo er entspringt, nennen sie ihn Zaqu, das Wasser der Felsen. Doch bereits für die Chinesen in Yunnan ist er Lancangjiang, der Turbulente, Burma bezeichnet ihn als Mekaung Myit, majestätischer Fluss. In Laos und Thailand wird er zur Mae Nam Kong, der Mutter aller Wasser. Das Volk der Khmer sagt Tonle Thom, großer Strom, und schließlich mündet er in Vietnam mit dem Namen Song Cuu Long, Fluss der neun Drachen, ins Südchinesische Meer. Der Rest der Welt sagt einfach Mekong.

Gleichzeitig verbindet er drei vom Krieg geschundene Länder: Vietnam, Kambodscha und Laos, die langsam das Trauma von Völkermord, Flächenbombardements und Hungersnot überwinden. Dieser Fluss, die uralten Kulturen an seinen Ufern, die Menschen, die von ihm leben, und ihre Schicksale, all das wird der rote Faden für die kommenden Monate sein.

Mit dabei ist mein Freund Nagender aus Indien, der, was Verkehrsregeln und den Umgang damit angeht, aus seiner Heimat einiges gewohnt ist. Er schaut eher gelangweilt dem Treiben auf der Straße zu. Wundert sich, was mich daran so fesselt.

Für ihn müssen wir ein Moped besorgen.

Vor ein paar Jahren wurde er in Delhi von dem angetrunkenen Fahrer einer Motorrikscha übel am Knie verletzt. Radfahren ist für ihn seitdem eine Qual. Davon ganz abgesehen, war Fahrradfahren sowieso nie sein Ding. Deshalb machen wir uns also auf den Weg, um ihn zu motorisieren. Das geht in Saigon, wie Ho-Chi-Minh-Stadt früher hieß, schnell. In einem der vielen Reisebüros um unser Hotel herum bekommen wir sogar die Adresse einer Mopedvermietung, die in Chau Doc an der kambodschanischen Grenze eine Filiale hat. Dort können wir das Moped abgeben.

Während wir mit dem Mitarbeiter des Büros über unser Vorhaben sprechen und uns Infos zu den Formalitäten der Grenzüberschreitung nach Kambodscha holen, fällt mir auf, dass wir die Aufmerksamkeit des Wachmanns geweckt haben. Der Mittdreißiger, der mit offensichtlichem Stolz seine blaue Uniform mit Kordel und Schulterklappen zur Schau trägt, hatte zunächst mit verschränkten Armen im Eingang gestanden und mir dann beim Betreten des Büros die Tür geöffnet. Nun beugt er sich über unsere Unterlagen und gibt Kommentare ab, sehr zum Unmut unseres Gesprächspartners.

Beim Verlassen des Büros redet er in gebrochenem Englisch auf uns ein. Zunächst begreife ich nicht, um was es ihm geht. Die Art und Weise, wie er spricht, die Intensität und sein missionarischer Eifer ist, wie ich richtig vermutet hatte, religiös motiviert. Er hätte gehört, welch lange Reise wir uns vorgenommen haben, und rät uns eindringlich, vor dem Start den Segen eines Ho Phap zu erbitten. Wir würden sonst die Reise nicht überstehen, nicht einmal heil aus der Stadt kommen.

Gleichzeitig greift er zielsicher, ohne hinzuschauen, in seine Umhängetasche und zieht eine Postkarte heraus, die er mir in die Hand drückt, als wüsste er um die knappe Zeit, die ihm bleibt, uns zu überzeugen. Darauf abgebildet ist formatfüllend eine Art Ritterfigur, gestützt auf ein übergroßes, bluttriefendes Schwert. Ganz unpassend dazu das Lächeln auf dem Gesicht des Heiligen. Der arme Wachmann ist an die Falschen geraten. Er ahnt nicht, wie ungläubig und wenig empfänglich wir für Okkultes sind. Da bin ich mir mit Nagender einig. Gotteshäuser sind für Nagender, den Hindu, und für mich als Christ eher touristische Attraktionen.

Das ist der Grund, warum wir mit Neugierde und Interesse seinem Rat folgen, die Pagode des Jadekaisers zu besuchen. Dort würden wir also von höchster Stelle grünes Licht für unsere Reise bekommen.

Zwei Mal fahren wir am Eingangstor der Pagode vorbei, ohne es zu bemerken. Nein, dies ist eine Wohnstraße, hier konnte es nicht sein. Bei dem Begriff »Pagode des Jadekaisers« stelle ich mir ein opulentes frei stehendes Gebäude vor, doch so etwas gibt es hier nicht. Man schickt uns aber erneut in diese Gasse.

Käme uns nicht eine auffällig lärmende chinesische Reisegruppe entgegen, wir wären ein drittes Mal an dem unscheinbaren Tor vorbeigefahren. Einer Oase im Verkehrslärm gleich, finden wir uns in einen großen, grob gepflasterten Innenhof ein, dessen Mitte ein Wasserbassin dominiert. Der Platzbedarf der Schildkröten in diesem Becken – sie sollen dem Besucher ein langes Leben prophezeien – entspricht ungefähr dem eines durchschnittlichen Mopedfahrers im Straßenverkehr.

Jenseits davon erhebt sich das schwarze Eingangstor zum Tempel. Blaue Schwaden von Räucherstäbchen ziehen heraus, das Innere des Tempels ist geschwärzt davon. Vor dem Tor wird gerade eine Zeremonie vorbereitet, die die guten Geister auf den rechten Weg führen soll. Das jedenfalls wird mir von der Auftraggeberin dieses Rituals, einer jungen Frau in einem knappen T-Shirt, erklärt. Meine übrigen Fragen bleiben unbeantwortet. Schon reiht sie sich, mit Räucherstäbchen bewaffnet, in eine Art Polonaise ein, die von einem Priester angeführt wird. Die feierliche Handlung dreht sich um rituelle Gegenstände auf dem Boden: eine symbolische Brücke, ein zerbrochener Krug, Räucherstäbchen auf der anderen Seite der Brücke und zubereitete Speisen. Der Priester ist mit einem Funkmikro ausgestattet, das sein Gebet für alle Teilnehmer hörbar macht. Dazu trägt er eine Art Krone, Zepter und die orangefarbene Kutte der buddhistischen Mönche. Das Befremdliche an dieser Szenerie bekommt eine zusätzliche Note, als es in der Tasche einer der Gläubigen klingelt. Ungerührt unterhält sich eine Dame während des Rituals am Handy. Ich schaue zu meinem Freund Nagender hinauf, und tausend Worte sind gewechselt.

Vielen Religionen sind wir auf unseren Reisen begegnet. Oft ließen sie uns ratlos und verwirrt zurück.

Der Jadekaiser herrscht über diesen taoistischen Tempel, umgibt sich mit Kriegern, Geistern, mit Generälen, Fabelwesen und Göttern, die über das Karma der bedauernswerten Gläubigen richten. Hier entscheidet sich, wer in welchem Zustand wiedergeboren wird. Die Strafe für schlechte Taten und das, was einem Übeltäter im nächsten Leben blüht, wird schonungslos auf großen geschnitzten Holztafeln dargestellt: Folter und Leid in der Unterwelt. Um die abschreckende Wirkung zu verstärken, drohen links und rechts davon die Höllenvorsteher sowie zehn Richter, die über das Schicksal des Unglücklichen urteilen. Die Himmelsgötter dagegen verheißen Glück und eine bessere Zukunft im nächsten Leben.

Einer der Räume ist allein den vielen weiblichen Gottheiten gewidmet, denen Frauen Opfer bringen, wenn Nachwuchs erwartet oder erhofft wird. Buddha muss ich lange suchen. Dabei stoße ich auf ihn: Ho Phap. Bei den vielen Göttern und Heiligen hatte ich ihn ganz aus den Augen verloren. Unscheinbar in einer Nische steht er da, als hätte er auf uns gewartet. Da betrachten wir nun unseren Beschützer und müssen feststellen, dass unser Glaube an seine Macht nicht ausreicht.

## *Die Spuren des Vietnamkriegs*

Nagender tuckert mit seiner Honda Superdream im ersten Gang auf der Ausfallstraße hinter mir her. Erst nach zwanzig Kilometern lassen wir die letzten Reifenflicker, Kfz-Klitschen und Betongebäude Saigons hinter uns. Jetzt säumen Reisfelder unsere Straße. Zweiräder sind auf den großen Straßen in Vietnam durch eine dicke Betonbarriere vom Schwerlastverkehr und halsbrecherisch dazwischen umherkurvenden Autofahrern geschützt.

Das geht circa drei Kilometer gut, bis die ersten Gebäude von Cu Chi der ländlichen Idylle ein Ende setzen. Hier haben wir unser Ziel für heute erreicht. In Cu Chi wollen wir uns ein Bild davon machen, wie die Vietcong es schaffen konnten, die Übermacht USA vor vierzig Jahren zu besiegen. Sie waren schlechter bewaffnet und befanden sich in der Minderzahl. Dieses Manko kompensierten sie jedoch durch ihre Nadelstichoperationen, die hohe Kampfmoral und die Tatsache, dass sie auf heimischem Terrain kämpften. Für die USA wurde der Krieg zu einer ungeheuren Materialschlacht.

Am Ende errechnete man, dass die GIs pro getöteten Feind fünfzigtausend Schuss Munition abfeuerten. All das erfahren wir im Informationszentrum der Tunnelanlage in Cu Chi. Ein lichtes Waldgebiet, in dem die Lebenssituation der Vietcong nachgestellt ist. Wir bekommen einen Führer zugeteilt, der, frei von Hass auf die USA, nüchtern erzählt: »Viele GIs kamen ohne Kriegserfahrung nach Vietnam, konnten häufig Freund von Feind nicht unterscheiden. Auf lange Sicht hat sie die Guerillataktik der Vietcong zermürbt.«

Er zeigt uns die Methoden: Fallen und tiefe Schächte, die mit einer dünnen Laubschicht bedeckt waren und in denen das Opfer beim Sturz aufgespießt wurde. Einer der entscheidenden Gründe, warum der Nachschub der Vietcong nie abriss, war ihr ausgeklügeltes Tunnelsystem. Hier in Cu Chi hatten die USA eines ihrer Hauptquartiere eingerichtet, ohne zu ahnen, dass der Feind ganz in der Nähe unter der Erde lauerte. Die Tunnel dienten nicht nur als Nachschubwege, sie sollten die Zivilbevölkerung vor Angriffen schützen, beherbergten Schulen, Krankenstationen und Schlafräume, waren jedoch in erster Linie Ausgangspunkt für gezielte Operationen.

Die Kämpfer verschwanden darin und schienen für die GIs plötzlich wie vom Erdboden verschluckt – einer der Gründe, warum Agent Orange eingesetzt wurde, um die Wälder zu entlauben. Da das dioxinhaltige Entlaubungsmittel heute noch Fehlgeburten verursacht, aus den USA aber dennoch keine Entschädigungszahlungen kommen, will ich von unserem vietnamesischen Guide wissen, wo die Wut ist. Wie er mir die relative Normalisierung der Beziehungen zwischen den beiden ehemals verfeindeten Länder erklären kann.

Kurz und knapp, ohne lange zu überlegen, antwortet er, als sei er auf diese Frage vorbereitet: »Wir Vietnamesen schauen nach vorne, an der Vergangenheit können wir nichts ändern.« Was bei uns in Deutschland jahrzehntelange Debatten verursacht hätte, wird hier mit einer pragmatischen Mentalität abgehakt. Diese Eigenart der Vietnamesen macht es wohl möglich, dass man hier für ein paar extra Dong noch einmal an die Waffen gehen und eine Salve aus den bereitstehenden M60-Maschinengewehren abfeuern kann. Wer's braucht...

Die Aktionen aus dem Tunnelsystem des Ho-Chi-Minh-Pfades haben die Kampfmoral der amerikanischen Soldaten damals arg zermürbt. Gleichzeitig schwand der Rückhalt in der US-amerikanischen Bevölkerung, je mehr Särge aus Vietnam eintrafen. Die bestürzenden Fotos der Kriegsberichterstatter taten ihr Übriges.

Keine zwanzig Kilometer nordwestlich von Cu Chi, auf unserem Weg zum Caodai-Tempel von Trang Bang, passieren wir kurz vor dem Ort eine Stelle, an der vor ziemlich genau vierzig Jahren das vielleicht kriegsentscheidende Foto gemacht wurde. Am Morgen des 8. Juni 1972 hatten zwei Familien in einem der Nebengebäude des Caodai-Tempels von Trang Bang Schutz gesucht, da es bereits am Vortag Kämpfe gegeben hatte und Heiligtümer – das war ein ungeschriebenes Gesetz – nicht angegriffen wurden. An diesem Tag kam es zu einem folgenschweren Irrtum zweier südvietnamesischer Bomberpiloten.

Obwohl zuvor gesetzte Nebelkerzen eindeutig feindliche Stellungen an einem Waldrand hinter dem Tempel markierten, schlugen zwei mit Zündern ausgestattete Napalmkanister nahe der Straße vor dem Tempel auf. Ein Szenario, das Soldaten beschönigend als *friendly fire* bezeichnen. Einige Reporter der großen Nachrichtenagenturen, unter ihnen Nick Ut von Associated Press, warteten in sicherer Entfernung auf der Straße seit dem Morgen auf ihr »Foto des Tages«. Andere waren bereits auf dem Weg nach Saigon, weil sie die Hoffnung aufgegeben hatten, dass an diesem Tag noch viel passieren würde. Weil die Napalmbomben nicht explodierten – es waren Blindgänger – sah sich der zweite Bomberpilot veranlasst, erneut anzugreifen, erneut das eigene Lager. Dieses Mal entzündeten sich die Napalmbomben in einer rot glühenden Feuerwand quer über die Straße und die Reisfelder.

Die Fotografen hörten die Schreie der Menschen, bevor sie sie sehen konnten. Die Verletzten rannten den Reportern förmlich in die Arme. Eine alte Frau mit ihrem verkohlten Enkel auf dem Arm, ein südvietnamesischer Soldat, der vollkommen in Flammen aufging, Kinder mit zerfetzter

Kleidung und Tam, ein Junge in kurzen Hosen, der schreiend ins Bild lief. Ihm folgte seine kleine Schwester Kim Phuc, ein elfjähriges Mädchen, das sich sämtliche Kleider vom Leib gerissen hatte.

Mit schmerzverzerrtem Gesicht, beide Arme von sich gestreckt, lief sie nackt und hilfesuchend dem Fotografen Nick Ut entgegen. Ihr Rücken war vollkommen verbrannt. Im Hintergrund einige südvietnamesische Soldaten und hinter ihnen der schwarze Rauch, aus der die Gruppe geflüchtet war. Dieses Bild ging um die Welt, bekam den Pulitzer-Preis und wurde zum Stolperstein für das amerikanische »Engagement« in Indochina (bis 1954 der Name der französischen Kolonialgebiete im heutigen Laos, Kambodscha und Vietnam). Ohne die Hilfe des Fotografen Ut, der dafür sorgte, dass sie in ein Krankenhaus kam, hätte Kim Phuc die großflächigen Verbrennungen nicht überlebt. Heute lebt sie mit ihrer Familie in Kanada.

Ich kann mich gut daran erinnern, ich war knapp fünfzehn Jahre alt, als ich dieses Bild damals in der Zeitung sah und mich zunächst wunderte, warum die Kinder schrien, sie schienen unverletzt.

Ich zeige Nagender das Foto: »Schau, hier irgendwo muss der Fotograf gestanden haben, man erkennt sogar die Türme des Tempels.« Heute sieht der Ort stark verändert aus. Die Straße wurde verbreitert, und wo auf den Fotos Felder zu sehen sind, erheben sich heute viele Gebäude. Ich erzähle Nagender die Geschichte von Kim Phuc, dass ihre Eltern ganz in der Nähe eine Suppenküche betrieben hatten und sie zur Glaubensgemeinschaft der Caodai gehörten. Regelmäßig sind sie in den nahe gelegenen Tempel zum Gottesdienst gegangen. Obwohl Nagender einer gebildeten Schicht in Indien zuzurechnen ist, sind ihm viele Fakten aus dem Vietnamkrieg fremd. Kein Wunder, als er geboren wurde, war der Krieg fast vorbei.

Wir fahren weitere zweihundert Meter und biegen an einer Gabelung nach rechts ab. Der Caodai-Tempel, vor dem wir stehen, gleicht eher einer Kathedrale, bei der dem Architekten die Phantasie durchgegangen ist. Vor einem gedrungenen Hauptschiff erheben sich zwei mächtige Türme, die den Eingang in das Gotteshaus bilden. Damit erschöpft sich die Ähnlichkeit mit christlichen Sakralbauten. Farbe, Baustil, selbst die Religionen werden im Caodaismus fidel miteinander gemischt. Über dem Eingangsportal, das mich an Hundertwasser erinnert, entdecke ich – schön bunt gehalten – Konfuzius, Buddha, Jesus und eine Menge anderer Gestalten, die ich nicht einordnen kann. Über allem prangt ein Auge, das auf den Betrachter hinabschaut, etwa das dritte Auge Shivas?

Schlangen winden sich um die Eingangssäulen. Mein Blick wandert hinauf, vorbei an barocken Gesimsen, Balkonen und farbenfrohen Fresken. Fabelwesen kleben an der Fassade, scheinbar kopiert aus südindischen Gopurams und vietnamisiert wieder eingefügt. Das Dach wird von dem indischen Glückssymbol Swastika gekrönt, das, auf die Spitze gestellt, elf Jahre lang für das terroristische Nazideutschland stand.

Ein bisschen Kolonialstil, chinesische Dachreiter, klosterähnliche Säulengänge am Hauptschiff und bleiverglaste Kirchenfenster bringen meine Geschmackswahrnehmung in einen konfusen Zustand. Fehlt nur der Islam. Ich bin gespannt, was mich innen erwartet. Da freilich ist der Spaß schnell vorbei. Betreten nur ohne Schuhe – Rollis bleiben draußen. Also doch ein bisschen Islam. Ein in weißes Tuch gehüllter Aufpasser bietet mir einen Tempelrolli an, der sei rein, in den könne ich umsteigen. Eine Rampe hätten sie leider nicht. Jetzt müsste ich eigentlich beleidigt dem Caodaismus den Rücken kehren. Aber meine Neugier macht mich kompromissbereit. Nagenders Blick signalisiert Zustimmung, schließlich muss er mich die Stufen hinaufzerren, und deshalb lasse ich mir den Tempelstuhl bringen. Oh, welch eine vorsintflutliche Kiste. Die Fußstütze zu hoch, der Sitz zu tief, die Armlehnen renken mir die Gelenke aus und eigenständig rollen kann ich erst recht nicht, weil das Ding auf vier kleinen Rädern steht. Ich sitze wie auf einem Kinderklo und gebe ein armseliges Bild ab.

Nagender steht grinsend vor mir, neigt den Kopf abschätzend und meint: »Andy, jetzt siehst du richtig behindert aus.«

»Halt die Klappe und zieh mich da hoch, sonst setzt es was«, befehle ich.

Auch das Innere stimmt fröhlich, als hätten Gaudi, Hundertwasser und Niki de Saint Phalle gemeinsam versucht, ein symmetrisches Gebäude zu entwerfen. Ein Paradoxon. Und es scheint, als sei der benachbarte Kindergarten für die Farbgebung zuständig gewesen.

Ich kann mir kaum vorstellen, in einer solch unruhigen Umgebung, die einen visuell um den Verstand bringt, andächtig beten zu können. Überall wird das Auge gekränkt. Nun, was Beten angeht, da bin ich kein Experte. Den Gläubigen, die hier im Hauptschiff auf dem Boden hocken, scheint das zu gelingen, sie schließen vorsichtshalber die Augen – ich ahne, warum. Sie sind auf einen Altar ausgerichtet, der den abstrusen Stil des Gotteshauses sogar übertrifft: eine riesige Kugel, auf der ein Auge abgebildet ist, davor ein Kanapee, Lampions und Vorhänge, alles in verwirrenden Farben.

In diesem Synkretismus sollen sich also Elemente des Buddhismus, Taoismus und Christentums vereinen. Auf meinen Reisen durch Indien habe ich manche Hindutempel kopfschüttelnd verlassen, weil die Beweggründe der Menschen, so viel Geld, Zeit und Herzblut zu investieren, für mich nicht nachvollziehbar waren. Hier im Caodai-Tempel ist es ebenso.

Nagender will kaum glauben, dass mehrere Millionen Menschen im Mekong-Delta diesem Glauben anhängen. Dieses Gebiet wollen wir durchqueren. Es ist ungefähr so groß wie Schleswig-Holstein.

Auf den kommenden hundertfünfzig Kilometern müssen wir Unmengen von Brücken überqueren. Dazwischen sind wir oft auf Schotterwegen unterwegs, die für uns den Vorteil haben, dass sie von Lkw-Fahrern gemieden werden. So kommen wir durch kleine Dörfer, sehen das Landleben auf den Reisfeldern an der Straße und suchen uns abseits des Weges einen ruhigen Schlafplatz. Der allerdings ist mit Vorsicht auszuwählen. In einem der Reiseführer für Backpacker, in dem gleich ganz Südostasien behandelt wird, heißt es: »Toiletten gibt's auf dem Lande nicht, da sollte man es machen wie die Einheimischen und sich in die Büsche schlagen. Aber niemals die Wege verlassen – Minengefahr.« Solche Tipps sind nicht wirklich hilfreich. Wir halten uns da an den gesunden Menschenverstand und warten, bis die Dunkelheit hereinbricht, um einen Lagerplatz zu finden, über den sichtbar vor uns jemand hinweggestiefelt ist. In diesem Fall machen wir es uns unter dem Blätterdach einer Kautschukplantage gemütlich. Unsere erste Übernachtung unter freiem Himmel wird nicht die letzte sein. Aus Gewichtsgründen haben wir auf ein Zelt verzichtet. Stattdessen kriechen wir in hochwertige Schlafsäcke; Nagender auf einer Isomatte, ich benutze, um Druckstellen zu vermeiden, eine Luftmatratze.

Da mir jegliche Sensibilität im gelähmten Bereich fehlt, und das trifft auf mehr als zwei Drittel meines Körpers zu, muss ich stets auf der Hut sein vor spitzen oder harten Gegenständen. Eine Gefahr, die allzu schnell unterschätzt wird. Damals, 1985, ich saß gerade vier Jahre im Rollstuhl und tingelte durch Südostasien, hatte ich die Sorgfaltspflicht mir selbst gegenüber sträflich verletzt.

Nach einer zwölfstündigen Busfahrt, die mich quer durch Sumatra nach Jakarta geführt hatte, entdeckte ich bei meiner Ankunft eine Druckblase am Hacken meines linken Fußes, groß wie ein Zweieurostück. Bei der Suche nach der Ursache purzelte ein kleines Steinchen aus meinem Schuh. Mit normalem Schmerzempfinden hätte ich das keine fünf Minuten ertragen. Der punktuelle Druck über so lange Zeit hatte die Durchblutung in dem Bereich verhindert. In den Wochen darauf löste sich die Haut, das rohe Fleisch darunter verfärbte sich schwarz, das Gewebe starb ab, und es bildete sich eine sogenannte Nekrose. Ich aber, völlig ahnungslos, hielt das für Schorfbildung.

Schmerzunempfindlich, wie ich war, reiste ich unbekümmert weiter, ohne mir weiter Gedanken zu machen. Inzwischen war ich auf den Philippinen. Als ich mir in Manila in einer Apotheke neues Verbandsmaterial besorgen wollte, fragte der Apotheker nach dem Grund. Ich zeigte ihm mein Problem, woraufhin er mir dringend riet, eine Klinik aufzusuchen. Eine solche Verletzung könne zu einer Sepsis führen und tödlich enden. Unter Verzicht auf jegliche Betäubung, schließlich lebe ich gewissermaßen dauerhaft unter Spinalanästhesie, wurde mir das abgestorbene Fleisch herausgeschnitten. Ich solle den Fuß in den kommenden Wochen hochlegen und regelmäßig desinfizieren, riet mir der behandelnde Arzt.

Der hatte gut reden. Da stand ich vor der Klinik in Manila, um einen Großteil meiner Reisekasse erleichtert, und wusste nicht, wie ich die Anweisung des Arztes umsetzen sollte. Mich über Wochen in ein Hotelzimmer einzuschließen, um den Fuß hochzulegen, obwohl ich mich topfit fühlte und voller Tatendrang war, kam überhaupt nicht infrage. Ich versuchte, einen Mittelweg zu finden, was die Heilung natürlich weit hinauszögerte. Noch Monate danach, ich war inzwischen in China, nässte die offene Wunde. Und wieder entstanden schwarze Stellen, starb Gewebe ab. Dieses Mal verwechselte ich den Vorgang nicht mit heilender Schorfbildung.

Aus Geldmangel und weil mir das Vertrauen in die chinesischen Krankenhäuser fehlte – schon im Vorbeifahren waren sie an ihrem abstoßenden Geruch zu identifizieren –, legte ich selbst Hand an. Ich desinfizierte mein Schweizer Messer und tat das, was der Arzt Monate zuvor in Manila getan hatte. Auf meinem Rückweg in der Transsibirischen Eisenbahn musste ich den Vorgang wiederholen. Erst als ich von der fast einjährigen Reise längst zurück war, schloss sich die Wunde. Die Lektion daraus hat sich tief in meinem Bewusstsein verankert. Es war bloß eine Verletzung am Fuß, die meine Bewegungsfreiheit kaum eingeschränkt hat. Das gleiche Steinchen unter meinem Sitzbein hätte mich für Monate ins Bett gezwungen.

Seitdem kontrolliere ich meinen Körper täglich und achte peinlich genau darauf, wo ich mich bette.

*Auf ins Delta*

Bevor am Morgen die Sonne durch das Blattwerk der Kautschukbäume dringt, packen wir unsere Sachen. Das Frühstück beschränkt sich auf einen Schluck aus der Wasserflasche. Eine Stunde später erreichen wir My Tho, und zum ersten Mal stehen wir am Mekong, genauer gesagt, am nördlichsten Arm des Deltas, am Song Cuu Long, dem Fluss der neun Drachen. Dass der Mekong nicht neun, sondern acht Mündungsarme besitzt, stört niemanden. Mit knurrenden Mägen stürzen wir uns auf die Markthalle im Zentrum der Stadt.

Märkte sind in diesem Teil der Welt zugleich Restaurants und Schlachthöfe, denn man traut nur dem Fleisch, das vor den eigenen Augen abgestochen wurde. Dabei geht es beileibe nicht immer im Sinne Buddhas zu. Fische quälen sich auf dem Trockenen, Hühner warten ohne jegliche Bewegungsfreiheit in viel zu engen Käfigen darauf, bei lebendigem Leib geköpft zu werden, und Insekten landen so, wie sie sind, in der heißen Friteuse. Während wir an einem Klapptisch vor der Markthalle unsere Nudelsuppe schlürfen, werde ich von einem älteren Vietnamesen am Nachbartisch auf Deutsch angesprochen. Er bekam vor dreißig Jahren ein Ingenieursstipendium in der DDR und hat mich aufgrund meiner Aussprache während meiner Unterhaltung mit Nagender sofort als Deutschen identifiziert. Seine Neugierde sei größer als höfliche Zurückhaltung, entschuldigt er sich. Er würde gern wissen, wie es komme, dass sich da ein Deutscher im Rollstuhl und ein Inder nach My Tho verirrten, und was wir vorhaben.

Es entsteht eine angeregte Unterhaltung, an deren Ende ich es wage, ihn auf die recht herzlose Behandlung der lebenden Tiere hier auf dem Markt anzusprechen, das sei sicher nicht mit der buddhistischen Lehre vereinbar. Ich tue das, nicht ohne vorher auf die europäische Massentierhaltung hinzuweisen, die keinen Deut besser sei. Seine Antwort gibt mir einen kleinen Einblick in die vietnamesische Mentalität. Er könne mir nicht sagen, wie jede einzelne Marktfrau damit umgehe, wer hingegen ein reines Gewissen behalten wolle, wird sich bei den Tieren für die Quälerei mit der Begründung entschuldigen, dass sie sich nun einmal lebendig besser verkaufen lassen. Er verstehe meine Frage, schließlich kenne er Deutschland und wisse, dass Nutztierhaltung bei uns sehr kontrovers diskutiert wird.

Er lädt uns zu einem Hahnenkampf hinter der Markthalle ein, wohl wissend, dass diese aus Tierschutzgründen bei uns verboten sind und ich dieser Art Wettkampf ablehnend gegenüberstehen könnte. Ich bin gespannt. Es ist ein Testlauf zweier Hähne ohne Sporne, deren Aggressivität auf die Probe gestellt werden soll. Noch stehen sie sich grimmig gegenüber, werden von ihren Besitzern davon abgehalten, aufeinander loszugehen.

Jedes deutsche Masthähnchen wird diese beiden Kämpfer um ihr Leben beneiden. Denn sie haben eine fünfzigprozentige Überlebenschance. Erst nach zwei Jahren liebevoller Pflege werden sie in den Ring geschickt. Bis dahin stolzieren sie über den Hof, bekommen bessere Nahrung als viele Menschen und sorgen dafür, dass aus den Eiern der Hühner Küken schlüpfen. Unsere Masthähnchen dagegen haben nur eine Aufgabe: möglichst schnell schlachtreif zu werden. Sie sehen in ihrem kurzen Leben nicht einmal die Sonne und enden nach zweiundvierzig Tagen kopfüber als Broiler am Fließband. Wäre ich Hahn, ich würde den ehrlichen Kampf, und wenn es sein muss, den Heldentod sowie die Trauer meines Züchters um mich wählen.

Jetzt kämpfen sie, hacken, kratzen und picken sich gegenseitig in den Hals, vergessen jede Scheu, verirren sich bei ihrem Gerangel sogar unter meinen Rolli, bis sie von ihren Besitzern erneut in Stellung gebracht werden. Die Sache endet nach einer halben Stunde für beide ohne großes Blutvergießen. Dabei habe ich sehr wohl Herrn Nguyens Versuch durchschaut, mich zu einer kritischen Betrachtung europäischer Wertvorstellungen anzuregen. Da rennt er bei mir allerdings offene Türen ein. Ich glaube sogar, dass wir Europäer ein gestörtes Verhältnis zu unseren Nutztieren haben, um sie essen zu können. Es gehört ein gehöriges Maß an Doppelmoral dazu, in der Kühltruhe des Supermarktes nach einem Schnitzel – egal von welcher Kreatur – zu greifen und gleichzeitig die Tierquälerei in der Welt anzuklagen. Asiaten sind, was das angeht, ebenfalls keine Engel. Aber immerhin beschweren sie sich nicht.

Auf unserem Rückweg schlendern wir durch die Delikatessenabteilung des Marktes. Aufgespießte Engerlinge, riesige Flugkäfer und fette Heuschrecken liegen frisch frittiert bereit. Aber es gibt auch Kobras und Skorpione – vor nichts, was kreucht, fleucht, sich braten, einlegen, backen, kochen oder frittieren lässt, wird zurückgeschreckt. Es soll Zoologen gegeben haben, die auf den vietnamesischen Märkten längst ausgestorben geglaubte Spezies auf ihrem Teller fanden. Nur Tiere, die süß und niedlich sind und die man liebt, haben eine Chance, dem Hackebeil zu entgehen, etwa Schoßhündchen oder Singvögel.

Zum Abschied überreicht uns der Vietnamese seine Visitenkarte. Jetzt, wo ich den Namen Nguyen lese, fällt mir ein, dass ich einmal von einer Familie Nguyen aus der Nähe von Hannover gelesen habe, und frage ihn, ob er vielleicht mit ihr verwandt sei. Er lacht und klärt mich auf, dass etwa fünfzig Millionen Vietnamesen so heißen würden.

Die acht Arme des Mekong-Deltas, jeder breit wie der Rhein bei Rotterdam, haben bis vor Kurzem eine zeitraubende Barriere bei der Reise über die Mündung dargestellt. Inzwischen ist die Mündung mit hohen Brücken versehen, die den Hochseeschiffen genug Platz zur Durchfahrt bieten. Sie geben mir einen Vorgeschmack auf die Steigungen im Himalaja. Nagender ist gnädig, ich darf mich an seinem Gepäckträger festhalten. Auf den letzten einhundert Kilometern nach Can Tho gelingt es uns, die hohen Brücken mit Fähren zu umschiffen. Ganz anders, als ich es mir vorgestellt hatte, verlaufen die Flussarme des Mekong nicht nur in Südostrichtung, sondern sind miteinander verästelt, mit Kanälen verbunden, teilen sich, um riesige Inseln zu bilden, und vereinen sich wieder miteinander: eine maritime Landschaft, getränkt vom Wasser des Mekong, der Millionen Menschen drei Reisernten pro Jahr beschert. Kein Fleck Erde bleibt ungenutzt. Sogar die Inseln werden von Saisonbauern beackert. Hier ist die Ernte besonders üppig, weil die Sedimente des Mekong nach den Sommerhochwassern frisches Land aufspülen.

Ihre Häuser bauen die Einwohner auf Stelzen, manchmal fünf Meter über dem Boden, als trauten sie ihrem Fluss nicht über den Weg; als wüssten sie, dass der Mekong auch Zerstörung und Tod bringen kann. Straßendörfer entstehen entlang der Lebensadern, ein Haus neben dem anderen. Dahinter wurden riesige Wasserbecken für die Fischzucht eingerichtet, und jenseits davon ziehen sich die Reisfelder, gesäumt von Kokospalmen, endlos bis zum Horizont. Früh am Morgen überqueren wir einen der unzähligen Kanäle. Hier ist Markttag auf dem Wasser. Alles ist in Bewegung. Melonen fliegen aus dem Bauch eines Kutters, werden aufgefangen und in einem anderen Boot zu einer Pyramide gestapelt. In einer schwimmenden Suppenküche gibt es Frühstück. Ein Boot Baguettes gefällig, oder sollen es lieber Ananas, Lychees, Bananen oder Kokosnüsse sein?

Wir werden es bis Chau Doc, wo Nagender das Moped abgeben kann, heute nicht mehr schaffen. Zu häufig haben wir uns beim Fotografieren verzettelt. Nun beginnt es zu dämmern, und wir beziehen in Can Tho eine kleine Pension. Die Besitzer wohnen im Untergeschoss. Durch ein breites Rolltor gelangt man vom Bürgersteig mit nur einem Schritt in das Wohnzimmer der Familie, das zugleich Schlafraum ist. Nachts parken zusätzlich die Mopeds hier. Kleine Rampen helfen, die Zweiräder von der Straße über den Bürgersteig ins Haus zu fahren. Nagender darf sein Moped ins Schlafzimmer der Familie stellen. Ja, es gebe Diebe des Nachts, und die Mopeds seien nun mal ihr ganzer Stolz, erklärt uns der Sohn des Hausherrn. Wobei der Begriff Hausherr nicht falsch verstanden werden darf. Er hat zwar theoretisch das Sagen, dem Beobachter drängt sich jedoch der Eindruck auf, als sei seine Macht damit erschöpft. Die Frauen scheinen den Ton anzugeben und sind überall in der Gesellschaft präsent. Sie arbeiten in nahezu allen Bereichen, fahren Moped und Auto, dominieren die Märkte. Etwas, das Nagender aus seiner Heimat nicht kennt.

In den kommenden drei Tagen reisen wir getrennt weiter. Nagender, der das Moped nicht mit nach Kambodscha nehmen kann, besteigt in Chau Doc einen Bus nach Phnom Penh und erreicht die Stadt auf der Nationalstraße 2 bereits nach drei Stunden. Ich dagegen biege Richtung Nordosten ab, will nah am Mekong bleiben und nehme dafür in Kauf, die kommenden hundertzwanzig Kilometer auf Schotter zu fahren. In voraussichtlich drei Tagen treffen wir uns in der kambodschanischen Hauptstadt wieder. Drei Tage, in denen ich mich dem Land und seinen Menschen uneingeschränkt aussetze.

Nagender und ich sind nach Jahren gemeinsamen Reisens durch Jordanien, Syrien, den Iran und immer wieder Indien ein eingespieltes Team, das keiner großen Worte bedarf. Oft reicht ein Blick, um uns auszutauschen. Etwas, das mich anfangs überraschte und das ich noch heute für ein Phänomen halte. Dass zwei Menschen aus diesen extrem unterschiedlichen Kulturen enge Freunde werden können, hatte ich für ein Ding der Unmöglichkeit gehalten – und wurde am eigenen Beispiel vom Gegenteil überzeugt. Dabei war es nicht mehr als eine Zufallsbekanntschaft auf der Straße in Indien. Man tauscht die Adressen aus und verspricht sich hoch und heilig zu schreiben. Allzu oft hört man danach nie wieder voneinander. Nicht so bei Nagender. Er schrieb fleißig zurück, und als ich ihn bei meinem nächsten Indienaufenthalt 1998 besuchte, entschloss er sich spontan, mich auf meiner Reise zu begleiten. Sie führte uns damals, ähnlich wie heute, flussaufwärts, von Kalkutta bis zur Quelle des Ganges. Vor allem Nagenders Leben hat durch diese Reise eine abenteuerliche Wendung erfahren. Oft habe ich ihn damals auf sein fotografisches Talent hingewiesen, auf seinen Instinkt für die exakte Belichtung, sein Gespür für den Augenblick und die Komposition, die den Wert eines guten Fotos ausmacht. Das hat gereicht. Nach unserer Rückkehr kündigte er seinen Job als Großhandelskaufmann im Geschäft seines Freundes und machte eine Ausbildung zum Fotografen. Heute betreibt er ein kleines Fotostudio in Delhi. Wann immer ich ihn einlud, mit mir auf Reisen zu gehen, schloss er sein Studio für mehrere Monate und begleitete mich. Wir gingen gemeinsam durch dick und dünn. Im Iran wurden wir vom Militär festgenommen und vom Geheimdienst verhört, weil wir versehentlich das nukleare Forschungszentrum bei Natanz fotografiert hatten, in Jordanien entgingen wir knapp einem Raubüberfall und wären als vermeintliche »Yahudis«, als Juden, fast gesteinigt worden.

In meiner Begeisterung, nicht mehr allein reisen zu müssen, einen Beschützer und Freund gefunden zu haben, mit dem sich Extremsituationen ohne Beziehungsstress meistern lassen, bemerkte ich fast nicht, dass sich meine Reisen in Nagenders Anwesenheit verändern hatten. Ich fand mich in einem Duo wieder, das plötzlich einen Teil der Zeit, die eigentlich dem Entdecken und der Neugier auf Land und Leute gewidmet ist, mit sich selbst beschäftigt war. Das ist menschlich und wäre nicht zu bedauern, würde nicht gleichzeitig der Kontakt zur Bevölkerung darunter leiden. Es hat eine Weile gebraucht, bis mir das bewusst wurde. Seitdem steuere ich dagegen. Wenn Sachzwänge es nicht ohnehin erfordern, getrennt unterwegs zu sein, halte ich mir auf jeder Reise Zeitfenster offen, die mir das Salz in der Suppe der Reise, die rechte Würze geben, indem ich mich, verletzlich und angreifbar wie ich bin, meiner Umgebung aussetze. Das versteht Nagender, ohne dass es vieler Worte bedarf, ohne gekränkt zu sein. Und er bleibt in den Tagen nicht untätig, erledigt organisatorische Dinge, recherchiert, besorgt sein Visum für die Weiterreise und fotografiert.

So rolle ich also ohne Beschützer, Helfer und Freund an der Uferstraße flussaufwärts, offen für das Land, bereit, es in mich aufzusaugen. Die Besiedlung im Mekong-Delta ist enorm. Hundertzwanzig Kilometer Dauerdorf liegen bis Phnom Penh vor mir, in dem sich von wenigen Baulücken abgesehen, ein Haus an das nächste reiht – auf beiden Seiten der Straße. Einsamkeit ist woanders. Wie ich es bereits aus Indien gewohnt bin, folgt mir hier unentwegt ein Schweif Kinder, der sich permanent erneuert. Die Acht- bis Zehnjährigen mit guter Kondition schaffen durchaus zwei Kilometer. Am Ende meines Verfolgerteams tippeln die Kleinen, gerade Lauffähigen ein paar Meter mit. Sie wissen, was sich gehört. Kein Stein fliegt mir hinterher, kein Knüppel wird mir zwischen die Speichen geschoben, und niemand versucht, mich festzuhalten, Späßchen, mit denen indische Kinder sich gern über mich lustig gemacht haben. Für die Älteren ist es natürlich uncool, mir hinterherzurennen, sie stehen lachend am Wegesrand und würden doch so gern mitlaufen. Wenn ich mehr Rummel will, muss ich stoppen. Jetzt kommen sie alle. Zuerst die Kinder, dann die Frauen. An dritter Stelle finden sich die Alten ein, die im eigenen Interesse mein Gefährt begutachten. Zum Schluss können auch die Männer im mittleren Alter nicht mehr an sich halten und lassen ihrer Neugierde freien Lauf.

Diejenigen im Rentenalter legen zuerst ihre Berührungsängste ab. Alles wird befingert. Zunächst die Kniehebelbremse am Rollstuhl. Eine Vorrichtung, die – ich weiß nicht, warum – Jungs wie Mädchen und alte Männer auf der ganzen Welt gleichermaßen faszinierend finden. Weiter geht's mit der Gangschaltung, und auch die Reifen werden mit zwei Fingern betastet, als ließe sich damit das Phänomen dieses ungewöhnlichen Vehikels besser begreifen. Und als wäre es nur ein weiterer Gegenstand, klopft man mir aufs Knie und ist ganz überrascht, dass es nicht hölzern klingt. Dem will man natürlich auf den Grund gehen. Ungefragt geht der Methusalem mir an die Wäsche, zieht mein Hosenbein hoch, um sich über die Beschaffenheit meiner Beine zu informieren. Seine Exkursion am unteren Ende meiner Gliedmaßen bleibt ergebnislos, denn ich trage Kompressionsstrümpfe bis zum Knie. Also erkläre ich ihm den Sachverhalt.

Dazu nehme ich einen imaginären Motorradlenker in die Hand, drehe am Gasgriff, und lasse den abgesägten Auspuff erklingen: »Brummm, brummm…« Yamaha! Plötzlich herrscht Stille, vor allem die Kinder stehen mit wachen Augen und offenen Mündern da, um meiner Geschichte zu lauschen. Sie sind im Bilde, schließlich fahren in Vietnam schon Achtjährige Mopeds. Ich sause in kurvenreicher Strecke mit tiefer Schräglage durch die Berge (in Wirklichkeit war es die B49 entlang der Lahn). Dann der Höhepunkt: eine sehr enge Kurve, der Autobahnzubringer auf die A3 in extremer Schräglage. Ich presse für mein Publikum Luft durch meine zusammengepressten Lippen. Eine Vollbremsung, ein Crash, plötzlich Stille, geschlossene Augen.

Jetzt komme ich mit Gestik nicht mehr weiter. Ich nehme den Alten, der meine Beine so vorwitzig untersucht hat, bei der Hand, ziehe ihn heran, um ihn zu drehen und auf seine Wirbelsäule zu deuten. Nun muss ich einen nicht vorhandenen Knüppel überm Knie zerbrechen und dazu das entsprechende Geräusch erklingen lassen. Alle verstehen, was passiert ist. Bis hierher war die Geschichte halbwegs lustig. Doch jetzt sind die Kinder stumm. Sie haben die Betroffenheit und Bestürzung der Erwachsenen registriert, denen die Tragweite einer solchen Verletzung durchaus bewusst ist. In Vietnam kann sie das Todesurteil sein. Weil natürlich überall in der Welt Geschichten ein Happy End haben und das in Vietnam nicht anders ist, schließe ich mit einem sorglosen Lachen und »*no problem*«. Dazu greife ich zur Kurbel meines Handbikes und sage »Vietnam – Tibet«. Weil das den Horizont meiner Zuhörer übersteigt, male ich mit dem Stöckchen von einem der Kinder den Verlauf des Mekong in den Sand und schreibe »fünftausend Kilometer« daneben.

Würde ich jetzt die flache Hand an meine Wange legen und den Kopf neigen, hätte ich im Nu eine Unterkunft. Aber dazu ist es zu früh, heute will ich noch die Grenze nach Kambodscha überschreiten. Der Kleine bekommt sein Stöckchen zurück, und damit lasse ich mein Publikum allein. Fragend schauen sie auf meine Skizze und dann mir hinterher. Das gibt mir einen Vorsprung für die nächsten fünfhundert Meter, bis sich der nächste Schwarm Kinder hinter mir sammelt.

Es hat Zeiten gegeben, in denen ich dieses Verfolgtwerden und nie für mich sein zu können als Belastung empfand und mir einsame Landschaften gewünscht habe. Die fand ich auf meinen Reisen durch Jordanien, Syrien und Iran. Doch damals wurde mir bewusst, dass etwas Elementares fehlte. So schön unberührte Natur sein mag – dort, wo das Leben brodelt, ist mein Zuhause. Dort, wo mich tagein tagaus das entwaffnende Lachen der Kinder begleitet. Wenn ich mich heute gestört fühle, male ich mir aus, wie es wäre, wenn niemand da wäre, der mich anlächelt, wenn Einsamkeit mich umgäbe. Ganz nebenbei hat das den Vorteil, dass sich dort wo viele Menschen sind, meist jemand findet, der helfen kann. Das mag ein Grund sein, warum mich meine Reisen in den letzten dreißig Jahren überwiegend durch Länder mit Übervölkerung geführt haben.

Wenn sich rechts von mir eine Lücke zwischen den Häusern auftut, sehe ich den Mekong, genauer gesagt, einen seiner vielen Mündungsarme. Breit und träge fließt er dahin. In seiner Mitte sind zahlreiche Containerschiffe unterwegs, in Ufernähe schwimmen Holzboote mit aufgemalten Augen am Bug, die böse Geister fernhalten sollen.

Schließlich habe ich Vietnams Landesgrenze erreicht und stehe am Grenzübergang bei Vinh Xuong. Hier werden größtenteils die Passagiere der Schnellboote, die zwischen Chau Doc und Phnom Penh pendeln, abgefertigt. Gerade hat sich eine Gruppe Backpacker ihre Einreisestempel abgeholt. Sie sind bereits wieder auf ihrem Boot und haben es sich auf dem Dach in der Sonne gemütlich gemacht. Der Grenzbeamte wundert sich über mein Gefährt und bezweifelt, dass ich es damit nach Phnom Penh schaffe, das seien weit über hundert Kilometer. Ich erspare es mir, ihm von meinem Ziel, der Quelle des Mekong, zu erzählen, und erwidere nur, dass ich viel, viel weiter will. Er bleibt hartnäckig, lässt obendrein kein gutes Haar an den Kambodschanern und meint, der Mopedverkehr sei drüben total chaotisch. Und überhaupt: Es würden überall Gauner lauern. Noch chaotischer als in Ho-Chi-Minh-Stadt ginge es wohl nicht, entgegne ich ihm. Kopfschüttelnd knallt er mir den Stempel in den Pass und meint, ich müsse ja wissen, was ich tue. Aus Sicht der Vietnamesen sind Kambodscha und seine Menschen unzivilisiert und beschränkt, selbst den kambodschanischen Geistern könne man in ihren Augen nicht trauen. Sie seien unfähig, und man solle sich vor ihnen hüten. Ein paar Meter weiter gratuliert mir der kambodschanische Grenzbeamte dazu, dass ich Vietnam überlebt habe, ab jetzt sei ich sicher und müsse mir keine Sorgen mehr machen. Herzlich willkommen!

## Im Land der Khmer

Es erübrigt sich zu erwähnen, dass Vietnam und Kambodscha Nachbarn mit einem gespaltenen Verhältnis zueinander sind. Das hat vielfältige historische Gründe, die, wie so vieles in Indochina, mit dem Ende der Kolonialzeit und dem Vietnamkrieg zusammenhängen. Eingezwängt zwischen den wirtschaftlich erfolgreicheren Nachbarn Thailand und Vietnam, die von jeher Gebietsansprüche geltend gemacht haben, fühlte sich das Volk der Khmer bedrängt. Dazu muss man wissen, dass im 18. Jahrhundert vietnamesische Truppen einen Großteil des zu Kambodscha gehörenden Mekong-Deltas erobert hatten.

Gegen ihren Willen wurden die Kambodschaner in den Vietnamkrieg hineingezogen und erlebten wie kaum ein anderes Volk der Erde eine brutale Schreckensherrschaft. Dass sie sich ausgerechnet mit der Hilfe der ungeliebten Vietnamesen 1979 vom Joch der Roten Khmer befreien lassen mussten, empfinden die Kambodschaner nach wie vor als eine große Schmach. Ihren Stolz, ihre nationale Identität und das Gefühl, kulturell überlegen zu sein, schöpfen die Kambodschaner aus der über tausend Jahre alten Hochkultur von Angkor. Die Silhouette des Haupttempels ist Bestandteil der Nationalflagge (auch die Roten Khmer hatten die stilisierte Silhouette Angkors auf ihrer roten Flagge), wird gern als Symbol für Qualität benutzt und findet sich auf vielen Verpackungen, *made* in Kambodscha, wieder. Die Menschen dort beackern die fruchtbarsten Böden Asiens. Der Mekong mit seinen ungeheuren Wassermassen, der das Land in Nord-Süd-Richtung und die Ebene des Tonle-Sap-Sees durchfließt, bildet eine Lebensachse für das ganze Volk.

Ein paar Hundert Meter hinter dem Immigration Office findet sich ein kleiner Lebensmittelladen. Ich kaufe mir eine SIM-Karte und eine Dose Angkor-Bier, gehe auf die Straße und begrüße dieses spannende Land. Ich freue mich auf Kambodscha.

Südlich von Phnom Penh teilt sich der Mekong zum ersten Mal in einen Hauptarm und einen kleineren Nebenarm. In ihrer Mitte rolle ich gen Norden. Seit meinem Grenzübertritt hat der Fluss einen neuen Namen: Die Kambodschaner nennen ihn Tonle Thom, großer Strom.

Nun muss ich mich entscheiden, welche Straße mich nach Phnom Penh führen wird: eine nagelneue Asphalttrasse, die schnurgerade quer über die Felder gezogen worden ist, oder die uralte gewachsene Verbindung direkt entlang des Mekong, eine elendige Schotterpiste, kurvenreich und voller Leben. Ich wähle den Weg des größeren Widerstands. Komme ich an eine Gabelung, an der ich mir nicht sicher bin, welche Richtung ich einschlagen muss, findet sich schnell jemand, den ich fragen kann. Sogar die Kinder um mich herum können dazu eine verlässliche Auskunft geben. Wenn ich mich allerdings nach der Entfernung erkundige, wird es rätselhaft. Bald stelle ich fest, je höher der Arm des befragten in Fahrtrichtung gehalten wird, umso weiter ist die Distanz. Später erfahre ich den Sinn dahinter. Vielen Bauern ist die Benennung einer Entfernung in Kilometern fremd. Ihren Aktionsradius um den heimatlichen Hof definieren sie in Tagen per Ochsenkarren. Wobei der Horizont – das Höchstmaß dessen, was Ochsen zuzumuten ist – drei Tagesreisen entfernt liegt. Hebt der Bauer an der Straße seinen Arm so hoch es geht, muss das Ziel ziemlich weit sein.

Es wird ländlich. Nur noch selten sieht man ein Haus aus Beton. In luftiger Höhe, manchmal fünf Meter über dem Boden, sind die Holzhäuser vor den Fluten des Monsuns, vor Ungeziefer und Schmutz geschützt. Sie stehen inmitten eines Gehöfts, an dessen Rändern auf kleinen, erhöhten Plattformen das Reisstroh lagert. Irgendwo ist eine Kuh angebunden, und an der Hofpforte thront auf einer Säule das obligatorische Geisterhäuschen. Solche kleinen Bauwerke samt Opfergaben sollen den Geistern ein eigenes Heim bieten.

Kokospalmen, niederes Gebüsch und Bananenstauden halten den Wind ab. Irgendwo hier werde ich die nächste Nacht verbringen. Ich warte nur auf die richtige Gelegenheit. Und die bekomme ich. Von einem der Höfe aus ruft man mir freundlich zu. Ich antworte mit der kambodschanischen Begrüßung: »*Sabadee*«, und stoppe. Umgehend machen sich die Kinder auf, mir entgegenzulaufen. Die ganze Familie ist mit der Reisernte beschäftigt. Mit breiten Rechen werden die Körner auf Bastmatten zum Trocknen verteilt. Jetzt unterbrechen sie ihre Arbeit und schauen mit einem offenen Lachen zu mir herüber. Schon beginnen die Kinder, hinten am Rolli zu schieben. Ich lenke in den Hof, habe gerade genug Zeit zu grüßen und meinen Namen zu nennen: »Andreas, *Allmong* – aus Deutschland«, da kurve ich bereits, geschoben von einer Horde jauchzender Kinder, kreuz und quer über das Grundstück. Als die Eltern meine Anspannung bemerken, weil die Kleinen ungestüm werden, pfeift ihr Vater sie zurück.

Wieder beginnt ein vorsichtiges Betasten, um das Eis zu brechen. Zuerst das Handbike, der Rolli und schließlich meine Beine. Und erneut spiele ich eine spannende Nacherzählung meines Unfalls durch, bis jeder im Bilde ist. Während der ganzen Zeit beobachte ich die Reaktionen der Großfamilie. Wer ist aufmerksam, wer geht wieder seiner Arbeit nach, wie sind die Hierarchien. Ich will mit meiner Frage nach einem Schlafplatz nicht die falsche Person treffen. Ein betagter Mann mit tiefen Falten im Gesicht schickt eines der Kinder los, mir Tee und einen Teller Kekse zu holen. Ihn werde ich nach einer Übernachtung fragen. Die Geste der flachen Hand am geneigten Kopf mit geschlossenen Augen verstehen die Menschen auf der ganzen Welt, denn schlafen müssen sie alle. Sofort steht er auf und bietet mir eine hölzerne Liege an, die an einem der Hauspfeiler lehnt. Genau auf so etwas hatte ich spekuliert. Hoffentlich denkt er nicht, ich wolle mich nur kurz ausruhen.

Jetzt beginnen die Erwachsenen, die sich ihrer Arbeit zugewandt hatten, die Mutter, die unter dem Haus ihr Baby stillt, und der Greis, der mir die Liege anbot, miteinander zu diskutieren. Es geht um mich und um die Liege, das macht ihre Gestik unverkennbar deutlich. Eines der Kinder verlässt mit dem Fahrrad den Hof. Mir wird freundlich zu verstehen gegeben, dass ich die Kekse essen, den Tee trinken und warten soll, da jemand geholt wird, der Englisch spricht. Als es zu dämmern beginnt, längst alle ihre Tätigkeit beendet haben und wir angeregt gestikulierend beieinander sitzen, kommt der Junge mit dem englischkundigen Bekannten, Herrn Kep, im Schlepptau zurück. Er trägt eine Armbanduhr, einen Schlapphut und ein weißes Hemd. Herr Kep ist vielleicht vierzig Jahre alt und hat ein offenes Lächeln für mich. Als Betreiber einer kleinen Kautschukplantage hinter dem Dorf, erzählt er mir, hätte er wegen seiner Mitarbeiter nicht früher kommen können. Zunächst werde ich ausgiebig nach woher und wohin befragt. Ich habe es längst aufgegeben, mein großes Ziel, die Quelle des Mekong, zu erwähnen. Zu häufig wurde mit Unverständnis reagiert. Selbst für mich ist der Ort in eine scheinbar unendlich weite Ferne gerückt. Für meine Zuhörer hier im Dorf würde das utopisch klingen. Phnom Penh, das kennt man, ist in erreichbarer Nähe.

Die ganze Zeit drängt es mich, die Leute nach dem Pol-Pot-Regime zu fragen, wie es ihnen damals ergangen ist und was sie über das internationale Tribunal denken, das zurzeit in Phnom Penh über die noch lebenden Schuldigen urteilt.

Erst nach Stunden im Schein der Petroleumlampe, als die anfängliche Distanz einer gewissen Vertrautheit gewichen ist, die solche Fragen voraussetzen, wage ich, das Thema anzusprechen. Offensichtlich war meine Vorsicht unbegründet. Ohne Umschweife übersetzt mir Herr Kep die einhellige Meinung: »Man hätte sie längst erschlagen sollen, wie sie es mit Millionen ihrer Landsleute getan haben. Stattdessen werden sie fürstlich umsorgt, können täglich zwischen verschiedenen Mahlzeiten wählen und bekommen eine optimale medizinische Betreuung. Und warum? Damit sie nicht sterben, bevor sie ihr Urteil gehört haben.« Saloth Sar, der sich den Phantasienamen Pol Pot gegeben hat oder »Bruder Nummer eins« nannte, ist ihnen 1998 auf diese Weise schon entwischt.

Als er 1953 nach gescheitertem Elektronikstudium, völlig vereinnahmt von den revolutionären Ideen der sozialistischen Studentenbewegung aus Paris in seine Heimat zurückkehrte, war er überzeugt davon, Kambodscha zu neuer Größe führen zu können. Einen neuen Menschen in einer neuen Gesellschaftsordnung wollte er schaffen. Er sah sich als einen der legitimen Nachfolger der Gottkönige von Angkor. Die desolaten Bedingungen, unter denen das Volk zu diesem Zeitpunkt litt, kamen ihm gelegen: ein schwacher König Sihanouk, der zwischen den Mächten USA und China hin und her lavierte, und der Krieg im Nachbarland Vietnam, der herüberzuschwappen drohte. Pol Pots wichtigste Unterstützer waren, wenn auch ungewollt, die USA. Die Bombardierungen des Ho-Chi-Minh-Pfades, der durch Teile Kambodschas führte und Tausende unbeteiligter Bauern das Leben kostete, trieben ihm die Anhänger scharenweise in die Arme. Konnten die USA damals wirklich nicht ahnen, welchem mörderischen Regime sie mit ihren wahllosen Bombardierungen Vorschub leisteten?

Meine Gastgeber interessieren sich nicht für die große Politik. Sie sehen, was in Phnom Penh geschieht: dass erst ein Täter, nämlich Duch, der Leiter des Foltergefängnisses Choeung Ek, verurteilt werden konnte – nach dreiunddreißig Jahren –, dass sich die übrigen Angeklagten über ihre Haftbedingungen beschweren können, ihnen gemäß den Menschenrechten sogar Zugeständnisse gemacht werden und sie vermutlich wegen der schwierigen Beweislage nie verurteilt werden können. Lachend fügt mein Gastgeber einen Satz an, der mir nach der Übersetzung ganz und gar nicht lustig erscheint: »Meinem Bruder, der damals Dorflehrer war, haben sie keine Chance gegeben, er wurde grundlos erschlagen.«

Weil Rachegelüste schlechtes Karma verursachen und die Harmonie stören, weil nichts wichtiger ist, als das Gesicht zu wahren, wird die größte Beleidigung, die schlimmste Schmach, selbst der Tod eines geliebten Bruders mit einem Lächeln quittiert. Mir bleibt das Lächeln im Halse stecken, ich bin ratlos. Wie soll ich darauf reagieren? Ich kann wohl kaum über den Tod seines Bruders lachen und weiß nicht, ob Betroffenheit und Mitleid die richtige Reaktion ist. Zum Glück kann ich meine Mimik im schwachen Schein der Petroleumlampe verbergen.

Herr Kep muss sich verabschieden, klärt mit meiner Gastfamilie, dass mir die Pritsche unter dem Haus völlig ausreicht und ich nicht hinauf in das Haus getragen werden will. Die Toilette, so meine Argumentation, ist am Rand des Hofes, und wenn ich sie des Nachts bräuchte, müsste ich wieder heruntergetragen werden. Widerwillig wird dem zugestimmt. Schließlich möchte man seinen Gästen das Beste bieten und sie nicht bei den Hühnern übernachten lassen. Außerdem wäre die Harmonie gestört, wenn die Nachbarn erführen, dass hier die Gäste unter dem Haus schlafen müssen. Für eine ähnliche Situation ein paar Tage zuvor in Vietnam, wo ich mit Nagender bei Bauern wohnte, fand man eine wahrhaft salomonische Lösung. Die Hühner wurden zu den Schweinen umquartiert, und die ganze Familie zog mit Betten und Decken zu uns unter das Haus. Die Harmonie blieb gewahrt.

Weniger harmonisch ist für mich die Toilette. Was freilich daran liegt, dass ich meine Vorstellungen und Ansprüche an Toiletten, wie ich sie von zu Hause her kenne, noch nicht ganz abgelegt habe. Hier handelt es sich um ein nach oben offenes, aus Palmwedeln halbwegs blickdichtes Geviert, das Dusche (der Wassereimer) und Toilette (das Fallrohr zum Schweinehof) in einem beherbergt. Es gelingt mir nicht, mit dem Kegel meiner Taschenlampe alle Kakerlaken gleichzeitig zu kontrollieren, sodass es einige in unbeobachteten Momenten schaffen, mir am Rolli hochzukrabbeln. Das stresst und macht die Sitzung kurzweilig. Davon abgesehen bin ich auf diese Art sanitäre Anlagen eigentlich bestens vorbereitet. Denkbar einfach hatte ich mir vor der Reise ein Loch in den Sitzbezug des Rollstuhls geschnitten und es mithilfe eines breiten Klettbandes mit einem Stoff-(Klo)deckel versehen. Seitdem sitze ich sozusagen auf meinem Dauerklo, das zudem höchst hygienisch ist, denn ich bin der Einzige, der es benutzt. Weil die Peristaltik bei Querschnittsgelähmten nicht die beste ist, kann sich die Sitzung schon mal hinziehen. Um dabei keine Druckstellen zu bekommen, benutze ich einen aufblasbaren Schubkarrenschlauch. Ungewohnt ist das prompte Schmatzen der Schweine nach dem Stuhlgang, das mich für einen Moment überlegen lässt, Vegetarier zu werden. Solche Gedanken sind bei dem kulinarischen Abenteuer, das Indochina für mich bereithält, allerdings schnell verworfen. Auf zu vieles müsste ich verzichten.

Damit es mir unter dem Haus nicht zu einsam wird, hat sich mein Gastgeber mit seiner Pritsche dazugesellt. Sein Schnarchen raubt mir den Schlaf. Da fällt mir ein, was mir mein Vater einst auf unserer Reise durch Polen riet für den Fall, dass er schnarchen sollte: Ein leises Zischen würde ihn im Nu verstummen lassen. Der Trick funktionierte jedoch nicht, stattdessen beschwerte er sich im Halbschlaf über mein Gezische. Diesmal herrscht augenblicklich Ruhe.

Am nächsten Morgen bezahle ich heimlich die Übernachtung, die Fischsuppe vom Abend und das minimalistische Frühstück. Zwanzigtausend Riel (umgerechnet etwa vier Euro) in eingerollten Scheinen wechseln beim Händeschütteln unbemerkt den Besitzer. Die Gastfreundschaft des Hausherrn verbietet es, Geld vor aller Augen anzunehmen, obwohl er es gut gebrauchen könnte. Sich die Hand zu reichen ist zwar unüblich – man macht den *Sompiah*, legt die Hände aneinander und verbeugt sich –, aber das Versäumnis wird mir als unwissendem Tourist verziehen.

Ich könnte die Welt umarmen: Die Sonne scheint, die Schotterstraße ist leidlich befahrbar, überall grüßen freundliche Menschen, und spannende Erlebnisse liegen vor mir. Kann Reisen schöner sein? Aus meinem Plan, noch heute Phnom Penh zu erreichen, wird allerdings nichts. Zu häufig habe ich mich von Kinderscharen aufhalten lassen. Manchmal können sie ihre Neugier nicht zügeln und halten mich einfach an den Rollstuhlgriffen fest. Einmal wurde ich spontan zum Essen in eine Garküche eingeladen. Zu einer Unterhaltung ist es wegen der unüberwindlichen Sprachbarriere zwar nicht gekommen, aber dem Wirt war es trotzdem ein Vergnügen. So schaffe ich an diesem Tag siebzig Kilometer und finde abends erneut eine Familie, bei der ich unterkommen kann.

## *Phnom Penh, eine ganze Stadt in Feierlaune*

Sobald ich die ersten Vororte von Phnom Penh erreiche, habe ich ein Handysignal und rufe Nagender an. Wir verabreden uns am Unabhängigkeitsdenkmal, das direkt an der Straße liegt, auf der ich in die Stadt hineinfahre. Es gibt viel zu erzählen. Nagender berichtet mir von der positiven Grundstimmung in dieser Stadt, von der Feierlaune der Kambodschaner und dass ich gerade rechtzeitig zum großen Nachtmarkt eintreffe, der jeden Samstag stattfindet. Allerdings hätte er keine Unterkunft für mich finden können. Das Hotel, in dem er wohnt, liegt im dritten Stock und hat keinen Aufzug. Kein Problem, ich zücke meine Backpackerbibel und markiere eine Reihe von Hotels der unteren Preisklasse. Jetzt brauchen wir jemanden, der Englisch spricht. Wenngleich das äußere Erscheinungsbild eines Menschen nicht generell Rückschlüsse auf seinen Bildungsgrad zulässt, kann ich davon ausgehen, dass die Chance, bei einem Schlipsträger auf Englischkenntnisse zu stoßen, größer ist als bei eher leger gekleideten Passanten.

Hier auf der Grünfläche vor dem Independent Monument, einem unansehnlich monströsen Phallus aus rotem Sandstein, umspült vom dröhnenden Stadtverkehr, finden wir niemanden, der offenkundig Fremdsprachen spricht. Einzig eine junge Frau mit ihrem Kind sitzt drüben auf der Bank. Ein Versuch ist es mir wert – sie spricht perfekt Englisch. Ich bitte sie, sich mit meinem Telefon nach der Anzahl der Stufen bei den Hotels auf meiner Liste zu erkundigen. Sie versteht ohne große Erklärungen, worin mein Problem liegt, und beim dritten Versuch landen wir einen Treffer. Allerdings liegt das Haus am anderen Ende der Stadt. Nagender nimmt sich ein Tuk-Tuk, lädt mein Gepäck dort hinein, und ich fahre hinterher. Die kambodschanische Variante des Personentransports ist der Knüller. Nicht wie das hochgezüchtete Renndreirad aus Thailand, das durchaus achtzig Stundenkilometer auf die Straße bringt, nicht wie die blechernen indischen Bajaj-Klapperkisten, die beim Bremsen in der Kurve konstruktionsbedingt kippen können. Die Kambodschaner haben es richtig gemacht. Einer überdachten Pferdekutsche gleich sitzt man sich in einem Mopedanhänger gegenüber. Das ist kommunikationsfördernd und gemütlich – einfach perfekt.

Die junge Frau erklärt dem Fahrer noch, wohin es geht und dass er bitte darauf achten soll, mich nicht abzuhängen. Diese Befürchtung war unbegründet. Der dichte Verkehr in Phnom Penh lässt schnelles Fahren nicht zu, ich könnte mich des Öfteren zwischen den Fahrzeugen durchmogeln und wäre schneller. Leider habe ich keine Ahnung, wohin es geht. Das ist dem Tuk-Tuk-Fahrer bewusst, der die Unwissenheit seiner neu eingetroffenen Fahrgäste schamlos ausnutzt. Er pflügt mit uns scheinbar zielsicher durch die Gassen, links – rechts – links, bis von meiner Orientierung nichts mehr übrig ist. Nun, es müssen wohl viele Einbahnstraßen sein, die ihn zwingen, einen solchen Zickzackkurs zu fahren. Dann fällt mir eine bekannte Straßenecke auf. Das Haus kenne ich, oder war das in Saigon? Als wir zum dritten Mal an dieser Ecke vorbeifahren, muss ich innerlich grinsen. Wie oft habe ich mich eigentlich schon mit dieser billigen Masche von indischen Rikschafahrern übers Ohr hauen lassen? Immer wieder falle ich darauf rein. Warum habe ich nicht zuvor den Preis ausgehandelt? Dann hätte er den direkten Weg genommen.

Dass der Tuk-Tuk-Fahrer es fertigbringt, mich alten Hasen, der nach dreißig Jahren regelmäßigen Reisens alle Tricks zu kennen glaubt, reinzulegen, verdient Respekt. Der Mann ist mir sofort sympathisch. Ich frage ihn nach seinem Namen. Das macht ihm Angst, weil er eine Anzeige fürchten muss. Er stellt sich als Pirum vor. Dann erkläre ich ihm auf Englisch, dass es jetzt gut sei und er seine Sightseeingtour beenden könne, wir wollen auf direktem Weg zum Hotel. Mir ist klar, dass er meine Sprache nicht versteht, und doch hat er genau kapiert, was ich gesagt habe. Sein schlechtes Gewissen steht ihm ins Gesicht geschrieben. Das Hotel liegt um die Ecke.

Beim Ausladen lobe ich sein tolles Vehikel und frage, eher scherzhaft und beiläufig, ob er uns sein Tuk-Tuk nicht für zwei Wochen leihen will. Er hat meinen Satz, den ich auf Englisch einfach so dahergesagt habe, Wort für Wort verstanden. Nicht die wundersame Wandlung seiner Englischkenntnisse in Erwartung eines guten Geschäfts ist das Überraschende für mich. Dass er sofort einverstanden ist, haut mich um! Zu diesem Zeitpunkt ahne ich nicht, wie schwer den Kambodschanern ein Nein über die Lippen geht. Ihre Mentalität und Harmoniesucht lassen überhaupt keine andere Antwort zu. Erst viel später, nachdem ich mehr über die Geisteshaltung der Kambodschaner erfahre, begreife ich, warum sich diese Menschen so sträuben, einem Wünsche abzuschlagen, warum sie offensichtlich bereit sind, um der Harmonie willen selbst lebensnotwendige Dinge herauszugeben. Wenn es richtig unangenehm für sie wird, finden sie rechtzeitig irgendeinen Weg, sich ohne Gesichtsverlust aus der Sackgasse zu befreien.

Auch Pirum, unser Tuk-Tuk-Fahrer, der schließlich von etwas leben muss, hat seine Strategie. Ja, er würde sein Tuk-Tuk verleihen – *no problem*. Zuvor müssen wir aber über den Preis sprechen. Jetzt gewinnt der Geschäftsmann in ihm die Oberhand. Die Verhandlungen ziehen sich über Tage hinweg und gleichen einem Katz-und-Maus-Spiel. Jeder glaubt, der Angler mit dem dicken Fisch am Haken zu sein, jeder ist sich bewusst, dass eine falsche Bewegung das Aus, den Verlust des Fanges bedeutet. So wird lächelnd gepokert, gefeilscht und geblufft, weil oberstes Gebot die Wahrung der Harmonie ist. Pirums berechtigte Forderung, tausend Dollar als Sicherheit zu hinterlegen, verlangt nach einem Vermittler. Jemand, dem beide Seiten vertrauen. Er macht uns mit Aziza bekannt, der Besitzerin eines kleinen Busunternehmens, die perfekt Englisch spricht und bereit ist, das Geld bis zu unserer Rückkehr zu verwahren. Eine resolute junge und sympathische Frau mit fast jugendlichen Gesichtszügen, die beim Sprechen keine Zeit verliert und nebenbei die Tastatur ihres PC bedient. An jeden dritten Satz hängt sie ein »hä« an, wie es die Sachsen mit ihrem »noh« tun, im Sinne von »nicht wahr?«. Nach einem Gespräch, das sich über Stunden hinzieht und in dem es vom Vietnamkrieg über das Pol-Pot-Regime bis hin zu ihrem nichtsnutzigen Ehemann geht, von dem sie nun endlich geschieden ist und den sie mit dem pleitegegangenen Reisebüro in Vietnam zurückgelassen hat, sagt mir mein gesunder Menschenverstand, dass ich ihr vertrauen kann. Wer Böses im Sinn hat, erzählt nicht zuvor von Pleiten, Pech und Pannen, sondern rückt sich ins beste Licht.

Sie wird die Kaution für das Tuk-Tuk sowie die Hälfte der täglichen Miete von fünf Dollar in ihrem Safe verwahren. Die zweite Hälfte zahlen wir nach unserer Rückkehr. Kleinigkeiten wie die Tatsache, dass Nagender bisher nie ein Tuk-Tuk gefahren hat und keinen Führerschein dafür besitzt, tut sie mit einer abweisenden Handbewegung ab: »Wenn die Polizei euch anhält, gebt ihr ihnen einfach Geld. Aber denkt daran, die wollen immer mehr, also handelt mit ihnen!« Stattdessen sollten wir uns dringend einen Helm kaufen, fehlt der, kostet die Strafe einen Dollar, für Ausländer das Vielfache. Bis zu unserem Start geben wir Pirum Zeit, das Fahrzeug einer gründlichen Inspektion zu unterziehen. Wir planen, damit innerhalb von zwei Wochen den

Tonle-Sap-See zu umrunden. Das sind knapp tausend Kilometer mit diversen Abstechern, etwa zu den Tempelanlagen von Angkor.

Heute ist Samstag und Zeit für den Wochenendmarkt, der bis tief in die Nacht geht. Das bedeutet nicht nur Shoppen bei Mondschein, sondern die Straßen werden zur Bühne. Das Zentrum des Sehens und Gesehenwerdens bildet der Sisowath Quay, der Boulevard la Croisette von Phnom Penh, am Ufer des Mekong. Während neureiche Chinesen mit ihrem Hunderttausend-Dollar-Hummer protzen, erlebt eine Gruppe Studienreisender in sandfarbenen Kakiuniformen den Transfer in der Fahrradrikscha vom Hotel zum Königspalast als gefühlte Kolonialnostalgie. Dabei werden sie von ihrem eigenen schlechten Gewissen übermannt, das sie kaum verbergen können, als ich sie im Arrangement mit einem teuren Luxuswagen am Straßenrand fotografiere. Der Tourismus mit all seinen Spielarten hat in Phnom Penh längst Einzug gehalten.

Im Gegensatz zu den uniformierten Gruppenreisenden leiden die pseudoalternativen Backpacker mit ihren kambodschanischen Mädchen im Arm keinesfalls unter Gewissensbissen. Ich fasse mir ein Herz und verwickle einen von ihnen, den Tischnachbarn im Café, in ein Gespräch. Dabei bekomme ich Nachhilfeunterricht in direkter Entwicklungshilfe. Selbstgefällig brüstet er sich, seine Geliebte in den zwei Wochen, die sie ihn begleitet, zu versorgen. Gleichzeitig könne sie mit dem verdienten Geld ihre Familie unterstützen. Effektiver ginge es nicht. Sie würde für ihn überall die Preise aushandeln, womit sich für beide sogar eine Win-win-Situation ergebe. Mir zu erklären, welche »Dienstleistungen« sie darüber hinaus erbringen muss, erspare ich ihm. Da fehlt mir die Courage zu einem vorwurfsvollen Streitgespräch. Ab jetzt ist mein Blick geschärft, und plötzlich sehe ich, dass Phnom Penh auf dem besten Wege ist, Bangkok auf diesem Gebiet den Rang abzulaufen: zu viele europäische Männer mit dem Bauch ab vierzig, deren kambodschanische Begleitung eine Spur zu jung ist. Alles Vorurteil? Sicher, schließlich gibt es hier auch die echte kambodschanische Liebe, wie sie Benjamin Prüfer und seine Sreykeo erleben durften und die mit dem Film »Same Same But Different« von Detlev Buck verewigt wurde. In der Tat, hier in Kambodscha ist der Filmtitel ein geflügeltes Wort.

Zur ersten Dämmerung formieren sich auf der Uferpromenade die Akteure, begleitet von autobatteriegespeisten Ghettoblastern. Kaum außer Hörweite bereitet sich die nächste Gruppe vor. Ob Disco, Rock oder kambodschanische Schlagermusik, zwischen fünf und neunzig Jahren legt jeder, der kann, seinen eigenen Hüftschwung aufs Pflaster. Niemanden stört es, wenn die alten Knochen dem geschmeidigen Tanzschritt einen Strich durch die Rechnung machen und die ganze Sache etwas steif erscheinen lassen. In unserer von Schönheitsidealen getriebenen Gesellschaft müssen sich die Alten zum Aerobic in die Seniorenheime verkriechen. Hier, auf der Uferpromenade, verliert wegen vermeintlicher Unzulänglichkeiten niemand sein Gesicht. Hier genießt das Alter Respekt. Mir fällt ein vielleicht achtjähriges Mädchen in vorderster Reihe auf, das selbst die simple Schrittfolge – zwei vor, zwei zurück – unglaublich elegant vollzieht. Dabei lässt sie ihre Arme und Hände in harmonischen Wellenbewegungen schwingen, als wolle sie die Zuschauer für das schreckliche Geplärre aus dem Kofferradio um Verzeihung bitten.

Ich mache Nagender auf sie aufmerksam: »Schau mal, sie ist sicher eine Apsara-Schülerin.« Apsara ist eine alte Form des höfischen Tanzes in Kambodscha. Als das Stück ausklingt, bitte ich Nagender zurückzubleiben, und rolle auf das Mädchen zu. Ich habe die Erfahrung gemacht, dass ich bei meiner Kopfhöhe von einem Meter vierzig, noch dazu im Rollstuhl, Kindern gegenüber oft harmloser erscheine und leichter Kontakt bekomme. Ich wirke einfach nicht besonders bedrohlich. Nur in den extrem abgelegenen Gegenden in Indien passiert es, dass Kinder angsterfüllt und schreiend vor mir flüchten. Hier ist das anders. Auf Augenhöhe spreche ich das Mädchen mit einfachen Worten an. Vielleicht hat sie in der Schule Englischunterricht: »Bist du Apsara-Tänzerin?« Sogleich taucht ihre Großmutter (so meine Vermutung) auf, von der ich mir mit einem freundlichen Lächeln die Erlaubnis hole, ihre Enkelin anzusprechen.

Sie versteht mich gut und hat eine Antwort parat, die sogar eine Adresse enthält. Es ist die Apsara Arts Association in Phnom Penh. Wenn ich Interesse hätte, sei ich herzlich willkommen, beim Unterricht zuzuschauen. Diese Adresse stand bereits auf meiner Liste. Nun bin ich erst recht darauf gespannt und verabrede mich mit ihr für Montag.

Mir knurrt der Magen. Auf dem Weg zum Nachtmarkt, zehn Minuten zu Fuß, dröhnt westliche Musik aus allen Bars. Die Kambodschaner cruisen auf dem Boulevard und zeigen ihre tollen Autos, Mopeds oder Freundinnen auf dem Sozius. Mobile Imbissbuden, beleuchtet mit Gaslaternen, bieten gefüllte Baguettes (*Bae get*) und Cola an. Die Luft ist angenehm lau. Aus der Dunkelheit über dem Mekong klingen ab und zu Signalgeräusche herüber, und Lampen flackern für kurze Zeit auf. Dann ist der Fluss wieder schwarz. An der Kaimauer, im Schatten zwischen den Straßenlampen, treffen sich die Liebespaare. Arm in Arm, leise tuschelnd, runden sie das friedliche Bild dieser Stadt ab. Ich beginne Phnom Penh zu mögen.

Laut und schrill ist dagegen der Nachtmarkt. Skurrile Typen mit Katzenaugen oder rot gefärbten Kontaktlinsen starren uns an, gespickt mit Piercings, die schon beim Anblick den Schmerz des Stechens erahnen lassen. Riesenaquarien, gefüllt mit roten Saugbarben, laden zum Bade ein. Für einen Dollar befreien sie einen von überschüssigen Hautschuppen – die ultimative Fußpflege. Nagender ist vollauf begeistert und will nicht mehr aus dem Aquarium heraus.

Hier wird uns alles Mögliche und Unmögliche aufgetischt, was im weitesten Sinne essbar ist. Wir haben uns das visuell Vielversprechendste ausgesucht: acht halbwüchsige Hühner vom Grill, weder Küken noch ausgewachsen. Erst die Suppe zum Nachtisch macht uns wirklich satt. Von der Bühne gegenüber schmachtet ein perfekt in Szene gesetzter, modisch frisierter junger Kambodschaner dem Publikum herzzerreißende Schnulzen entgegen. Die Leute lieben ihn dafür, wollen Zugaben. Schaue ich mich um, muss ich feststellen, dass kaum jemand aus dem Publikum die Schreckensherrschaft der Roten Khmer erlebt haben kann. Es drängt sich der Gedanke auf, dass hier gefeiert wird, um nachzuholen, was lange verboten war.

Ich erinnere mich gut an einzelne Nachrichten aus dem Vietnamkrieg. An Meldungen über die verheerende Wirkung von Agent Orange und Napalmbomben, an die Bilder von Kim Phuc aus Trang Bang und wie am 30. April 1975 die letzten amerikanischen Soldaten vom Dach der US-Botschaft in Saigon gerettet wurden, während die Vietcong das Gebäude unten stürmten. Zu der Zeit war ich siebzehn Jahre alt. Die Nachrichten vom Ende des Vietnamkriegs haben damals nicht weniger dramatische Ereignisse im Nachbarland Kambodscha überstrahlt. So erfuhr die Weltöffentlichkeit kaum von dem, was sich in Phnom Penh zwei Wochen zuvor abgespielt hatte. Nach jahrelangen US-Bombardierungen des Ho-Chi-Minh-Pfades in Kambodscha, nach Kämpfen der Regierung in Phnom Penh mit den Roten Khmer, die 1975 das ganze Land unter ihre Kontrolle brachten, erhoffte sich die Bevölkerung von den Kommunisten den lang ersehnten Frieden. Daher wurden die Kämpfer der Roten Khmer bei ihrem Einmarsch am 17. April 1975 in Phnom Penh jubelnd empfangen. Dass es ihre eigenen Schlächter waren, dass sie mit ihnen das wahnwitzigste Experiment der Menschheitsgeschichte planten, konnten die Bewohner der Stadt nicht ahnen.

Noch am selben Tag wurden die Menschen aus den Häusern getrieben, Krankenhäuser, Schulen und Fabriken geschlossen, das Geld abgeschafft, Banken gesprengt und die Ausübung der Religion bei Todesstrafe verboten. Es sollte ein Agrarstaat geschaffen werden, in dem der Einzelne nur eine Nummer war. Anstelle familiärer Strukturen trat »Angka«, die Organisation, angeführt von »Bruder Nummer eins«, Pol Pot alias Saloth Sar. Obwohl selbst ehemaliger Student, hielt er die gebildete Schicht für überflüssig und ließ Intellektuelle hinrichten. Allein das Tragen einer Brille konnte Lebensgefahr bedeuten. Kinder, zu skrupellosen Killermaschinen erzogen, metzelten besonders hemmungslos.

Phnom Penh wurde innerhalb von zwei Tagen komplett entvölkert, die übrigen Städte in Kambodscha folgten. Sämtliche Beziehungen zum Rest der Welt, ausgenommen China und Rumänien, wurden gekappt, Journalisten, die bisher nicht geflohen waren, umgebracht. Dabei trat Pol Pot kaum in Erscheinung. Erst nach dem gescheiterten Versuch, einen neuen Menschen zu schaffen, den knapp zwei Millionen mit dem Leben bezahlten, und der Befreiung durch die Vietnamesen vier Jahre später, erfuhren viele Kambodschaner von seiner Identität. Deshalb blieben die Vorgänge in Kambodscha lange im Dunkeln.

Angesichts dieser Geschichte habe ich hier auf dem großen Marktplatz, auf dem ausgiebig gesungen, gegessen und gefeiert wird, den Eindruck, als wollten sie ihre zweifelhafte Vergangenheit und die Verbrechen ihrer Väter ganz schnell vergessen. In der Tat, in den Schulbüchern wurde der Holocaust am eigenen Volk bis zum Jahre 2010 komplett ausgeblendet. Doch das Volk der Khmer auf vier Jahre Schreckensherrschaft zu reduzieren täte ihnen Unrecht. Schließlich schufen sie während ihrer Hochkultur vor gut tausend Jahren Angkor, die größte Tempelanlage der Welt. Die schönsten Statuen können wir am Tag darauf im Nationalmuseum bewundern und bekommen hier eine Ahnung von dem, was uns auf unserer Fahrt um den Tonle-Sap-See und dem Abstecher in die versunkene Tempelstadt erwartet.

## *Geister, Götter und Dämonen*

Dass Kambodscha eine Monarchie ist, wird spätestens beim Anblick des riesigen Königspalastes deutlich, der in Sichtweite zum Mekong und gleich neben dem Nationalmuseum steht. Allerdings ist man dort der Meinung, dass die Räder meines Rollstuhls den royalen Fußboden beschädigen könnten. Ich einige mich mit Nagender auf Arbeitsteilung und beauftrage ihn, mir das Innere so zu dokumentieren, dass ich mir aufgrund seiner Fotos ein Bild davon machen kann. Langweilig wird mir unterdessen nicht. Gegenüber, direkt am Ufer des Mekong, fällt mir eine Menschenmenge auf, die sich um einen Schrein sammelt. Angeschlossen ist ein kleiner Pavillon, in dem ein Orchester mit Trommeln und bootförmigen Xylophonen musiziert. Es klingt wie indonesisches Gamelan.

Ich schaue mir die Sache aus der Nähe an. Die gesamte Aufmerksamkeit richtet sich auf den Schrein Vetika Oumtouk, in dem eine überlebensgroße Statue eines schwarzen Mannes verehrt wird. Er ist in eine orangefarbene Robe gekleidet und durch einen großen Sonnenschirm geschützt, ganz ähnlich wie Buddha. Einzig seine sechs Arme, die ihm Shiva gleich von allen Seiten aus den Schultern wachsen, irritieren mich. Ein Meer von Lotusblüten und Bündeln von Räucherstäbchen, die ihm die Gläubigen zu Füßen legen, umgibt ihn.

Während ich die Szenerie aus gebührendem Abstand beobachte und versuche, mir darauf einen Reim zu machen, bemerke ich, wie eine weitere Besucherin den Schrein ansteuert. Sie ist vielleicht fünfundvierzig Jahre alt, vollkommen in weißes Tuch gehüllt und trägt ihr langes schwarzes, scheinbar ungekämmtes Haar offen. Eine Spange hält den

Scheitel. Erste graue Strähnen zeigen sich über der Stirn. Was sie tut, verwundert mich vollends. Nachdem sie den Schrein augenscheinlich inspiziert hat, geht sie zu der Limousine zurück, der sie kurz zuvor entstiegen war, um daraus Kissen, Bastmatten und große Kunststoffbehälter nah an die Kaimauer zu tragen. Gerade dorthin, wo ich meinen Beobachtungsplatz habe. Ich rolle zur Seite, denn wie es scheint, hat sie vor, sich genau hier niederzulassen. Sie legt die Bastmatte aus, bedeckt sie zusätzlich mit einer frisch gebügelten Tischdecke, platziert das Sitzkissen ans Kopfende und beginnt nun, die Plastikbehälter zu öffnen. Daraus kramt sie Teller, Löffel, Gläser und allerlei Schälchen für mindestens sechs Personen. Ich würde das für die Vorbereitung zu einem Picknick halten – zugegeben, ungewöhnlich hier auf dem Bürgersteig am Ufer. Und noch etwas passt nicht recht ins Bild: Sie ist ganz allein!

Jetzt wird es vollends grotesk, und ich glaube meinen Augen nicht zu trauen. Aus der nächsten Kiste zieht sie einen Schweinskopf hervor, den sie in der Mitte der Picknickdecke auf dem größten Teller platziert. Anschließend stellt sie ihm die Ohren auf und schiebt ihm, wie zu einem Festmahl, ein undefinierbares längliches Stück Fleisch ins Maul. Erst jetzt bemerke ich, dass der Kopf gekocht und essfertig zubereitet ist, wie die gerupften Hühner, die nun links und rechts des Schweinskopfes sorgfältig drapiert werden. Dazu kommen vier große, geöffnete Kokosnüsse, eine Dose Sprite sowie eine Flasche Wasser, alle mit Strohhalmen versehen. Außerdem zaubert sie eine Schale tropischer Früchte hervor und umrahmt das ganze Ensemble mit filigran gebastelten Kerzenständern aus Bambus, die mich ein bisschen an Weltraumraketen erinnern. Zu guter Letzt verteilt sie eine Schachtel Zigaretten auf den Bambusraketen und schmückt ihr Werk mit diversen Geldscheinen. Mehrmals umrundet sie das Ensemble, zupft hier, korrigiert dort, bis sie sich zufrieden am oberen Ende auf einem Kissen niederlässt, um alles erneut einem prüfenden Blick zu unterziehen. Es scheint angerichtet. Würde sie mich einladen, an dem Picknick teilzuhaben, ich ließe es mir nicht zweimal sagen.

Aber ist so eine Aktion normal? Ich beobachte die Passanten, niemand nimmt Notiz. Meine Neugierde gewinnt die Oberhand, vielleicht habe ich Glück und sie spricht Englisch. Ich nenne meinen Namen, sage, woher ich komme, und frage: »Entschuldigung, können sie mir erklären, was Sie da tun?«

Sie schaut mich ernst an, ohne dabei ablehnend zu wirken, und stellt sich als Frau Chanary vor: »Ja, gerne, das hier sind Opfergaben für meine Mutter und Preah Komlong. Sehen Sie den Schrein dort drüben. Darin wohnt er. Er ist der Schutzbefohlene der Stadt. Wissen Sie, meine Mutter ist vor Kurzem gestorben. Leider findet ihr Geist einfach keine Ruhe. Jede Nacht durchwühlt sie die Schränke und Schubladen in der Küche und macht einen unheimlichen Lärm. Deshalb wende ich mich mit diesen Opfern an Preah Komlong, damit er dem Geist meiner Mutter Frieden bringt.«

Dass in Kambodscha, ebenso wie in Thailand und Vietnam, Geister den Alltag der Menschen bestimmen, wusste ich inzwischen, dass es jedoch so schlimm ist, hätte ich nicht geahnt. Jetzt weiß ich, das wird kein Picknick, sie hat vielmehr einen Opferaltar errichtet.

Kambodschaner haben fürchterliche Angst vor den umherirrenden Seelen Verstorbener, die Böses anrichten können. Gefährdet sind vor allem diejenigen, die eines unnatürlichen Todes gestorben sind. Für sie muss besonders gründlich geopfert werden. Als es im November 2010 beim jährlich stattfindenden Wasserfest, kaum einen Kilometer von hier entfernt, zu einer Massenpanik mit über dreihundert Toten kam, wurden plötzlich die Bananen in der Stadt knapp, weil derart viel geopfert wurde.

Warum sie ausgerechnet einen Schweinskopf opfert, will ich von ihr wissen, und welche Bewandtnis es mit den Zigaretten hätte. Das sei ganz einfach, meint sie. Ihre Mutter aß nun mal gern Schweinefleisch, rauchte hin und wieder und trank am liebsten Sprite, sozusagen ihre Lieblingsspeisen.

»Und die Geldscheine?«

»Na ja«, und jetzt lächelt sie sogar, »Geld lieben wir alle, oder?«

Bevor sie das Gespräch beendet und sich ihrem Gebet widmet, habe ich noch eine abschließende Frage: »Was machen Sie nach der Zeremonie mit den Opfergaben?«

»Das bekommen die Armen.«

Damit hat sie gleich zwei Fliegen mit einer Klappe geschlagen, indem sie zusätzlich etwas Gutes für ihr Karma getan hat. Schließlich hat die Summe guter Taten einen hohen Einfluss auf das zukünftige Leben. Und das kommt – so sicher wie das Amen in der Kirche. Es sei denn, man heißt Buddha und ist davon erlöst. Folglich versucht jeder, sein Gute-Taten-Konto im Plus zu halten oder gar aufzufüllen.

Die Möglichkeiten dazu sind vielfältig. Hier am Vetika Oumtouk, wo der Besucherstrom stetig anschwillt, finden sich inzwischen die Anbieter diverser Dienstleistungen zum Sammeln guter Taten ein. Denn gutes Karma muss nicht teuer sein. Wer zum Beispiel Vögeln die Freiheit schenkt – je mehr, desto besser –, kann einen positiven Einfluss auf sein nächstes Leben ausüben. Wo Nachfrage besteht, gibt es auch umgehend ein Angebot. Daher mischen sich hier eine ganze Reihe zwielichtiger Gestalten unters Volk. Sie als Vogelhändler zu bezeichnen, würde den Echten ihrer Zunft Unrecht tun, denn sie transportieren die Sperlinge in Plastiktüten, Jutesäcken oder viel zu engen Käfigen. Vielleicht wollen sie auf diesem Weg Mitleid erregen und mehr Gläubige dazu animieren, die Vögel zu befreien. Es stört niemanden, dass ihnen zuvor die Flügel gestutzt wurden oder die Orientierung mit Lösungsmittel in den Plastiktüten vernebelt wird. So kommen sie nach der Entlassung in die Freiheit nicht weit und man kann sie schneller wieder einsammeln und erneut verkaufen. Den Stress machen die Kleinen nicht lange mit und stürzen irgendwann tot vom Himmel. Das wiederum muss sich auf des Vogelhändlers Karma verheerend auswirken. Heißt es nicht in einer der fünf Gebote Buddhas, keine Tiere zu quälen oder zu töten? Beim Blick in ihre Gesichter kommt es mir allerdings so vor, als hätten sie bereits nichts mehr zu verlieren.

Nagender ist zurück. Er kommt mit Gold, Edelsteinen und Marmor auf seinen Fotos. So faszinierend das Interieur des Königspalastes auf seinen Bildern erscheint, mein Bedauern, das alles nicht mit eigenen Augen sehen zu können, hält sich in Grenzen. Was ich stattdessen hier am Ufer des Mekong erlebt und erfahren habe, lehrt mich mehr über die Menschen als der Anblick des Reichtums ihrer Könige.

Eine weitere Lektion über das Innenleben der Kambodschaner steht uns bevor. Mir ist nicht wohl bei dem Gedanken. Ich weiß, dass uns im ehemaligen Tuol-Sleng-Gefängnis, S21 genannt, und in Choeung Ek, der Hinrichtungsstätte, vor Augen geführt wird, dass der Mensch im Gegensatz zum Tier böse sein kann.

Man betritt die ehemalige Schule durch ein Tor mit der Aufschrift Genozid-Museum (was im Grunde falsch ist, denn hier versuchte sich ein Volk selbst auszulöschen) und gelangt auf den Schulhof, der üppig mit Kokospalmen bewachsen und von dreistöckigen, verwitterten Betongebäuden eingerahmt wird. Die Idylle trügt. Der Hinweis am Eingang, Ruhe zu bewahren und nicht laut zu lachen, ist überflüssig, was ich sehe, macht mich stumm. In den Klassenzimmern, zu Folterzellen umfunktioniert, glaube ich, die Schreie der Opfer zu hören. Wie hier gelitten wurde, lässt sich nur erahnen. Ich erspare es mir, die mittelalterlichen Folterpraktiken im Einzelnen zu beschreiben. Beim Ersinnen der Methoden, um aus Gefangenen Geständnisse herauszupressen – und darum ging es hier –, hat es Folterern bislang nie an Phantasie gemangelt. Nachdem die Intelligenz des Landes ausgerottet war, begannen die Schergen Pol Pots, paranoid wie sie waren, jeden und jede des Verrats zu verdächtigen. Sogar vor den eigenen Reihen machte ihr Verfolgungswahn keinen Halt. Geständige und die, die es nicht waren, wurden des Nachts zur Hinrichtungsstätte Choeung Ek verfrachtet.

Ein Turm voller Menschenknochen soll heute als hilfloses Mahnmal die Nachwelt warnen. Ansonsten wächst im wahrsten Sinne des Wortes Gras über die Sache. Hier und da schauen letzte Knochen oder Fetzen von Kleidern aus dem Boden. Es ist nur eine Frage der Zeit, bis schon bald die Vegetation, die hier besonders üppig gedeiht, die Massengräber mit ihrem Schleier der Vergänglichkeit überzogen hat. Den meisten Kambodschanern ist das recht, sie wollen nach vorne schauen und ihre dunkle Vergangenheit am liebsten vergessen. Dafür nehmen sie sogar hin, dass ihr Premierminister Hun Sen bis 1977 Offizier der Roten Khmer gewesen ist.

Niedergeschlagen und weiterhin stumm fahren wir zum Hotel.

Besonders gründlich haben sich die Roten Khmer über Kunst und Kultur hergemacht. Neunzig Prozent der Apsara-Tänzerinnen wurden umgebracht. Der Rest ist geflohen oder konnte das Wissen um die jahrtausendealte Tanzkunst vor den Mördern verbergen. Wir haben eine Verabredung in der Apsara Arts Association. Der vielversprechende

Name täuscht, es handelt sich lediglich um eine zugige, überdachte Bühne. Und dennoch ist das Haus viel mehr. Ein Waisenheim und ein Ort, an dem die kambodschanische Tanzkunst Kindern aus armen Familien nahegebracht wird. Der Leiter, Herr Rachana, der uns freundlicherweise erlaubt, bei den Übungsstunden zu fotografieren, erklärt mir, dass in diesem Tanz eine eigene, nie gesprochene Sprache steckt, die aufgelöst in Gesten, Bewegungen und Stellungen von der Schönheit der Welt erzählt. Nagender guckt abgeklärt, schließlich ist Indien Geburtsort der hinduistischen Tempeltänzerinnen, aus denen die himmlischen Nymphen in Kambodscha hervorgegangen sind.

»Beinahe wäre es den Roten Khmer gelungen, diese Tanzkunst vollkommen zu vernichten«, erklärt Herr Rachana. Ausgerechnet an den Tempeln in Angkor, das für Pol Pot unantastbare Weltwunder, dem er sich verpflichtet fühlte, konnten die letzten verbliebenen Tänzerinnen Feldforschung betreiben und die in Stein gehauenen Nymphen beim Tanz studieren. Aus über tausendachthundert verschiedenen Reliefs, sozusagen von historischen Vortänzerinnen, wurde die Tanzkunst der Khmer neu rekonstruiert. Musikinstrumente – von den Kommunisten als bourgeoises Symbol verhasst, eingesammelt und zerstört – wurden nach Vorbildern aus Angkor nachgebaut. Eine faszinierende Geschichte der Zuversicht.

Eine Schülerin nach der anderen trifft ein, auch das Mädchen, das mir am Ufer des Mekong aufgefallen war. Wir winken uns kurz zu. Die Tänzerinnen ziehen sich hinter der Bühne um und erscheinen nun mit hochgestecktem Haar, in einer weißen Bluse und einem blauen Sarong. Ihre Lehrerin, eine resolute Dame, leitet sie zu Dehnungsübungen an. Die Körperbeherrschung, die den Mädchen abverlangt wird, erinnert mich ein wenig an den Ballettunterricht meiner Tochter.

Sie üben einzelne Figuren, die später im Tanz zu einer Geschichte verschmelzen. Die Bewegungen dieser zierlichen fünf- bis zwölfjährigen Mädchen lassen eine besondere Eleganz und Anmut erkennen. Für die Glücklichen und Talentierten unter ihnen kann diese unscheinbare Bühne sogar das Sprungbrett zu einer großen Karriere werden, wenn sie ein Stipendium an der Hochschule der schönen Künste in Phnom Penh bekommen.

Ihr Körper scheint dauerhaft im Fluss zu sein, keine Bewegung hat Anfang oder Ende. Hoch konzentriert, alle Gliedmaßen unter Kontrolle haltend, schreiten sie grazil, scheinbar leichtfüßig über die Bühne, als sei ihr Körper nicht von Knochen getragen, sondern geschmeidig in jede Richtungen dehnbar. Und sie bringen es fertig, mich auf die Reise in eine Phantasiewelt mitzunehmen, die keiner Worte bedarf. Allein die Darstellung des Lebenszyklus einer Lotusblume bis zu ihrer Entfaltung unter der Sonne erfordert dreißig Tanzschritte und viel Handarbeit. Gelenkige Fingerfertigkeit ist in diesem Tanz extrem wichtig, erklärt mir Herr Rachana.

Meine Bewunderung für die Perfektion der Bewegungen, die Anmut, ja für das Wunder Mensch an sich, das hier grandios zutage tritt, ist sicher so groß, weil ich weiß, wie schnell die Kontrolle über große Teile des Körpers verloren gehen kann, wenn winzige Nervenstränge unterbrochen werden. Ohne Neid oder Verbitterung kann ich mich an dieser Augenweide erfreuen.

Ihr Tanz, streng einstudiert und reglementiert, mutet zugleich derart natürlich an, dass ich einen Moment stutze, als eines der Mädchen aus der Gruppe genommen wird und gänzlich profanen Schrittes von der Bühne geht.

Abends, bei einer Aufführung der fortgeschrittenen Tänzerinnen aus der Hochschule, wird uns bewusst, was diese Mädchen aus dem Waisenhaus der Apsara Arts Association noch vor sich haben. Es erfüllt mich mit Sympathie, wie die Menschen in diesem geschundenen Land nach so viel Grauen wieder einen Sinn für das Schöne finden konnten. Das gibt Hoffnung.

Je mehr ich über das Volk der Khmer erfahre, umso stärker fühle ich mich mit ihnen verbunden. Ohne Zweifel, es existieren Parallelen zum Holocaust im Dritten Reich und eine gemeinsame dunkle Vergangenheit, auf die die Welt mit Entsetzen schaut. Auch hier gibt es Eltern und Großeltern, die mitgelaufen sind, danach jede Schuld von sich gewiesen haben und versuchen, unaussprechliche Verbrechen mit dem Mantel des Vergessens zu überdecken.

*»Zuladung« ist in Kambodscha
ein dehnbarer Begriff*

Unser Tuk-Tuk ist startbereit. Pirum, ganz stolz, sein Vehikel auf den neuesten Stand gebracht zu haben, erwartet uns vor dem Hotel. Noch herrscht in den Gassen der Stadt wenig Verkehr. Eine gute Gelegenheit für die erste Probefahrt. Die endet fast in einem Desaster. Obwohl Nagender seit Jahren Motorrad fährt und täglich den Härtetest im Verkehr von Delhi besteht, kippt er jetzt beim Wenden fast vom Moped. Dabei fährt er nicht einmal in Schrittgeschwindigkeit. Er bremst scharf: »Mit diesem verrückten Moped kann ich keine Kurve fahren.«

Ungläubig über das, was ihm da gerade widerfahren ist, schaut er das Tuk-Tuk an. Sofort wird mir die Problematik bewusst. Dieses Moped ist mit dem Passagieranhänger nicht über ein Kugelkopfgelenk verbunden, das dem Fahrer ermöglichen würde, sich zum Ausgleich der Fliehkräfte in die Kurve zu legen. Stattdessen hält ein einfaches, horizontal wirkendes Gelenk das Zweirad kerzengerade auf der Straße. Wie bei einem Motorrad mit Beiwagen braucht der Fahrer den Lenker zum Festhalten, um nicht gnadenlos aus der Kurve zu fliegen.

Nach etwas Übung hat sich Nagender an das ungewohnte Kurvenverhalten gewöhnt. Auf unserer ersten Fahrt begleitet uns Pirum. Nagender benötigt außerdem noch einen Helm. Ohne den ist man für Polizisten Freiwild und von Weitem gut als Sünder auszumachen. Damit erschöpft sich auch schon der Sinn des Kopfschutzes. In der Tat, ich finde keinen Helm für mehr als zwanzig Dollar. Er probiert den teuersten aus, den es hier gibt, und selbst der ist ein verdächtig leichtgewichtiger und zerbrechlicher Plastikdeckel, der seinem Benutzer eine gehörige Portion Fatalismus abverlangt.

»Nagender«, warne ich, »für das Geld kannst du keinen wirklichen Schutz bei einem Sturz erwarten, vielleicht ist es sogar besser, ihn vor einem Unfall schnell abzunehmen.«

Er schaut mich ganz verwundert an und meint: »Was willst du, der ist sowieso nur für die Polizei.«

Ich hätte es wissen müssen. Wie man mit käuflichen Ordnungshütern umgeht, weiß Nagender von Indien. Was das angeht, habe ich mit ihm hier in Kambodscha den richtigen Begleiter, schließlich reisen wir durch eine der größten Kleptokratien Asiens.

Ein anderer, erstaunlicherer Superlativ Kambodschas lässt sich jedes Frühjahr direkt am Zufluss des Tonle Sap in den Mekong bestaunen. Wenn die ungeheuren Wassermassen des Mekong, verursacht durch die Schneeschmelze in Tibet und den Monsunregen in Indochina, in den Tonle Sap drängen, ändert der Fluss für fünf Monate seine Fließrichtung. Das ist einmalig auf der Welt. Hier vor den Toren der Stadt kann man dieses faszinierende Naturphänomen sogar von den Balkonen der Backpacker-Hotels bewundern. Dann ist es Zeit für das Wasserfest mit den berühmten Bootsrennen, bei dem es 2010 zu besagter Massenpanik kam.

Durch die Umkehrung der Fließrichtung schwillt der Tonle-Sap-See oberhalb von Phnom Penh Jahr für Jahr um seine dreifache Größe an. Erst im November, wenn die Niederschläge nachlassen, schrumpft der See wieder. Ein Grund für den ungeheuren Fischreichtum des Sees und die fruchtbaren Böden im überfluteten Bereich.

Gemeinsam statten wir Aziza, unserer Vermittlerin, einen Besuch ab, bei dem ich ihr die Kaution für das Tuk-Tuk übergebe, mir eine Quittung aushändigen lasse und mich davon überzeuge, dass sie das Geld sorgfältig im Safe verschließt. Mir ist klar, sollte es einen Unfall oder größeren

Schaden geben, sehe ich davon keinen Cent wieder. Ein Risiko, das ich bereit bin einzugehen. Auch der Besitzer Pirum geht ein hohes Risiko ein. Schließlich überlässt er sein Fahrzeug, das seine einzige Einkommensquelle und Lebensgrundlage darstellt, zwei dahergelaufenen Touristen, die er erst seit drei Tagen kennt. Ich an seiner Stelle würde das nicht machen.

Mir fällt auf, dass Pirum bereits den ganzen Vormittag über recht wortkarg ist und betreten aus der Wäsche guckt. Ob er den Deal jetzt etwa bereut und einen Rückzieher machen will, bitte ich Aziza zu übersetzen. Sie lacht und meint, das sei nicht nötig. »Das ist Strategie, um die Basis für Nachverhandlungen zu schaffen, wenn ihr zurück seid. Glaubt mir, er ist froh und glücklich, zwei Wochen Geld zu verdienen, ohne dabei einen Finger krumm machen zu müssen. Harmonischer kann das Leben nicht sein!«

Wir verabschieden uns und starten. Nagender ist sich seiner Verantwortung durchaus bewusst und fährt extrem umsichtig. Würde er einen Unfall verschulden und ich dabei zu Schaden kommen, er würde sich das nie verzeihen. Die letzten Vororte von Phnom Penh sind von großen Fabrikhallen geprägt, in denen für die führenden Modelabels der Welt genäht wird. Von hier kommen neunzig Prozent der Devisen bringenden Exporte Kambodschas. Im Moment ist Mittagspause. Aus den Toren der Textilfabriken strömen Hunderte junger Frauen, durchweg im Alter zwischen siebzehn und fünfundzwanzig Jahren – so meine Schätzung –, um sich über die Verkaufsstände herzumachen. Ihr Mittagessen: etwas Reis und Gemüse, abgefüllt in kleine Plastiktüten. Ich weiß aus Recherchen, dass diese jungen Frauen hier für dreißig Eurocent die Stunde arbeiten, und das sieben Tage die Woche. Sie kommen aus abgelegenen Dörfern, unterstützen ihre Familien mit einem Maximum des kläglichen Lohns. Schon plagt mich mein schlechtes Gewissen, weil ich guter Kunde von einem der größten Ausbeuter billiger Arbeitskräfte in Kambodscha bin.

Schnell passieren wir das Industriegebiet und kommen in ländliche Gegenden. Meine moralischen Bedenken schwirren noch immer in mir herum, wenngleich aus anderen Gründen. Welchen Eindruck hinterlassen wir hier eigentlich – der Inder Nagender auf dem Kutschbock und ich mit meiner weißen Haut wie ein Pascha im Fond dieser kambodschanischen Rikscha. Man braucht nicht viel Phantasie, um bei unserem Anblick falsche Schlüsse zu ziehen. Warum ich bisher nicht auf die Idee gekommen bin, in diesem Aufzug missverständlich erscheinen zu können, liegt an dem innigen und vertrauten Verhältnis zu Nagender. Wir sind einfach gute Freunde, ohne Ansehen der Herkunft oder Hautfarbe. Ich wische meine Bedenken beiseite, wenn andere das missverstehen, ist das nicht mein Problem. In der Tat, unser skurriles Auftreten wirft bei den Kambodschanern Fragen auf. Ist jemand des Englischen mächtig und neugierig genug, müssen wir erklären, warum ein Inder und ein Deutscher in einem kambodschanischen Tuk-Tuk durch die Gegend fahren.

Dann erzählen wir diese unglaubliche Geschichte. Wie es damals war, 1988 in Kalkutta, als ich diesen jungen Mann auf der Straße ansprach und ihn bat, mir auf den Bürgersteig zu helfen. Er gab mir damals seine Adresse und versprach zu schreiben. Und er schrieb, und ich schrieb zurück. Und als ich Jahre später erneut nach Indien kam, auf meinem Weg von der Mündung des Ganges zu seiner Quelle, besuchte ich ihn in Kalkutta. Damals fasste er spontan den Entschluss, mich auf dieser großen Reise zu begleiten. Ich war wie vor den Kopf gestoßen. Gewohnt, allein zu reisen, wusste ich nicht, ob ich mich über diese neue Situation freuen sollte. Plötzlich mit jemandem über Monate zusammen zu sein, den ich nur flüchtig, über Briefkontakt kannte, mit ihm in einem Hotelbett zu schlafen, ja, womöglich manchmal die Bettdecke zu teilen, das machte mich skeptisch. Meine Bedenken waren unbegründet. Auf dieser Reise wuchs eine große Freundschaft heran, hinter der jeder kulturelle Unterschied zu verschwinden schien.

Und am Ende berichten wir immer von der tagelangen Expedition, die unsere Beziehung auf die erste harte Probe stellte, und wie wir uns vor der Quelle des Ganges in die Arme fielen. Und manchmal, wenn unsere Zuhörer nicht müde werden wollen, erzählen wir von unserem neuen Abenteuer: vom Mekong und den fünftausendsiebenhundert Kilometern, die vor uns liegen, und dem Traum, die Quelle dieses Flusses zu sehen.

So ist es auch in dieser Raststätte – mit der nach drei Seiten offenen, überdachten Terrasse und den Plastikdecken, Salz, Pfeffer, Zahnstocher, Fischsoße und einer gefährlich rot leuchtenden Paste auf den Tischen. Der Inhalt eines Reisebusses hat sich über das Restaurant hergemacht. Wir gesellen uns zu einem kambodschanischen Pärchen an den Tisch. Suppe wird geschlürft – bessere Suppen machen nur die Chinesen –, es gibt Reis und Gemüse mit Fleischstückchen dazu.

Und wir müssen erzählen, schnell erzählen, weil der Bus kaum eine halbe Stunde hält. In dieser Zeit saugen die beiden am Tisch unsere Story förmlich auf. Studenten aus Phnom Penh seien sie, auf dem Weg in die Ferien, aufs Land in die Nähe von Kampong Chhnang. Das ist das Einzige, was wir aus ihnen herausbekommen, dazu ihre Adressen und eine Einladung, unbedingt zu Besuch zu kommen, heute noch. Die Hupe des Busses erklingt, ein kurzes Intermezzo, ein schneller Abschied.

Nagender liest die Visitenkarten vor: »Sudui und Preap heißen die.« Er schaut zu mir herüber und meint: »Sollen wir?«

»Wir müssen!«, antworte ich. »Eine solche Chance will ich mir nicht entgehen lassen.«

Ich schaue auf die Adressen und unsere Landkarte.

»Kein Problem Nagender, Kampong Chhnang liegt fast am Weg. Wir müssen nur einen kleinen Abstecher zum Tonle-Sap-See machen.« Ich spekuliere darauf, dort übernachten zu können, weil ein Abstellplatz für unser Vehikel auf dem Hof einer Familie am sichersten ist.

Wir sind wieder auf der Straße. Nagender hat sich entschlossen, den Helm zu meiden. Meine Bedenken, ein so billiges Teil könnte bei einem Sturz zersplittern und seinen Kopf böse verletzen, haben ihn überzeugt. Auf die Polizei, die uns mit Sicherheit stoppen wird, hat er sich auf seine eigene Art vorbereitet.

Bisher konnte er den Helm dank deutlicher Warnhinweise von den Passanten an der Straße rechtzeitig aufsetzen. Dennoch ist es nur eine Frage der Zeit, wann es zur Konfrontation kommt. Hier in Kambodscha wird Verkehrssicherheit groß geschrieben. Das beschränkt sich allerdings ausschließlich auf die Kopfbedeckung der Mopedfahrer. Ihre Untersätze und was das Volk der Khmer mit ihnen anstellt, wie sie sie warten, bepacken, schinden und quälen, dass sie erst repariert werden, wenn wirklich nichts mehr geht, und sie sogar als Sattelschlepper herhalten müssen, würdigen die Ordnungshüter keines Blickes. Mir tun sie leid, die kambodschanischen Mopeds. Ja, ich weiß, es ist Blödsinn, Mitleid mit einem Fahrzeug zu haben, mit einem Haufen Eisen und Aluminium, Schrauben, Muttern, Kolben, Zahnrädern und Ringen. Gleichwohl, nach dem Zutun von Benzin beginnen sie ein Eigenleben und haben seit ihrer Erfindung die Menschheit vorangebracht wie kaum ein anderes Gerät. Motorradfahrer wissen, was ich meine. Daher denke ich, was in Kambodscha mit ihnen gemacht wird, ist unfair. Da sehe ich einen Schinder, der auf seinem Steiß balancieren muss, weil der Rest der Sitzbank von einer Hundert-Kilo-Sau okkupiert ist, die – tot oder betäubt, das kann ich im Vorbeifahren nicht erkennen – alle viere in den Himmel streckt. Überhaupt scheint es, als sei der gesamte Viehtransport in diesem Land auf zwei Rädern organisiert. Ferkel kann man in Gruppen zu zwanzig Stück in einen Bastkorb zwängen und auf den Gepäckträger schnallen. Die Bewegungsfreiheit ist für die Tiere gleich null, aber so bleibt noch ausreichend Platz auf der Sitzbank für zusätzlich vier Familienmitglieder. Sollte die Ladekapazität irgendwann eine Grenze erreicht haben, die in Kambodscha mit ein paar zusätzlichen Stoßdämpfern weit und hoch hinaus gehen kann, kommt der Anhänger zum Einsatz. Damit steht der Kreativität des kambodschanischen Mopedfahrers nichts mehr im Wege. Nicht zu toppen ist der Sechs-Meter-Überseecontainer – ich vermute mal leer – auf einer einfachen Holzkarre, gezogen von einem schmächtigen Moped.

Korbhändler, die als Handelsnomaden von Dorf zu Dorf ziehen, haben außer der hoch geladenen Ware zusätzlich die fünfköpfige Familie und den gesamten Hausrat im Schlepptau. Viele Handelsreisende, die auf diese Weise unterwegs sind, sparen sich die Miete für die Wohnung, zelten oder schlafen im Mopedanhänger und erweitern ihren Kundenstamm auf diesem Wege nahezu unbegrenzt. Mir ist klar, dass niemand in Kambodscha ein solches Nomadenleben zum Spaß führt. Blanke Not zwingt die Menschen dazu.

## Wegelagerer in Uniform

Staunend auf überladene Mopeds starrend, bemerken wir nicht die warnenden Gesten der Leute am Straßenrand. Es kommt, was kommen muss: ein Kontrollposten. Die Hierarchien sind sofort auszumachen. Die Hilfspolizisten halten die Verkehrssünder an, und das sind nicht die mit den Säuen auf dem Sozius, sondern wir. Der Polizeiboss dagegen, dem wir übergeben werden, sitzt gemütlich in seinem Klappstuhl neben der Straße, vor sich einen Klapptisch mit einer geöffneten Kasse darauf. Nagender, der Gesetzesbrecher, hat sich davor zu platzieren, demütig auf einer deutlich niedrigeren Sitzgelegenheit. Schließlich soll sichtbar sein, wer hier das Sagen hat. Mein Angebot, mit auszusteigen und den Preis zu drücken, indem ich den hilflosen Behinderten mime, hat er abgelehnt: »Das ist unser Plan B.«

Es gibt zwar ein Sprachproblem, der Polizist versteht Nagender nicht, aber die Situation ist ohnehin klar. Er will Dollar. Nagender will sie nicht geben. Er, der der Meinung ist, Korruption sei die Made im Fleisch der indischen Nation, diskutiert wild entschlossen und wird, wie ich ihn kenne, auch hier in Kambodscha keinen Cent herausrücken. Dass der Polizeiboss ihn kaum versteht, ignoriert er. Schließlich ist das nicht sein Problem. Leider kann ich nicht hören, was er sagt. Jetzt zückt Nagender zwei Zettel, die er seinem Gegenüber hinschiebt. Der schaut kurz drauf und schiebt sie ihm zurück. Nagender steht auf und geht. Ich bin perplex. Mit stolz geschwellter Brust schwingt er sich auf seinen Kutschbock und fährt unbehelmt (!) an den zerknirschten Wachmännern vorbei.

»Erklär's mir!«, brülle ich gegen den Fahrtwind. Nagender grinst nur. Bis Kampong Chhnang werde ich auf die

Folter gespannt. Endlich präsentiert er mir die beiden Wunderzettel. Der eine ist sein internationaler Führerschein – mit Stempel und Unterschrift. »Gibt's im Chandni Chowk in Delhi für fünfzig Rupien«, so sein verschmitzter Hinweis.

»Nagender, du bist korrupt!«, kritisiere ich.

»Das sehe ich sportlich«, rechtfertigt er sich, »schließlich geht das nicht auf Kosten anderer.« Der zweite Zettel, ich glaube es nicht, weist ihn als Fotoreporter von National Geographic aus und bescheinigt ihm von höchster Stelle, im Auftrag des indischen Staates eine Dokumentation über die Schönheiten Kambodschas zu schreiben. Und die könne er, hat er ihm erklärt, mit Helm nicht entdecken. Wo er dieses Dokument gekauft hat, will ich gar nicht wissen.

Kampong Chhnang liegt direkt am Tonle-Sap-See. Der erste Passant, dem wir die Adresse zeigen, schmunzelt, hebt die Hand und schickt uns geradeaus. Das wiederholt sich ein paarmal, bis der Weg an der Kaimauer hoch über dem See endet. Uns zu Füßen liegt ein schwimmendes Dorf auf dem Wasser. Haus an Haus, und dazwischen schlängeln sich schmale Gassen. Ich schaue Nagender an: »Denkst du, was ich denke?«

»Ja«, antwortet er, »unser Tuk-Tuk kann nicht schwimmen.«

Während ich bei unserem Gefährt bleibe, steigt Nagender zum Ufer herunter, um sich von einem der Bootsbesitzer zu unseren Gastgebern bringen zu lassen. Der Wasserstand des Tonle-Sap-Sees hat zurzeit seinen Tiefpunkt erreicht. Der Anblick der Ufertreppe und der Häuser, die auf dem Festland auf über zehn Meter hohen Stelzen stehen, lassen erahnen, wie sich diese Umgebung mit den Jahreszeiten verändert, wenn der Pegel des Sees durch den Druck des Mekong um bis zu fünfzehn Meter ansteigt. Einige Stelzenhäuser besitzen mehrere Stockwerke, die dem Wasserstand entsprechend bewohnt werden. Einfacher haben es die Besitzer der schwimmenden Häuser: Sie steigen mit dem Pegel auf und ab.

Nagender kommt mit Preap im Boot aus einer der schmalen Wasserstraßen zwischen den Häusern hervor und steuert das Ufer an. Das Jackett, das Preap in der Raststätte so viel Seriosität verlieh, hat er abgelegt. Nun hängt sein Hemd über der Hose, die schwarzen Schuhe sind Slippern gewichen, und auf dem Kopf trägt er eine Schirmmütze. Sein Outfit hat sich dem allgemeinen Trend auf dem Lande angepasst. Wir können unser Tuk-Tuk auf dem Hof einer befreundeten Familie abstellen. Da sei es sicher, meint er.

Ich bin gespannt auf seine Familie und wie sie hier auf dem Wasser lebt. Zunächst sind einige Barrieren zu überwinden. Preaps Freunde packen dabei kräftig zu. Unten am Ufer will ich vom Rollstuhl in das Boot umsteigen. Bevor ich mich in die richtige Position begeben habe, greifen sie mir unter die Arme und Beine und liften mich hinein.

Der kleine Außenbordmotor schiebt uns durch die schmalen Gassen des Dorfes, vorbei an schwimmenden Gemüsebeeten, in denen alle gängigen Sorten gedeihen. Wir begegnen einem Tante-Emma-Laden, so winzig, dass die Verkäuferin, ohne das Ruder zu verlassen, ihre Waren erreichen kann. Kinder kommen im Boot von der Schule, andere tummeln sich vergnügt im flachen Wasser. Wir umfahren auf der Wasserstraße diverse Blocks, bestehend aus zusammengezurrten Häusern, die mit einer breiten, einladenden Terrasse voller Topfblumen eine harmonische Idylle abgeben. Luftgefüllte Tonnen aus Kunststoff halten sie an der Oberfläche. Hier sitzen die Großeltern im Schaukelstuhl und beaufsichtigen ihre Enkel, für die der Sprung ins Wasser vor der Haustür so selbstverständlich ist wie für andere das Spiel auf der Straße. In dieser amphibischen Welt gehört

Schwimmen zu den elementaren Fähigkeiten. Manche Bewohner des Dorfes haben aggressive Hunde, die uns von der Terrasse aus wild anbellen. Erreichen können sie uns nicht.

Wir legen an. Überschwänglich werden wir von Preaps Eltern begrüßt. Sie sind traditionell gekleidet, mit Hüfttuch und Oberhemd. Sein Vater trägt das kambodschanische *Krama*, das rot karierte Allround-Tuch. Kinder aus der Nachbarschaft schwimmen herbei, um die merkwürdigen Besucher zu bewundern. Das Dümpeln des Bootes und der Höhenunterschied zur Terrasse machen den Ausstieg für mich zum Kraftakt. Die meisten meiner Zuschauer begreifen erst jetzt, dass mit dem Fremden etwas nicht stimmt. Große Augen nehmen wahr, wie ich meine Beine in die Hand nehme und auf der Terrasse ablege, um den Rest meines Körpers mit Armkraft herüberzuschwingen. Der Einstieg in den Rolli verursacht nicht weniger Aufsehen: Ich winkele die Beine an, achte darauf, dass die Füße dicht nebeneinander vor der Fußstütze des Rollis stehen, und begebe mich nun in die Hocke. Mit Schwung und der Verlagerung des Oberkörpers nach vorn gelingt es mir, mein Hinterteil auf den Sitz des Rollis zu hieven. Die Mischung aus Bestürzung und Bewunderung in den Gesichtern von Preaps Familie weicht augenblicklich einem erleichterten Lachen. Ich lache ebenfalls, wissend, dass sich damit jede unangenehme Situation entschärfen lässt.

Mit aneinandergelegten Handflächen begrüße ich unsere Gastgeber, die sich wiederum dermaßen unterwürfig vor uns verneigen, dass es mir fast peinlich ist. Wir werden eingeladen, uns im Wohnbereich des Hauses auf Bastmatten zu setzen. Teller mit Obst und Gebäck stehen bereit. Man lässt sich mit nach hinten angewinkelten Beinen nieder. Füße dürfen dabei nicht sichtbar sein, sie gelten als unrein. Also wieder raus aus dem Stuhl. Es wäre unhöflich, inmitten der am Boden sitzenden Gastgeber mit den Füßen voran im Rolli sitzen zu bleiben. Darüber hinaus würde es eine zu große räumliche Distanz im Gespräch schaffen.

Im Gegensatz zu unserem ersten Treffen in der Raststätte gestaltet sich die Kommunikation hier als unerwartet schwierig. Preap verhält sich sehr zurückhaltend, spricht so leise, dass ich ihn kaum verstehen kann, beginnt sogar zu flüstern und hält, was mich zusätzlich verwirrt, beim Sprechen die Hand vor den Mund.

Erst viel später erfahre ich, dass hinter diesem Verhalten die zwanghafte Harmoniesucht der Kambodschaner steckt. Lautes Reden ist unhöflich, schlimmer noch die Vorstellung, seinen Gesprächspartner womöglich mit Mundgeruch zu ekeln. Die Hand davor verhindert das zwar, macht aber eine vernünftige Unterhaltung unmöglich. Preap, hier unter der Kontrolle seiner Eltern, benimmt sich wunschgemäß und unterwirft sich den althergebrachten Verhaltensregeln.

Ich lobe die Gastfreundschaft seiner Eltern, bringe meine Faszination über das Leben auf dem Wasser zum Ausdruck und zeige meine Begeisterung darüber, dass für Kinder der Umgang mit dem Paddelboot wichtiger ist als der mit dem Fahrrad und dass die Wellenbewegungen das wohlige Schaukeln einer Wiege vermitteln. Preap stimmt mir lachend zu und klärt mich darüber auf, dass sein Vater kein anderes Leben kennt. Vor einem Jahr hat er das letzte Mal, leicht schwankend, Festland betreten. Da musste er zur Behandlung ins Krankenhaus. Sogar eine schwimmende Arztpraxis findet man hier auf dem See.

Lebensgrundlage der meisten Familien und indirekt des ganzen Dorfes ist die Fischzucht. Sie haben große Käfige unter den Häusern und müssen zum Fischen lediglich die Bodenklappe öffnen. Gleichzeitig findet hier auch die Verarbeitung statt. Preaps Mutter zeigt es uns am nächsten

Morgen. Die vielleicht zwanzig Zentimeter langen Fische werden auf einem Nagel, der aus einem Holzbrett schaut, durch den Kopf aufgespießt und wie eine Tube zur Schwanzflosse hin ausgequetscht. Aus dem Fischinhalt kochen sie eine Paste, die in der kambodschanischen Küche gebraucht wird.

Wir stehen oben an der Böschung und schauen auf Preaps Heimatdorf hinab. Das mit dem Trinkwasser, erzählt er, war lange ein Problem, weil es aus dem See geschöpft und nicht gründlich abgekocht wurde. Abwässer landeten direkt im Kochtopf. Für das Trinkwasser wurden in den letzten Jahren Leitungen vom Festland aus verlegt. Seitdem sind die Durchfallerkrankungen stark rückläufig. Die Toiletten, ohne Kanalanschluss, sind nach wie vor echte Plumpsklos.

Der Fischfang mit Wurfnetzen ist eine weitere, beliebte und weitverbreitete Variante, um die nächste Mahlzeit zu sichern. Noch über den trübsten Tümpeln werfen die Kambodschaner ihre Netze aus, fischen jedoch oft nur den Plastikmüll aus dem Wasser. Mein Freund Nagender, immer auf der Suche nach einem guten Fotomotiv und bereit, dafür zu leiden, entdeckt am Ortsrand von Kampong Chhnang in einem von Seerosen überwucherten Teich einen dieser unermüdlichen Fischer. Er gibt mir und Preap Zeichen, ihm zu folgen. Ich weiß sofort, was Nagender vorhat, und erkläre es dem fragend dreinschauenden Preap. Bevor der eingreifen kann, hat Nagender bereits die Hose aus und steht im Tümpel, um dem Fischer beizubringen, dass er sein Netz über ihn auswerfen soll. Preap will noch etwas sagen, aber er lässt es. »Alles okay?«, frage ich ihn.

»Na ja«, meint er besorgt, »da drüben werden die Abwässer vom Fleischmarkt eingeleitet und von da oben«, dabei zeigt er auf die Stelzenhäuser an der Böschung, »fällt alles in den Teich, was der Mensch von sich gibt.«

Ich kann mir ein Schmunzeln nicht verkneifen, wie ich ihn da mit seiner Fünftausend-Euro-Kamera sehe, bis zum Hals in der Kloake, auf der Jagd nach dem ultimativen Wurfnetz-mit-Sonnenuntergang-Bild. Und plötzlich fällt mir meine Bemerkung ein, die ich in Vietnam beim Beobachten eines Fischers gemacht hatte: »Wie sieht das wohl aus der Sicht eines Fisches aus?« Jetzt will er es mir wohl zeigen. Stolz watet Nagender kurz darauf aus dem Tümpel, um mir triefend das Ergebnis zu präsentieren.

Ich rümpfe belustigt die Nase: »So kommst du mir heute Abend nicht ins Bett!«

Er geht gar nicht darauf ein, ist voll und ganz in seinem Element.

## Angkor – in Stein gehauene Harmonie

Es heißt, sie seien anmutig und von einer solch vollendeten Schönheit gewesen, dass weder Götter noch Dämonen sie ehelichen wollten: die Apsaras. Sie wurden im Reich der Khmer vor über tausend Jahren zu himmlischen Nymphen stilisiert, unantastbar und heilig. Vielleicht ist das nur ein Mythos, der als Sahnehäubchen die ohnehin atemberaubenden Tempelanlagen von Angkor krönen soll. Wie die Liebe des Mogulkaisers Shah Jahan zu seiner Frau Mumtaz, der zu Ehren er das Taj Mahal in Indien errichten ließ, oder das Gerücht, Außerirdische hätten den Bau der Pyramiden von Giseh in Auftrag gegeben. Sicher ist, sie müssen wirklich bildhübsch gewesen sein, die Apsaras, die den Khmerkönigen am Hofe mit schönen Künsten das Leben versüßten. Ihre Nachbildungen, die in Stein gehauenen Grazien an den Tempelanlagen von Angkor, sind es noch immer, ja, sie avancieren heute zu heimlichen Stars, trotz ihres hohen Alters, des sauren Regens, der an ihnen frisst, der Tausenden Touristenhände, die heute ihre Brüste betatschen, und der Wirren der Jahrhunderte, die sie, abgesehen von vereinzelten Einschusslöchern, erstaunlich unbeschadet überstanden haben. Als Vorbild und Studienobjekt für angehende Tänzerinnen und als Faszinosum für Touristen aus aller Welt bringen sie uns zum Staunen. Gleichwohl sind sie nur ein kleines Detail der ungeheuren Ausmaße der Tempelanlagen von Angkor. Sie verbergen sich in den vielen Winkeln und Nischen, wollen entdeckt werden. Man muss auf die Suche gehen nach ihnen in dieser Stadt.

Die Khmerkapitale verdankt ihren Namen einer Ableitung aus dem Sanskrit: *nokor*, was nichts weiter als Stadt bedeutet und sich auf heutigen indischen Landkarten vielerorts als Namensanhängsel *nagar* wiederfindet.

Die beiden jungen Männer, die ich wegen der vielen Stufen engagiert habe, geben sich allergrößte Mühe. Sie wurden mir vom Besitzer der kleinen Lodge, in der wir einquartiert sind, vermittelt. Bereits am ersten Tag kommen sie an ihre Grenzen. Allein um das Zentrum eines Tempels zu erreichen, müssen mehrere Tore, zwanzig Stufen hinauf, zwanzig hinunter, durchschritten werden. Steile und schmale Stufen, die das Tragen des Rollstuhls zu einer Tortur machen, schon allein weil sie keine Verschnaufpause zulassen. Ein Versuch gerät fast zur Katastrophe, als meinen Trägern auf halber Treppe die Kräfte schwinden. Würde Nagender nicht blitzschnell zupacken – wobei seine Kamera gegen eine Stufe schlägt –, würde ich hilf- und haltlos aus dem Rolli kippen und wie ein Sack Reis hinunterpurzeln.

Ich muss einsehen, dass mir ein großer Teil der Tempelanlagen verschlossen bleiben wird. Niedergeschlagen kehre ich um. Es fällt schwer, diesen Tiefschlag hinzunehmen. So weit bin ich gereist, und nun muss ich auf die größte Attraktion verzichten. Wie war das noch? Nichts ist unmöglich. Der schön klingende Satz geht zu leicht über die Lippen. Hier wirkt er plötzlich höhnisch. Die Realität belehrt mich eines Besseren. Dennoch, was wäre der Erfolg wert ohne die Option des Scheiterns – nichts, er würde seinen Reiz, seine Größe und Einmaligkeit verlieren.

Daher wende ich mich erhobenen Hauptes von den Stufen und Barrieren ab und entlasse meine Helfer, um befriedigenderen Beschäftigungen nachzugehen. Das Treppensteigen überlasse ich Nagender. Er fahndet nach den Tempeltänzerinnen in den Ruinen, ich suche sie außerhalb. Mit dem Handbike fällt mir das nicht schwer. Es hebt den Rollstuhl ein wenig an und macht mein Gefährt zu einem

Dreirad, mit dem sich unebenes Gelände kinderleicht befahren lässt. Jetzt, wo ich mich Kilometer um Kilometer vorankurbele, um in diesem riesigen Gebiet von einem Tempel zum nächsten zu gelangen, schrumpfen die kleinen Apsaras zur Fußnote eines Riesenreiches, das vor tausend Jahren seine Blüte erlebte.

Die basierte auf einem ausgeklügelten Bewässerungssystem, das aus Kanälen und Staubecken bestand. Das alljährliche Hochwasser des Tonle-Sap-Sees füllte riesige künstlich angelegte Reservoire. Daraus wurden die Felder ganzjährig mit Frischwasser gespeist. Bis zu drei Ernten pro Jahr brachten den Königen einen ungeheuren Reichtum. Diese Lebensmittelüberproduktion zog zudem mehr und mehr Menschen an, bis Angkor während seiner Blütezeit um 1100 nach Christus wohl eine Million Einwohner hatte. Heute sind ihre hölzernen Behausungen längst verschwunden. Übrig geblieben ist der Sitz der Götter, Angkor, das größte sakrale Bauwerk der Erde, mit breiten Prachtstraßen, Paradeplätzen, Toren und über tausend kleineren Tempeln, verstreut bis an die thailändische Grenze.

Ich muss meine Phantasie kaum strapazieren, um mir den König auf der großen Terrasse vor dem Hauptplatz vorzustellen und die Parade bunt geschmückter Elefanten, die, begleitet von schwer bewaffneten Soldaten, an ihm vorüberdefiliert. Mit Schlachtbeilen und Brustpanzern bestückt, bereit, ihren Wohlstand gegen das Volk der Cham (aus dem heutigen Vietnam) zu verteidigen.

Die Feindschaft zwischen Vietnam und Kambodscha hat historische Gründe, die hier in Angkor sehr anschaulich dokumentiert sind. Wie in einem versteinerten Comicstrip kann ich die Schlachten am Sockel der Elefantenterrasse nachvollziehen, sehe Gladiatoren im Kampf, Polospiele und Artisten, die ihre Kunst auf diesem großen Platz zum Besten geben.

Zweiundzwanzig Kilometer lege ich zurück, um allein den westlichen Baray zu umrunden, das größte Staubecken. Es ist von den Khmerkönigen unter den persönlichen Schutz von Ganga Mata gestellt worden, der göttlichen Verkörperung des Ganges, und wurde damit gleichsam religiös aufgewertet. Wasser ist die Basis von Macht und Reichtum – Grund genug, es zu verehren.

Keinem Menschen begegne ich hier, obwohl Angkor täglich von über sechstausend Touristen belagert wird. Viele begnügen sich mit Angkor Wat, wollen die weltberühmte Silhouette in ihre Knipskiste bannen, um rechtzeitig zum Mittagessen wieder im Hotel zu sein. Chinesische Besucher legen eine Drive-in-Fast-Food-Mentalität an den Tag, die sich auf das Ablichten exakt gleicher Motive beschränkt. Wir sind nicht viel besser, investieren aber dafür eine ganze Woche und ahnen, dass uns selbst nach dieser Zeit das meiste verborgen bleibt. Immer neue Tempel erheben sich zwischen den lichten Wäldern. Manche von ihnen ähneln frappierend den Mayapyramiden im Dschungel von Tikal in Guatemala, am anderen Ende der Erde. Wieder fühle ich mich an die südindischen Gopuram erinnert.

Im Gegensatz dazu sind die Tempeltürme hier oft mit einem übergroßen lächelnden Gesicht, einem *Lokeshvara*, gekrönt. Die Übersetzung aus dem Sanskrit bedeutet »Herrscher der Welt«. Wollten sich die Könige hier verewigen? Lächeln sie, weil dem Volk der Khmer schon vor tausend Jahren nichts wichtiger war als die Harmonie? Ahnten sie, dass der Niedergang ihrer Kultur bevorstand?

Der letzte König wandte sich von den Hindugöttern ab, denen die meisten Tempel gewidmet waren, und propagierte den Buddhismus. Feinde aus dem Westen fielen ein. Kriegerische Auseinandersetzungen banden Kräfte, die der Pflege und dem Erhalt der Kanäle, also der Wasserversorgung der Bevölkerung, hätten zugutekommen sollen. Dies war umso wichtiger, weil ganz Südostasien in dieser Zeit unter einer Trockenperiode litt. Der Monsun blieb aus, die Reservoire füllten sich nicht. Plötzlich war die Ernährung gefährdet, das Volk wanderte in die Uferregionen des Tonle-Sap-Sees ab, und Angkor verlor seine Bedeutung.

Das war die Stunde der Natur, sie griff nach der Stadt, um sich ihren Lebensraum zurückzuholen. Die Holzhäuser der Bevölkerung waren schnell verrottet. An den Tempeln nagt die Natur heute noch. Vor allem in der vom Dschungel überwucherten Ta-Prohm-Gruppe, die von Würgefeigen in die Zange genommen wird, sehe ich, welche Kräfte die Natur entwickeln kann und wie all die anderen Tempel aussähen, würde man sie nicht vor ihr schützen. Wurzeln dick wie Baumstämme umgreifen die Mauern aus Stein von allen Seiten. Wie die Tentakel eines riesigen Kraken dringen sie auf ihrer Suche nach Feuchtigkeit tief in den Boden ein und sprengen dabei die sorgfältig und fugenfrei verlegten Bodenplatten. Die Wurzelspitzen gleichen furchterregenden Schlangenwesen, die fein verästelt über den Boden schleichen und vor nichts haltmachen. Mit aller Zeit der Welt nehmen sie ihr Opfer in Besitz, um es am Ende zu strangulieren. Es kann ihnen nicht entrinnen.

Diese Urwaldriesen thronen auf den Tempeln, als wollten sie triumphierend den Sieg der Natur über die Zivilisation feiern. Oder täusche ich mich? Vielleicht ist es ganz anders? Kann es sein, dass die Natur mit den Wurzeln der Bäume die Tempel am Auseinanderbrechen hindert, indem sie nach ihnen greift, sie umschlingt und schützt, um sie der Nachwelt zu erhalten? Womöglich hat Shiva seine Finger im Spiel, der Schöpfer, der gleichzeitig zerstört.

Und was wird am Ende aus den kleinen Apsaras? Sie verschwinden langsam, schauen hier und da zwischen zwei sich verzweigenden Wurzeln hervor, bis kein Tageslicht sie mehr erreicht.

Jeden Abend, fast in der Dunkelheit, fahre ich versunken in Gedanken an den Fünf-, Vier- und Dreisternehotels vorbei, bis ich die Gegend mit den sternlosen Lodges erreicht habe. Hier befindet sich unsere Familienunterkunft, in der jede Übernachtung von einem freundlichen Gespräch mit unseren Gastgebern gekrönt wird.

## Die Spinnen von Skuon

Reisfelder, so weit das Auge reicht, säumen die Straße. Dazwischen ragen vereinzelte Borassuspalmen hoch hinaus, im Deutschen auch als Palmyrapalmen bekannt. Nagender kennt sie aus seiner Heimat als Nungupalmen, mit einer runden Krone aus breiten, fächerartigen Wedeln, deren faustgroße Früchte einen herrlich erfrischenden Saft enthalten. Der wird von Straßenhändlern in zu Schiffchen geformte Blätter gegossen und umgehend getrunken. Nagender singt aus voller Kehle gegen Fahrtwind und Motorenlärm an. Ich kenne seine indischen Schnulzen in- und auswendig, sein Repertoire ist begrenzt.

Seit sechshundert Kilometern auf unserem Tuk-Tuk muss ich sie mir anhören. Dann stoppt er am Stand eines Kokosnusshändlers, reicht mir eine dieser geköpften Riesenfrüchte mit Strohhalm und setzt sich zu mir in den Fond unserer Kutsche. Wenn er den frischen Saft aus der Nuss zieht, blickt er glückselig und abwesend wie ein Kind beim Stillen. Mit dem Geschmack gibt er sich seinem Heimweh hin und ist für ein paar Augenblicke nicht ansprechbar. Vor allem diese wortlosen Momente sind es, in denen ich die starken Bande zwischen uns spüre. Dieses Gefühl, mich auf ihn verlassen zu können, egal was passiert, und zu wissen, er würde mit mir durch die Hölle gehen, wenn es sein muss. Es bedarf keiner Worte, um ihn wissen zu lassen, dass auch er auf mich zählen kann.

Wenn er trällernd auf seinem Kutschbock sitzt und mir der laue Wind um die Nase weht, habe ich das untrügliche Gefühl, dass unsere Reise hinauf zur Quelle des Mekong zu einer Erfolgsgeschichte wird.

Während die frisch-grünen Reisfelder vorüberziehen, fallen mir neben der Straße merkwürdige Vorrichtungen auf, über die ich mich bereits in Vietnam gewundert hatte: eine große, halb mit Wasser gefüllte Plastikwanne, über die eine Lampe installiert ist. Der Strom dafür wird von der Oberleitung mit ein paar Drähten abgezapft. Dass hier Insekten gefangen werden, ist naheliegend. Um welche Art es sich handelt und was dahintersteckt, bleibt zunächst ein Rätsel. Erst bei Einbruch der Dunkelheit, kurz vor unserem Etappenziel Kampong Thom begreife ich. Hier werden die fetten Grillen und Heuschrecken gefangen, Proteinbomben, die sich allerorts auf den Märkten als Snack für zwischendurch wachsender Beliebtheit erfreuen. Bei voller Geschwindigkeit fliegen sie wiederholt gegen das Licht, verirrt und unfähig zu lernen, dass es ihr Verderben ist. Diese Dummheit wird bestraft – sie stürzen benommen und erschöpft in das Wasserbassin, aus dem es kein Entrinnen gibt. Der Reisbauer fischt sie mit dem Kescher heraus, um sie sogleich zu frittieren.

Ich hatte mir am Anfang der Reise eine Maxime gesetzt: Nahrungstabus gibt es in Indochina für mich nicht, wusste ich doch aus vorangegangenen Trips in diese Region, dass mir hier alles aufgetischt werden wird, was im weitesten Sinne essbar ist. Meine Reise den Mekong hinauf sollte also ebenso ein kulinarisches Abenteuer werden.

Fordernd erinnert mich Nagender jetzt daran: »Wie war das mit deinem Prinzip, wolltest du nicht alles essen?« Dabei weist er auf die beiden großen Schalen auf dem Straßenstand. Rote Heuschrecken sind darin angehäuft. Daneben riesige Grillen, triefend vor Fett, abstoßend. Ähnlich den indischen Kakerlaken, jedoch dreimal so groß. Okay, ich kaufe dem Händler von jeder Gattung ein Exemplar ab. An der Heuschrecke kann ich keinen Gefallen finden. Sie besteht zum großen Teil aus Chitin und schmeckt in erster Linie nach dem Fett, in dem sie gebraten wurde. Ihr Panzer klemmt mir in Stücken zwischen den Zähnen. Bei der Grille muss ich mich wirklich überwinden. An ihr ist mehr dran. Soll ich zuerst in den Kopf beißen oder besser mit dem Hinterteil beginnen?

Beides begeistert mich nicht. Der Händler macht's mir vor und knabbert am Heck des Insekts herum. Ich schließe meine Augen und überwinde meine Abneigung. Überrascht stelle ich fest, dass der Geschmack der Grille gar nicht fleischig ist, wie ich angenommen hatte, sondern vielmehr einer Mischung aus Kopfsalat und Walnuss ähnelt. Obwohl ich beides gern esse, die Grille bleibt angebissen zurück.

Insekten gehören in vielen südostasiatischen Ländern zum ausgewogenen Speiseplan. Es gibt wohl kaum ein Tier, das so ungenießbar ist, dass der Mensch es nicht mit einer der vielen Zubereitungsarten essbar machen könnte. Und der Hunger treibt es rein. Auch roh wird manches gegessen. Viele Kambodschaner haben das Pol-Pot-Regime und die daraus hervorgegangene große Hungersnot nur deshalb überlebt, weil sie den Nährwert von Insekten zu schätzen wussten und allem, was kreucht und fleucht, zu Leibe rückten.

Skuon, eine Tagesreise weiter, hat unter den Liebhabern von exotischen Lebensmitteln einen ganz besonderen Ruf. Alles dreht sich hier um *Haplopelma longipes*, bekannter unter dem gängigen Namen Vogelspinne, die in den Wäldern der Umgebung besonders häufig vorkommt. So häufig, dass irgendwann jemand auf die Idee gekommen ist, sie zu frittieren. Dann bedurfte es nur noch des Gerüchtes, Vogelspinnen seien für dies oder das gut – und schon hatte die kambodschanische Küche eine weitere Spezialität.

Verkäuferinnen mit riesigen Schirmmützen bieten am Ortseingang die frittierten Spinnen in Schalen an. Für sie stellen wir nichts weiter als eine lustige Abwechslung dar.

Verdienen werden sie an uns kaum etwas, denn die Fremden kaufen nie mehr als ein Exemplar. Und schon fordert Nagender mich zum nächsten Häppchen heraus. Jetzt will ich mir nicht den Schneid abkaufen lassen und lange kräftig zu. Als die acht Beine abgeknabbert sind, verlässt mich mein Mut. Der Körper ist, nun ja, noch blutig und leckt an der Stelle, wo ich die Beine herausgerissen habe. Meine Wette schloss rohes Getier aus. Ich esse nicht auf.

Und wieder habe ich etwas gelernt: Vogelspinnen lassen sich schwer garen. Ist der Körper durch, sind die Beine verkohlt – sollen die Beine essbar sein, bleibt der Rest roh. Sie sehen nicht sehr appetitlich aus und schmecken nicht. Wie sie zubereitet werden, will ich gar nicht wissen. Da sind sie mir lebendig wirklich lieber. Das hätte ich besser nicht gesagt. Nagender nimmt mich beim Wort und fordert eine der Frauen an der Straße auf, in den großen Sack zu greifen. Erst jetzt wird mir klar, dass es darin wimmelt und was mir bevorsteht. Ich könnte jetzt sagen: Nein, ich will nicht, ich habe Angst vor Spinnen. Aber es reizt mich gleichzeitig, diese Grenzerfahrung zu machen. Kann ich meine Angst, die Abscheu und Phobie überwinden, den Schauder ertragen, wenn mir eine dieser riesigen Spinnen über den Arm läuft? Mein Verstand sagt mir, sie ist nicht giftig, wird mich nicht fressen, nicht beißen, allenfalls mit ihren acht Beinen ein wenig kitzeln. Gegen alle inneren Widerstände halte ich meine Hand hin. Und tatsächlich, die Verkäuferin setzt die Spinne auf meinen Unterarm.

Jeden Schritt ihrer acht Beine nehme ich war, ihre feinen Widerhaken, mit denen sie sich an mir festkrallt, und ihre Härchen, die mich leicht streifen. Besonders spüre ich den Tsunami, der mich durchpflügt. Meine Emotionen spielen verrückt, jagen mir eine Gänsehaut nach der anderen über Haut und Haar, der Körper bebt – schaurig schön. Das Getier steigt an mir hoch, erklimmt meine Schulter. Erneut überkommt es mich, als sie mir über das Ohr, eine besonders empfindliche Zone, klettert. Erst als sie oben ist, ist es vorbei. Als hätte jemand das Unbehagen ausgeschaltet, macht mir die Spinne auf dem Kopf nichts mehr aus, auch nicht die zweite und nicht die dritte, die mir die Verkäuferin lachend aufsetzt. Ja, ich bin mir sogar sicher, das Trio da oben hat mehr Angst als ich. Als sie mir auf den Kopf pinkeln – ein paar Tropfen –, spottet Nagender: »Vielleicht hilft es dir beim Haarwuchs.«

Die Viecher tun mir leid, ihr Schicksal ist besiegelt, sie landen als Nächstes im heißen Fett. In einem kurzen Anflug von Sentimentalität will ich die drei kaufen und ihnen die Freiheit schenken. Aber dann ist mein Verstand zurück und sagt: Blödsinn.

Unsere Abneigung, Krabbeltiere zu verspeisen, deckt sich mit der vieler Asiaten vor Milchprodukten. Da sie nach dem Säuglingsalter das Laktase-Enzym verlieren, das zur Spaltung des Milchzuckers nötig ist, würden viele nach einem Glas Milch unter heftigen Bauchschmerzen leiden. Ein Camembert, der in ihren Augen nichts weiter als verschimmelte Milch ist, schlägt sie ebenso angeekelt in die Flucht wie uns die Spinnen.

Wir kaufen ein paar Dosen Angkor-Bier, damit ich die exotischen Essensreste aus meinen Zahnlücken spülen kann, und fahren circa dreißig Kilometer Richtung Südost. Der Mekong ist nicht weit, und wir wollen diese Nacht wieder unter freiem Himmel verbringen. Bei dem Ort Phumi Prek Dambang finden wir eine flache Grasfläche am Ende eines Stichweges, der zum Ufer des Mekong hinunterführt. Ideal zum Übernachten. Es ist einer dieser Plätze, an denen alles stimmt. Hoch über dem Fluss an einer Biegung haben wir einen herrlichen Rundumblick, der Vollmond spendet die ganze Nacht Licht, und morgen früh wird genau gegenüber im Osten die Sonne aufgehen. Die Luft ist so lau, dass wir es nicht einmal für nötig halten, unsere Schlafsäcke herauszukramen. Abgesehen von Booten, die gelegentlich vorübertuckern und für die wir unser Gespräch kurz unterbrechen, herrscht absolute Stille.

## Unsere erste Nacht am Ufer des Mekong

Damals, als Nagender sich, wie er mir später sagte, aus dem Bauch heraus entschloss, mich auf der Reise den Ganges hinauf zu begleiten, und ich zunächst einmal Skepsis verspürte, wurde mir klar, dass ich vor allem Tacheles reden musste. Auf Beziehungsstress konnte ich damals bei den vielen Problemen, die ohnehin auf mich warteten, verzichten. Also sagte ich zu ihm, dass ich seine Entscheidung toll und mutig fände, sollte es jedoch unlösbare zwischenmenschliche Probleme geben, würde ich ihn unverzüglich nach Hause schicken. Das entsprach dem, was auch er als Bedingung voraussetzte. Nur wenn wir harmonieren, meinte er, würde er mitkommen. Es gab einen weiteren Aspekt, den ich klären musste. Nagender musste von Anfang an wissen, mit wem er es zu tun hatte. Ich wollte später keine fragenden Blicke, peinlichen Momente oder Situationen, die aus falsch verstandener Rücksichtnahme und der Angst, Fragen zu stellen, unsere Beziehung hätten stören können.

Ich erwähnte den Unfall viele Jahre zuvor, erklärte ihm, was Querschnittslähmung bedeutet, dass er sich die Nervenbahnen im Rückenmark wie eine elektrische Leitung vorstellen könne, die die Signale vom Gehirn an die Gliedmaßen sendet, und dass dieses »Kabel« in Höhe der Brustwarzen bei dem Unfall durchtrennt worden war. Damit sei der Körper sozusagen zweigeteilt, was bedeute, dass der Signalfluss in beide Richtungen unterbrochen ist.

Grund dafür, dass mehr als die Hälfte meines Körpers gefühllos ist und ich mich daher schnell unbemerkt verletzen könne. Ein Riesenproblem. Leider wächst einem Querschnittsgelähmten keine Hornhaut am Po, nur weil er den

ganzen Tag darauf sitzt. Im Gegenteil, die Haut wird mit den Jahren empfindlicher. Kein Gramm Fett oder Muskelfleisch liegt zwischen Steißknochen und der Haut. Das ist, erklärte ich ihm, wie am Ellenbogen.
Daher das Spezialkissen, auf dem ich sitze – sitzen muss. Es gilt, das fehlende Schmerzempfinden mit einer täglichen Sichtkontrolle zu kompensieren. Schon die kleinste Verletzung, ein Pickel oder eine außergewöhnliche Rötung zwingen mich, die Reise zu unterbrechen, zwingen mich ins Bett. Er solle sich also nicht wundern, wenn ich mich jeden Abend mit einem Spiegel rückwärtig kontrolliere.
All diese Dinge musste ich ihm damals erklären. Ebenfalls, dass Querschnittslähmung mit einer Inkontinenz einhergeht, die einem das Leben, zumal in Indien, wo den Lebensmitteln oft nicht zu trauen ist, zusätzlich schwer mache. Und wenn der Gau passiert, solle er mir nicht böse sein, wenn ich ihn das eine oder andere Mal des Zimmers verweise, um mich in unpässlichen Situationen unter Wahrung meiner Intimsphäre zu reinigen. Das sei besser für ihn und seine Geruchsnerven.
Um der Sache den Schrecken zu nehmen und Nagender daran zu hindern, in bodenloses Mitleid zu versinken, behielt ich selbst bei der Beschreibung der bejammernswertesten Begleiterscheinungen einer Querschnittslähmung meinen humorvollen Unterton. Ohne dass ich es explizit aussprach, wollte ich ihm zwischen den Zeilen sagen, dass ich mit meinem Schicksal nicht haderte. Dazu klopfte ich auf mein Knie und scherzte, dass die Beine manchmal zappeln, zittern, sich beugen oder strecken und er sich bitte nichts dabei denken solle, wenn sie ihn des Nachts unverhofft in den Hintern treten. Wenn mein Fuß den seinen zärtlich streichelt, dürfe er das gern als Zuneigung interpretieren, aber mit all dem habe ich nur indirekt zu tun. Das unkontrollierte Zucken von Muskelpartien im gelähmten

Bereich sei Spastik, die sich nur mit stark müde machenden Medikamenten unterdrücken lässt, auf die ich verzichte.

Daher müssen meine Bettnachbarn mit gelegentlichen Fußtritten rechnen. Meine Frau Angelika kennt das und tritt zurück, bis ich aufwache und mich drehe. Ihm empfahl ich die gleiche Strategie. Seitdem hat Nagender nie wieder Fragen gestellt, sein Bedarf an Informationen schien gedeckt.

Der Mond hat inzwischen eine Handbreit den Horizont überschritten. Sein eben noch rötlicher Schimmer ist einem fast cremefarbenen Ton gewichen. Jetzt wirft er einen breiten Silberstreif auf das Wasser des Mekong, der gelegentlich von der Silhouette eines Fischerbootes durchkreuzt wird. Die Stimmung könnte nicht friedlicher sein. Das perfekte Motiv und genau der Moment, der das Herz eines Fotografen höher schlagen lässt. Nagender beschäftigt jedoch etwas anderes.

»Andy«, beginnt er, »wie war das damals, als du das erste Mal im Rollstuhl nach Indien gekommen bist?«

»Hm, weißt du, das war wie mit der Vogelspinne heute Nachmittag. Eine Herausforderung, die mich erzittern ließ. Ich wusste nicht, was auf mich zukommt. Die Gefahr, kläglich zu scheitern und mit dem nächsten Flieger umkehren zu müssen, war groß. Das wäre für mich eine Blamage gewesen, die denjenigen, die das Gelingen meines Vorhabens angezweifelt hatten, recht gegeben hätte. Ich hätte wohl nie einen zweiten Versuch gewagt.«

»Anscheinend kam es anders.«

»Ja, die erste Reise war ein echter Höhenflug, allen Unkenrufen zum Trotz. Dabei kam ich nicht gleich nach Indien, sondern begann in Sri Lanka. In meiner Euphorie habe ich die Insel ohne Handbike durchquert, das war damals noch nicht erfunden. Nur so mit den Händen an den Rädern.«

»Aber in Sri Lanka herrschte Bürgerkrieg.«

»Das war zur Zeit der ersten Unruhen 1983/84. Erst danach ging es dort richtig los. Ich bin durch tamilische Dörfer gekommen, in denen es in der Nacht zu Anschlägen auf Häuser von Singhalesen gekommen war. Da hat es teilweise noch gebrannt. Mehrmals wurde ich auf der Straße vom Militär angehalten und nach Bomben durchsucht, die hatten ernsthaft gedacht, ich hätte damit etwas zu tun. Ich im Rollstuhl! Ihre Warnung, bloß nicht weiterzufahren, weil die Straße durch das Gebiet des Wilpattu-Nationalparks führt, in dem wilde Elefanten leben, hat bei mir das Gegenteil bewirkt und mich sogar euphorischer gemacht. Echte wilde Elefanten sehen, welch ein Abenteuer, dachte ich damals.«

»Wow, mutig – oder blauäugig! Weißt du noch, wie uns vor drei Jahren in Südindien eine Horde Elefanten fast zertrampelt hätte?«

»O ja, das werde ich nie vergessen. Bis dahin habe ich wirklich geglaubt, Elefanten gibt es lediglich in Nationalparks. Damals in Sri Lanka sah ich allerdings nicht mehr als den frischen Kot der Dickhäuter, sie selbst haben sich nie gezeigt. Egal, allein das fand ich furchtbar aufregend, weil ich wusste, sie mussten irgendwo in der Nähe sein. Vielleicht bin ich manchmal zu übermütig oder traue mir zu viel zu. Doch was wäre die Alternative? Sich zu Hause einigeln, und das Leben an sich vorüberziehen lassen?«

»Ja«, stimmt er mir zu, »ohne Risiko macht das Leben keinen Spaß. Wie ging es weiter?«

»Mit der buchstäblich letzten Fähre bin ich vom nördlichsten Zipfel der Insel nach Indien herübergekommen. Danach wurde sie für achtundzwanzig Jahre eingestellt. Erst vor drei Jahren ist der Betrieb wieder aufgenommen worden. Die haben mich damals mit einem Kran ausgebootet, mit Seilen an den vier Ecken vom Rolli. Mir wird heute noch ganz schwindelig. Indien war hammerhart, eine einzige Barriere, alles Neuland. Einerseits hab ich gedacht, das glaubt dir keiner zu Hause. Allein die Straße zu überqueren oder in einen Bus einzusteigen. Ständig in gefühlter Lebensgefahr. Andererseits ist Indien voller Behinderter, für die das total normal ist. Ich wurde da mit der Erkenntnis geerdet, dass wir uns in Europa echt glücklich schätzen können.

Damals habe ich das Eisenbahnfahren lieben gelernt. Kreuz und quer bin ich auf Schienen durch Südindien gekurvt, vor allem in der Holzklasse, wegen meiner knappen Kasse und weil ich mit dem Geld, das mir zur Verfügung stand, so lang wie möglich bleiben wollte.«

»Wann warst du pleite?«

»Nach drei Monaten, dann musste ich nach Hause zurück.«

»Und?«

»Tja, was danach kam, ähnelt ein bisschen deinem Schicksal.«

»Wie?«

»Ich hatte eine Kamera dabei, eher zufällig, weil sich ein Freund eine neue gekauft hatte und mir seine alte für die Reise überließ. Die Fotos von dieser Tour waren echt Schrott. Falsch belichtet, unscharf oder schräger Bildausschnitt. Irgendwie hatte es sich im Dorf herumgesprochen, dass ich im Rollstuhl ganz allein durch Indien reisen würde, und jeder wollte jetzt meine Geschichte hören. Da kam diese Einladung von der Vorsitzenden der Behinderten-Selbsthilfegruppe. Mein erster Diavortrag. Sie drückte mir danach fünfzig Mark in die Hand. Das war damals die Währung in Deutschland, ungefähr fünfundzwanzig Euro. Da hat es bei mir klick gemacht. Wie bei dir, als du deinen Job hingeschmissen hast, um Fotograf zu werden. Mein neuer Beruf war geboren: Vortragsreferent. Ich habe einfach die Chefärzte der großen Kliniken im Bundesgebiet, in denen Querschnittsgelähmte behandelt werden, angeschrieben und ihnen mein Angebot gemacht. Mein Vortrag würde zur Rehabilitation der Patienten einen wichtigen Beitrag leisten. Es sei glaubwürdiger, argumentierte ich, wenn jemand den Frischverletzten auf Augenhöhe erzählt, dass ein Leben im Rollstuhl nicht von Depression und Selbstmordgedanken geprägt sein muss, sondern voller Abenteuer stecken kann. Das hat natürlich überzeugt und ist eingeschlagen wie eine Bombe. Schon hatte ich das Geld für die nächste Reise zusammen.«

»Und wo ging es dann hin?«

»Na, wohin wohl, nach Indien. Ich war angefixt, wollte mehr, wollte Grenzen überschreiten. Ich hatte auf dieser ersten Reise etwas Wichtiges gelernt. Die Behinderung beginnt im Kopf. Aber nur weil jemand sagt, dies oder das kannst du nicht, muss das noch lange nicht stimmen. Diese innere Barriere, die zusätzlich behindert, musste ich überwinden. Trekking in Nepal? Unmöglich! Und ich habe es geglaubt.«

»Du meinst, unsere Expedition hoch zur Quelle vom Ganges.«

»Nein, nein, die Anfänge liegen weiter zurück. 1985 bin ich auf diese verrückte Idee gekommen, einen Berg in Nepal zu besteigen. Ich war in Pokhara, wo Backpacker bei Apfelstrudel und Fruchtsalat ihre Trekkingerlebnisse zum Besten gaben. Mit großen Ohren saß ich dabei und habe Fragen dazwischengeworfen, etwa ›Gibt es dort oben Pferde?‹ und ›Wie viel Kilo kann ein Sherpa maximal tragen?‹. Mein erster Gipfel war der Sarankot vor den Toren der Stadt. Für nepalesische Verhältnisse ein armseliger Hügel. Bei unbedeutenden tausendsechshundert Metern hat es mich gewundert, dass er überhaupt einen Namen hatte. Bis dahin saß ich noch nie auf einem Pferd. Jetzt, querschnittsgelähmt mit einer Läsionshöhe, die mir kaum ein Gleichgewichtsgefühl ließ, wurde es wohl Zeit, das endlich zu lernen. Die letzten hundert Meter zum Gipfel mussten mich die Sherpas auf den Rücken schnallen, weil der Weg für das Pferd zu steil wurde.«

»Wie nach Goumukh zum Quellgletscher.«

»Ja genau. Du kannst dir vorstellen, Nagender, das war der Hammer. Der atemberaubende Blick auf mehrere siebentausend Meter hohe Gipfel hat mir ein großes Glücksgefühl gegeben, und ich hatte eine Vision. Könnte es sein, dass mein Unfall einen Sinn, etwas Gutes hatte? Ich weiß, das ist eine verrückte Idee. Hier oben wurde mir klar, dass da eine neue Chance war, die ich unbedingt beim Schopf packen musste. Nie zuvor war ich mir sicherer, dass mir ein aufregendes Leben bevorsteht.«

»Deine Vision ist Wirklichkeit geworden.«

»Ja, leider musste ich für meinen Erfolg teuer bezahlen. Unerfahren wie ich war, hatte ich kein Polster auf den Sattel gelegt. Am Ende war die Haut an beiden Sitzbeinen aufgescheuert. Ich kaufte Unmengen von Lebensmitteln ein, lieh mir bei den Backpackern Bücher, bezahlte mein Zimmer für eine Woche im Voraus und sagte dem Vermieter, dass ich in dieser Zeit nicht gestört werden will. Ich sag dir Nagender, topfit und voller Tatendrang sieben Tage strenge Bettruhe üben, das törnt echt ab.«

Er lacht.

Inzwischen steht der Mond fast über uns. Wir sitzen an unser Tuk-Tuk gelehnt und schauen hinauf. Nein, Nagender schaut nicht mehr, seine langen Wimpern haben sich geschlossen, er atmet hörbar. Bevor er sich jetzt auf lautstarkes Schnarchen verlegt, muss ich mich schnell betten und meine Ohren verstopfen. Zum Aufpumpen der Luftmatratze fehlt mir die Lust. Stattdessen lege ich das Sitzkissen aus dem Rolli unter mein Becken, polstere den Rest mit meinen Packtaschen, ziehe die Kapuze meines Pullis tief ins Gesicht und schlafe ein, bevor der Lärm aus Nagenders Rachenraum mich daran hindern kann. Mehr ist mir von dieser Nacht nicht in Erinnerung. Nur dass ich glaubte, von lachenden Kindern zu träumen…

Beim Aufwachen werde ich von der Realität überrascht. In der Tat stehen da in respektvollem Abstand fünf kichernde und flüsternde Kinder mit ihren Schulranzen. Nagender hat sich des Nachts auf die Sitzbank des Tuk-Tuks verzogen. Ich richte mich auf, um in den Rolli zu steigen. »Hey, Naggi«, rufe ich, »wir haben Besuch.« Es ist der Schulweg der Kinder, auf dem wir uns zum Schlafen gelegt haben. Von wegen ein ruhiges Plätzchen.

Eines der Kinder, ein knapp zehnjähriger Junge, gerade mal so groß wie ich im Sitzen, kommt mit forschem und eigenwilligem Gesichtsausdruck mutig auf mich zu. Er geht in die seitliche Angriffsstellung und ruft: »*I am Jackie Chan*«, um mir einen imaginären Handkantenschlag zu versetzen. Ich spiele mit und gebe einen klagenden Aufschrei von mir. Das spornt ihn an, mir einen kräftigen Fußtritt nach dem anderen zu verpassen. Wieder setze ich all meine schauspielerischen Fähigkeiten ein und agiere, als hätte er mich schwer getroffen. Unsere Zuschauer sind begeistert. Jetzt tänzelt mein Gegner mit lauten abgehackten Schreien um mich herum. Während er mich fiktiv k.o. schlägt, krame ich meine Kamera hervor, um ihn in jeder seiner exakt eingeübten Kampfstellungen mit der aufgehenden Sonne über dem Mekong im Hintergrund zu fotografieren. Seine Neugierde kann er nicht verbergen. Nach jedem Blick auf das Display meiner Kamera fordert er mich auf, eine neue Stellung festzuhalten. Auch die übrigen Kinder drängeln sich um den Bildschirm. »So, Schluss jetzt! Ab zur Schule!«, rufe ich und weise mit dem Arm in die Richtung, in der ich die Schule vermute. Lachend laufen sie mit ihren hüpfenden Ranzen auf den Rücken davon.

»Nagender«, sage ich zu meinem Freund, der das Schauspiel vom Tuk-Tuk-Sitz aus genüsslich beobachtet hat, »so will ich jeden Morgen geweckt werden.«

## Eine gigantische Sackgasse

An der Ecke, an der wir am Abend von der Hauptverkehrsstraße eingebogen waren, sitzt jetzt eine junge Frau an einer Feuerstelle und bereitet überbackene Bananen zu. Tee gibt es bei ihr auch. Das perfekte Frühstück. Für die kommenden Tage bin ich wieder allein. Nagender bringt das Tuk-Tuk nach Phnom Penh zurück, während ich am linken Mekong-Ufer gen Norden vorausfahre. Spätestens in Stung Treng treffen wir uns wieder.

Das mit den Straßen in Kambodscha ist so eine Sache. Verkehrswege, die sich nicht »National Highway« nennen, entpuppen sich schnell als lausige Schotterpisten, auf denen links und rechts blanke Armut herrscht. Sichtbar an den zerschlissenen Hosen der Kinder, an ihrem fehlenden Schuhwerk und den Häusern, die häufig nicht mehr als eine Bretterbude auf Stelzen sind, zu denen eine brüchige Stiege hinaufführt. Es wird ärmlicher, und obwohl nach wie vor ein Haus in Sichtweite des nächsten steht, wird die Besiedlung dünner. Vielleicht geben die Felder weniger her, vielleicht ist keine große Fabrik in erreichbarer Nähe. Mich überkommt der Eindruck, als könnten sich diese Menschen nicht einmal Gastfreundschaft leisten.

Was mir Sorge bereitet, ist der zunehmend desolate Zustand der Schotterpiste. Nur noch selten begegnen mir Mopeds. An größeren motorisierten Fahrzeugen fehlt es gänzlich. Es scheint, als liege vor mir das Ende der Welt. Wenn das hier eine gigantische Sackgasse ist, muss ich mit einem Umweg von fünfzig Kilometern rechnen. In der Tat, jetzt erst fällt es mir auf: Klammheimlich hat sich die Piste verengt, ist staubiger geworden und weist inzwischen Senken auf, die ich nicht mehr ohne Weiteres durchfahren kann.

Meiner Karte nach, müsste dieser Weg links des Mekong kurz vor Stung Treng auf einen der Highways stoßen. Wenn ich genauer hinschaue, sehe ich eine unscheinbare Unterbrechung eingezeichnet. Ist da etwa Schluss? Endet die Piste, muss ich kehrtmachen. Querfeldein kann ich nicht rollen. Keinen Meter werde ich mehr in diese miserable Piste investieren, bevor ich nicht Klarheit habe. Ich blicke von meiner Karte auf, vielleicht ist hier jemand, der Auskunft geben kann. Komisch, kein Kind belagert mich, obwohl ich Häuser sehe.

Am Rand eines Grundstücks sehe ich einen Mann, der mich beobachtet. Als ich Anstalten mache, mich ihm zu nähern, dreht er sich weg. Uff, wo bin ich gelandet, wo ist die Offenheit der Khmer geblieben?

»*Sabadee*«, rufe ich. Er bleibt kurz stehen. Bitte lauf mir nicht davon, denke ich, und lege das freundlichste Lächeln aus meinem Repertoire auf. Damit mein Anliegen klar ist, hebe ich die Landkarte und versuche nach dem Ort Stung Treng zu fragen. Prompt geht ein Wortschwall in Khmer auf mich hernieder – der Mann hat mich verstanden. Den Inhalt seiner Wegbeschreibung kann ich an einer einzigen Handbewegung ablesen. Sein rechter Arm hebt sich auf ein Niveau von mindestens drei Tagen Fahrt mit dem Ochsenkarren, und zwar in die Richtung, aus der ich komme. Na toll!, geht es mir durch den Kopf. Jetzt dreht er sich um den halben Horizont, unbeirrt im Redefluss, als wolle er mir einen Umweg beschreiben, und endet in meiner ursprünglichen Fahrtrichtung. Ich habe es geahnt, ich hätte das rechte Ufer des Mekong wählen müssen.

Auf der letzten Seite meines Tagebuchs zeichne ich einen Fluss, der dem Mekong in diesem Kartenabschnitt gleicht. Das Boot darauf, in das ich mich hineinmale, überquert ihn. Dazu hebe ich den Arm Richtung Mekong, um mich danach gen Norden zu drehen. Jetzt bediene ich pantomimisch einen Außenbordmotor an meinem Rollstuhl, simuliere dazu lautstark das typische Geräusch des Einzylinders. Seine zustimmende Mimik sagt mir: Ich habe deine Botschaft verstanden. Augenblicklich saust er los, um sein Fahrrad zu holen.

Ein paar Hundert Meter weiter biegen wir in einen Pfad ein, der mit starkem Gefälle am Ufer endet. Mein Begleiter steigt ab und geht zu Fuß hinunter. Ich folge ihm, ahne aber, dass das nicht gut gehen kann. Eigentlich handelt es sich bei dem Pfad mehr um eine vom Monsunregen ausgewaschene Rinne. Langsam und hochkonzentriert lasse ich mich herunterrollen, kann mich jedoch kaum halten. Dauernd drohe ich nach links oder rechts umzukippen. Dazu werde ich immer schneller. Ich kann die Schussfahrt nicht mehr bremsen, weil das Vorderrad auf dem Sand keinen Halt findet. Panisch versuche ich, mein Handbike mittig der Rinne zu halten, um nicht zu stürzen. Mit blockiertem Vorderrad rutsche ich die Böschung herab und reiße im letzten Moment den Lenker herum, um nicht geradewegs im Mekong zu landen. Dass ich dabei stürzen werde ist unvermeidbar, freilich besser, als mit Sack und Pack abzusaufen. So schlage ich, als wäre ich der Hauptdarsteller in einem drittklassigen Slapstick, vor den Füßen der Fischer der Länge nach hin. Die gucken sehr überrascht aus der Wäsche. Die Dramatik meiner Talfahrt war ihnen nicht bewusst. Ein schmaler Rollstuhl, mit dem sich engste Gänge und Türen passieren lassen, kann nicht gleichzeitig eine gute Seitenstabilität haben. Da muss ich es in Kauf nehmen, hin und wieder herauszukippen. Wie ich mich in solchen Situationen verletzungsfrei abrollen kann, weiß ich inzwischen. Die Fischer sind sofort zur Stelle, um mich mit meinem Gefährt aufzurichten.

Mein Anliegen wird ihnen mit wenigen Worten erklärt, schließlich gibt es etwas zu verdienen. Getreu Nagenders

Devise gehe ich vor: Frage dich, was es dir wert ist, und biete ein Zehntel davon an. Am Ende bezahlst du die Hälfte. So geschieht es. Mit vereinten Kräften liften sie mich mit meinem Hab und Gut in eines der Boote – eine Stunde später stehe ich auf der richtigen Straße rechts des Mekong.

Vor dem Dunkelwerden kann ich noch eine Stunde rollen. In dieser Zeit werde ich Ausschau halten nach einer geeigneten Übernachtung. Vielleicht rufen mich Familienmitglieder mit einladenden Gesten zu sich oder ich finde einen der boomenden *homestays*, Familien, die an Backpacker Zimmer vermieten. Allerdings ist das hier in dieser touristisch abgelegenen Gegend kaum wahrscheinlich. Aber selbst wenn gar nichts geht, muss ich mir keine Sorgen machen, denn dann schlage ich mich in die Büsche. Die Minenfelder sind zum größten Teil geräumt, es ist Trockenzeit, und sollte es wider Erwarten regnen, habe ich wenigstens eine dünne Plastikplane unter meinem Sitz. Mit der kann ich mich und mein Gepäck schnell und effektiv vor abrupt einsetzendem Regen schützen.

Bis Stung Treng rolle ich durch eine Ebene, in die der Mekong ein breites Bett gegraben hat. Das Niedrigwasser hat bis zu zehn Kilometer lange Sandbänke freigelegt, die im Sommer gänzlich überspült werden. Andere Inseln ragen ganzjährig aus dem Fluss, was sie bewohnbar macht. Wenn ich den Mekong sehen will, muss ich einen der Stichwege wählen, die an sein Ufer führen. Sie enden meistens an einer fünfzehn Meter hohen Böschung, die einen herrlichen Blick auf die Flusslandschaft gewährt. Mit jedem Jahreswechsel verändert sich der Lauf des Mekong. Geschiebe, Ablagerungen von Kies und Sand, schaffen Barrieren, die tote Seitenarme entstehen lassen oder das Wasser zwingen, neues Land zu überfluten. Die Menschen wissen das und halten mit ihren Behausungen respektvollen Abstand. Zwischen Kratie und Stung Treng fächert sich der Mekong sechs Kilometer breit auf. Dann zwingt ihn eine landschaftliche Senke über einen Kilometer hinweg in die Enge. Selbst hier ist das gegenüberliegende Ufer nie wirklich sichtbar.

In Stung Treng treffe ich Nagender. Er konnte das Tuk-Tuk seinem Besitzer Pirum ohne Beanstandungen aushändigen und bekam von Aziza die tausend Dollar zurück. Gestern war er hier mit einem Reisebus eingetroffen.

Unsere letzten Kilometer in Kambodscha legen wir auf dem Mekong zurück. Es geht durch eine von wechselnden Wasserständen geprägte Flusslandschaft. Mithilfe des Auslands sind in den vergangenen zehn Jahren viele Brücken gebaut worden, und der Straßenbau hat abgelegene Gegenden erschlossen. Stung Treng, der letzte größere Ort vor der laotischen Grenze, war bis vor Kurzem in der Regenzeit sehr schwer erreichbar, weil die einzige Verbindung, eine unbefestigte Piste, regelmäßig im Schlamm versank. Die Alternative waren Passagierboote auf dem Mekong. Mit dem Ausbau der Straßen wurde der öffentliche Personenverkehr auf dem Mekong allerdings unattraktiv und bald eingestellt. Wir müssen deshalb notgedrungen ein Boot mieten. Vom Preis abgesehen, bin ich darüber nicht unglücklich, denn ein Boot nur für uns zwei erlaubt es uns zu stoppen, wo ein gutes Fotomotiv dies erfordert. Lenken können wir nicht. Stromschnellen und ein Labyrinth aus Mäandern würden uns überfordern. Wir bestellen den Bootsführer früh um vier Uhr, weit vor Sonnenaufgang, zur Anlegestelle. Er stöhnt und will nicht verstehen, welchen Sinn es haben soll, bei Dunkelheit zu starten. Hier ist es ist wie beim Aushandeln des Preises. Um meine Vorstellungen durchzusetzen, muss ich mit den Forderungen ganz oben ansetzen.

In der Tat, er verspätet sich um eine halbe Stunde, dann springt der Motor nicht gleich an, und bis ich in das Boot gekrabbelt bin und alles Gepäck verstaut ist, ist es fünf

Uhr, exakt unsere geplante Startzeit. Eine Stunde später zum Sonnenaufgang sind wir genau da, wo wir hinwollten: im Wald.

Wenige Kilometer vor der laotischen Grenze überspült der Mekong ein riesiges Waldgebiet und zwingt die Bäume durch seinen wechselnden Wasserstand auf die Zehenspitzen. Urwaldriesen erheben sich aus dem Flachwasser, entblößt bis auf die Wurzeln. So wie Bäume an stürmischen Klippen den Naturgewalten trotzen, beweisen sie auch hier ihre ungeheure Anpassungsfähigkeit, um sich dem Sog und dem Druck der Strömung zu widersetzen. Es erfordert nicht viel Kombinationsgabe, um zu erraten, woher das Wasser kommt und wohin es geht. Wir passieren Wände aus Wurzeln, die nur eine Wuchsrichtung kennen: mit dem Strom. Er prägt diese Landschaft absolut. Jede Pflanze, jedes Tier und jeder Mensch muss sich ihm unterwerfen.

Der Blick in die Baumkronen, fünfzehn Meter über uns, offenbart den Wasserstand des Mekong in der Monsunzeit. Strandgut, Knüppel, sogar abgestorbene Bäume hängen dort oben und warten auf die nächste Sommerflut, um weggespült zu werden. Sie sind wie von Urgewalten gekämmt, weisen wie die Wurzeln in eine Richtung: flussabwärts. Ein skurriler Wald, wie aus dem Märchen, ein Paradies für die Freunde spektakulärer Fotos. Wir sind in unserem Element. Reiher, die in Scharen auffliegen, bilden das Sahnehäubchen.

Nach ein paar Stunden ändert sich der Fluss. Untiefen, Felsen und gefährliches Flachwasser fordern alle Aufmerksamkeit unseres Bootsführers. Er kreuzt nun scheinbar ziellos über den Mekong. Anhand markanter Bäume und Markierungen am Ufer orientiert er sich, um der einzigen Fahrrinne zu folgen. An Stellen mit starker Strömung spüren wir schnell die gewaltige Wasserkraft, die den Außenbordmotor hörbar in die Knie zwingt.

Wir nähern uns der laotischen Grenze und den größten Wasserfällen Asiens. Bei diesen Superlativen geht es nicht um die Höhe von gerade einmal zwanzig Metern, sondern die Felsspalten, durch die der Mekong in Kaskaden schießt, erstrecken sich auf einer Breite von zehn Kilometern. Auch die Uferböschung an der Anlegestelle ist mindestens zwanzig Meter hoch. Ich blicke Nagender finster an: »Das wird ein gutes Stück Arbeit werden.«

»Schauen wir mal«, lautet seine Antwort.

Mir ist klar, Hilfe wird es nicht umsonst geben. Oben sitzen vier Fischer im Schatten eines Baumes beim Kartenspielen, und es sieht nicht so aus, als hätten sie große Lust auf eine Unterbrechung. Ich schicke unseren Bootsführer hoch, um sie um Hilfe zu bitten. Nagender würde mir liebend gerne helfen, aber seit der Kollision mit einer Motorrikscha in Delhi, kann er seinem Knie keine zu großen Lasten mehr aufbürden. Er könnte meine achtzig Kilo ohnehin nicht allein tragen.

Unser Bootsführer kommt ohne die vier Kartenspieler herunter und sagt: »Dollar.« Das hatte ich mir gedacht. Solange niemand eine Zahl nennt, gehe ich von einem Dollar für alle zusammen aus und komme noch gut dabei weg. »Dollar okay«, rufe ich zu den vieren hoch. Ihr schlurfender Gang hinunter zeugt nicht gerade von überbordendem Tatendrang oder gar einer selbstlosen Hilfsbereitschaft. Immerhin sind sie kräftig genug und können zupacken. Ich stecke in einer verbalen Sackgasse, in der ich nur mit handfester Gestik erklären kann, worum es mir geht. Bevor eine Diskussion losgeht, wie sie mich wohl tragen könnten, oder gar einer von ihnen auf die glorreiche Idee kommt, mich kurzerhand aus dem Rolli zu zerren in der Annahme, ich bräuchte bloß eine stützende Schulter beim Gehen (alles schon erlebt), greife ich nach der Hand eines jeden. Die führe ich an die richtige Ecke des Rollis.

Wer sich über leicht verdientes Geld gefreut hat, erahnt spätestens jetzt das wahre Ausmaß des Jobs. Sie fangen an zu lachen, was sie immer tun, wenn in unerwarteten Situationen Gesichtsverlust droht. Das passt mir gut in den Kram. Ich lache ebenfalls, schließlich entschärft das jede heikle Lage. Illusionen mache ich mir gleichwohl nicht, das dicke Ende kommt sicher. Angedroht wird mir das durch Stöhnen und Keuchen, das einfach eine Spur zu laut ertönt. Auf diese Weise wird die Basis für Nachverhandlungen wegen eines Erschwerniszuschlages gelegt. Versetze ich mich in die Position eines kambodschanischen Fischers, der einen reichen Touristen die Böschung hochschleppen soll und dafür seine Lieblingsbeschäftigung unterbricht, würde ich ebenso handeln und sagen: »Das kostet.« Ich bin nun mal Tourist und in ihren Augen ein Opfer, das es zu melken gilt.

Eines ist mir wichtig, sie sollen am Ende mit mir und nicht über mich lachen. Bezahle ich widerspruchslos, was sie verlangen, mache ich mich zum Hanswurst. Gnadenloses Herunterfeilschen rettet meine Ehre. Nach getaner Arbeit ertönt für einen kurzen Moment Zeter und Mordio beim Anblick des Dollars, den ich dankend auf den Kartentisch lege. Der Bootsführer grinst, Nagender sowieso, und meine vier Helfer lachen sich innerlich ins Fäustchen, ob des Schnäppchens, das sie in zehn Minuten gemacht haben. Sie bieten uns Tee aus der großen Kanne an, was die zwischenmenschliche Harmonie augenblicklich wiederherstellt.

## *Laos, eine weitere Kleptokratie*

Mit den Beamten an der Grenze, eine halbe Stunde Fußmarsch entfernt, ist weniger gut Kirschen essen. Sie verlangen eine nicht verhandelbare Gebühr für die Erteilung des Ausreisestempels. Die wird nicht etwa in Riel bezahlt, was der hiesigen Währung entspricht. Ausreisen kostet zwei amerikanische Dollar pro Kopf, und zwar Cash. Hier im Busch blüht die Korruption besonders gut, weil allen klar ist, dass wegen solcher Peanuts niemand kehrtmacht, um sich bei der Botschaft zu beschweren. Vielleicht wollen die Grenzer die Touristen aus Frust bluten lassen, weil sie ihretwegen fernab der Familie hier am Ende der Welt Dienst tun zu müssen. Beweismittel, also eine Quittung, gibt's nicht. Nagender, jederzeit bereit, gegen die Korruption in der Welt zu kämpfen, wagt es, danach zu fragen. Wie er es in Indien tut, wenn Verkehrspolizisten ihm Geld abverlangen. Dort besitzen sie die Chuzpe, für die Quittung eine Gebühr zu verlangen, die jedoch nicht erneut quittiert wird. Eine solche Mühe machen sich die kambodschanischen Staatsdiener nicht. Mit dem Ausreisestempel haben wir Kambodscha verlassen, sind also rechtlos und werden ohne Diskussion des Landes verwiesen. Immerhin hebt man extra für mich den Schlagbaum, weil ich beim Umfahren desselben im Graben landen würde. Drei Kilometer legen wir auf einer staubigen roten Buschpiste durch das Niemandsland zwischen zwei Grenzposten zurück und scherzen darüber, wie wohl Laos das mit der Einreisegebühr handhabt.

Dieser Grenzübertritt hat etwas. Wir kommen an eine Bretterbude, an der ein DIN-A4-Zettel aus dem Tintenstrahldrucker flattert. Die Aufschrift: *Arrival*. Darüber können wir noch herzhaft lachen. Das vergeht uns, nachdem wir unsere Pässe ins Dunkel eines faustgroßen Loches geschoben haben. Als hätten wir einem Aussätzigen im Kerker die Mahlzeit zugeschoben, greift ein Etwas nach ihnen. Das Gesicht dazu bleibt verborgen. Und es wundert mich einen kurzen Moment, dass kein gieriges Schmatzen ertönt. Stattdessen schiebt die Hand die Pässe zurück und verweist uns nach rechts. Da steht ein Partyzelt am Rande des laotischen Dschungels mit Campingtischen und Klappstühlen. Darüber unübersehbar der Schriftzug *quarantine service*. Uns erwartet ein Weißkittel, der sich schon die Hände reibt, in freudiger Erwartung zweier Opfer für die Quarantäneuntersuchung.

Zuerst ist Nagender dran. Er nimmt einen frischen Holzspatel aus einer Plastikdose mit der Aufschrift *sterile* und bittet meinen Freund, den Mund zu öffnen, er müsse einen Blick in sein Inneres werfen. Skeptisch mustere ich die Dose mit den Spateln. Das glaubt doch kein Mensch, die schmeißen hier nichts weg, fährt es mir durch den Kopf. Ich fresse einen Besen, wenn er die Spatel nicht wiederverwendet. Jetzt drückt er Nagender einen Gefrierbeutel in die Hand mit der Bitte, er möge hineinpusten. Nagender guckt mich aus den Augenwinkeln an, und kein Wort muss verschwendet werden, um zu bestätigen: Ja, auch ich kann mich vor Lachen kaum beherrschen. Die Tüte wird sorgfältig verschlossen, bekommt Nagenders Namen, bevor sie in einem großen Pappkarton verschwindet. Das wäre es gewesen, würde der Arzt jetzt nicht zwei Dollar dafür von Nagender verlangen und sich weigern, eine Quittung dafür auszustellen. Da ist er an den Falschen geraten. Nagender sagt ihm ins Gesicht, dass er das Geld doch wohl in die eigene Tasche stecken würde. Eine Diskussion zwischen den beiden entbrennt. Das kann dauern.

»Nagender«, sage ich entnervt, »dieses eine Mal nur, bitte. Die lassen uns sonst nicht rein.« Nagender knallt ihm zerknirscht die beiden Dollarnoten auf den wackligen Campingtisch und sagt so laut es geht: »Das ist Korruption!«

Mich will der Arzt einer Sonderbehandlung unterziehen, er geht von einem besonders schweren Fall aus. Nach dem Blick in meinen Hals unter Zuhilfenahme des Spatels, den er vorher Nagender in den Mund gesteckt hatte, und einmal pusten, misst er zusätzlich bei mir die Temperatur. Er bestätigt mir nach ein paar Minuten, dass ich frei von Fieber bin (ich möchte nicht wissen, was gewesen wäre wenn nicht…). Jetzt drückt er einen Stempel neben das Laos-Visum in den Pass. Nach dem Berappen der freiwilligen Zuwendung und der Entlassung aus seinem Zuständigkeitsbereich schaue ich in meinen Pass und will es nicht glauben: »LAO BORDER«, und darunter prangt: »DISEASE-FREE«.

»Naggi«, rufe ich erfreut aus, »ich bin seuchenfrei!«

Er fasst sich an den Kopf. »Dieser Grenzübertritt toppt alles bisher Dagewesene.«

Jetzt ist Nagender versöhnt und zahlt ohne Murren zwei weitere Dollar für den Einreisestempel an der nächsten Bretterbude. Mehr gibt es bei ihm nicht zu holen, er reist ja zu Fuß ein. Ich dagegen stelle mit meinem Handbike am Rollstuhl ein gefundenes Fressen dar. Das Vehikel, auf dem ich einreisen will, wird als Sonderfahrzeug deklariert. Phantasie im Erfinden neuer Einnahmequelle haben die Grenzbeamten, das muss man ihnen lassen. Willkürlich wird die Gebühr für die Einfuhr meines Gespanns auf zehn Dollar festgesetzt. Jetzt platzt mir der Kragen. Ich nehme dem Uniformierten nicht ab, dass er nicht weiß, wie ein Rollstuhl ausschaut.

»Mein lieber Herr«, beginne ich aufgebracht aber freundlich, »dies ist ein Rollstuhl, der überall auf der Welt als ein notwendiges Hilfsmittel akzeptiert wird. Ich werde dafür keinen Cent zahlen. Guten Tag.«

Ohne mich erneut umzuschauen, rolle ich mit Nagender an meiner Seite davon. Keiner hält uns auf, kein Geschrei ertönt. Er muss meine Weigerung akzeptiert haben.

Lachend und palavernd wandern wir auf der Dschungelpiste gen Norden, ohne darüber nachzudenken, wohin der Weg führt, wann der nächste Ort kommt und ob wir genug Wasser mit uns führen. So sehr beschäftigt uns diese Episode. Auf die Idee, dass Nakasong von der Grenze zwölf Kilometer entfernt liegt, kommen wir nicht. Ich bin es gewohnt, große Distanzen zu rollen, doch Nagender stöhnt über Blasen an den Füßen und Schmerzen im Knie. Kurz vor Sonnenuntergang erreichen wir die erste laotische Ortschaft. Zu spät, um ein Boot zu organisieren. Wir wollen nämlich auf eine der viertausend Inseln um Don Det, die im Mekong durch unendlich viele Verzweigungen oberhalb der Fälle von Khon Phapheng entstanden sind. Eine paradiesische Bucht- und Lagunenlandschaft. Die meisten Inseln sind unbewohnbar, weil sie im Sommer verschwinden, andere werden von Saisonbauern genutzt, und solche, die hoch genug liegen, bieten eine herrliche Möglichkeit auszuspannen. Für diese Nacht finden wir eine billige Herberge. Meinen Wunsch, ein paar Tage auf einer einsamen Insel zu verbringen, kann Nagender nur schwer nachvollziehen. Er begreift nicht, was daran reizvoll sein soll. Nichtsdestotrotz, für verrückte Ideen hat er immer ein offenes Ohr. Der Vermieter unseres Zimmers kennt sich in der Gegend gut aus. Bevor ich überhaupt danach frage, bietet er uns außer dem Transfer zu einer der Inseln zusätzlich eine Suche nach den Flussdelfinen an, die sich hier besonders gut beobachten ließen. Und bei der Gelegenheit könnten wir die Wasserfälle gleich mitnehmen. Die Sache läuft für meinen Geschmack eine Spur zu gut geschmiert. Wir sind hier wohl nicht die ersten Touristen. Mir ist von Anfang an bewusst gewesen, wenn ich dem Massentourismus aus dem

Wege gehen will, muss ich auf die größten Sehenswürdigkeiten verzichten. Angkor war weitläufig genug für die Illusion, die Tempel ganz für mich zu haben. Hier jedoch wird mir der Spaß verdorben. Der erste Delfin entpuppt sich als ein perfekt geformter Fels, den ich ablichte, was das Zeug hält, bis ich meinen Irrtum bemerke. Dann glaube ich, in einem Stück toten Treibholzes mein Jagdglück zu sehen. Gerade als der glatte Rücken eines leibhaftigen Flussdelfins aus dem Wasser schaut und ich meine Kamera hebe, sprengen ohrenbetäubende Motorengeräusche die Idylle. Mehrere Speedboats voller behelmter Touristen überholen uns in einem rasanten Bogen von beiden Seiten. Unser Delfin ist weg und bleibt es.

Selbst wenn der Eindruck entsteht, der Tourismus könne die letzten Delfine vor dem Aussterben bewahren. Wenn die Regierung ihr Kapital erkennt, werden sie geschützt und als Sehenswürdigkeit vermarktet, die Touristen aus aller Welt und damit Devisen anlockt. Vermutlich tritt dann genau das Gegenteil ein, wenn sie in Massen über die Delfine herfallen. Ich nehme mich da nicht aus und verzichte auf das Foto einer Wasseroberfläche, aus der eine Rückenflosse ragt.

Eine noch viel größere Bedrohung stellen für sie allerdings die Dynamitfischerei dar, die Netze der Fischer, in denen sie ungewollt hängen bleiben, und Staudämme, die ihr Nahrungsangebot stark beeinträchtigen. Da hilft es nicht viel, dass Laoten wie Kambodschaner die Delfine verehren und nicht auf ihrem Speiseplan haben.

## *Einmal Robinson sein*

Eine der viertausend Inseln ist für die kommenden Tage unser Zuhause. Hundert mal dreißig Meter dünn bewaldetes Land, umspült vom Mekong mit nicht mehr als einer einfachen Hütte darauf. Garantiert frei von Minen und Blindgängern. Der Bauer nutzt sie nur, wenn er herüberkommt, um seine Felder zu bewirtschaften. Lebensmittel für drei Tage haben wir dabei, Kocher und Töpfe in einfachster Ausführung konnten wir uns leihen. Den Bootsbesitzer bitten wir, uns beizeiten aus unserer gewählten Einsamkeit zu befreien. Nagender kann seine Blasen pflegen und ich mein Tagebuch. Sonst haben wir uns nichts vorgenommen. Ich bin gespannt, wann uns die Decke unserer Robinsonhütte auf den Kopf fallen wird. Sie steht auf dem höchsten Punkt der Insel zu ebener Erde, womit sich der Erbauer die Stelzen erspart hat. Praktisch für mich, den Hügel kann ich mit dem Rolli leicht erklimmen.

Dass wir diese barrierefreie Hütte gefunden haben, ist Fluch und Segen zugleich. Die ebenerdige Bauweise erleichtert nicht nur mir den Zugang, sondern öffnet auch sämtlichen Insekten Tür und Tor. Myriaden hungriger Ameisen pflügen durchs Zimmer und räumen die von uns erschlagenen Moskitos und Kakerlaken ab. So weit so gut. Sie lassen sich darüber hinaus aber auch nicht von meinen am Boden liegenden Packtaschen aufhalten. Steigen vorn ein und hinten aus, zerbeißen sämtliche organischen Materialien (Latexprodukte mögen sie besonders gern) und zerlegen über Nacht einen kompletten Müsliriegel. Ab jetzt hängen wir unser Gepäck auf die Leine.

Wir kochen Nudeln, braten Eier und trinken jeden Abend ein Bier zum Sonnenuntergang. Wenn es dunkel wird, gehen wir schlafen, und mit der Sonne stehen wir auf. Strom gibt es nicht und auch keinen einzigen Signalstrich zum Telefonieren. Nagender spendet die letzte Energie aus seinem Handyakku für Bob Dylans »Like a Rolling Stone«. Daraus entpuppt sich in den nächsten Tagen ein hartnäckiger Ohrwurm, den wir bis zu unserer Rettung nicht mehr loswerden.

Nagender hat sich aus Brettern und Steinen eine Sitzbank gebastelt. Jeden Abend sitzen wir vor unserer Hütte, wenn die Sonne ihre große Show über dem Mekong abzieht und unsere Welt mit allen erdenklichen Rottönen überschwemmt. Wir sind zutiefst davon überzeugt, dass dieses Schauspiel allein uns gilt. Manchmal reißt es uns so vom Hocker, dass wir nach der Kamera greifen. Doch das bleibt eine Ausnahme. Unausgesprochen soll dies eine Auszeit vom Knipsen sein. Wir wollen nur genießen, der Insel ihre Schönheit lassen und nichts mitnehmen, außer unseren Erinnerungen.

»Andy, wie ging das damals weiter in Nepal?«

»Gar nicht. Nachdem sich auf der Haut am Po eine belastbare Schorfschicht gebildet hatte, bin ich abgereist.«

»Hm, ich hätte jetzt gedacht, du hättest gleich den nächsten, höheren Berg in Angriff genommen.«

»Nein, das Bergsteigen sah ich nicht als Selbstzweck, es sollte einen Sinn haben. Einen Berg einfach zu besteigen, weil er da ist, reichte mir nicht. Genau genommen habe ich seitdem nie wieder einen Berg bestiegen. Ich wusste ja jetzt, dass es geht und vor allem, wie. Mit diesem Wissen konnte ich nun Träume verwirklichen und Ideen, wie dem Ganges bis zu seiner Quelle zu folgen, in die Tat umsetzen. Das nahm ich mir, wie du weißt, für später vor. Außer der Erkenntnis, dass Bergsteigen für Querschnittsgelähmte keine Utopie sein muss, bekam ich auf dieser Tour eine Lektion erteilt, die sich tief in mein Denken und Handeln eingebrannt hat. Vom Zustand der Haut an meinem Sitzbein, die mein höchstes Gut ist, hängt unmittelbar meine Lebensqualität ab – wie an einem seidenen Faden. Ich habe es in der Hand. Ist sie belastbar, steht mir die Welt offen, und ich kann noch lange auf ihr sitzen. Behandle ich sie schlecht, zwingt sie mich ins Bett.«

»Erzähl weiter!«

»Na ja, ich wusste, da, wo der Rollstuhl an seine Grenzen kommt, wo alle Wege enden, endet nicht unbedingt mein Aktionsradius. Daher habe ich mir gesagt, jetzt ist alles offen, was ist dein größter Traum? Darüber musste ich nicht lange nachdenken. Ich wollte in den tropischen Regenwald. Ebenso ein Ding der Unmöglichkeit. Wie das praktisch umzusetzen war, konnte ich nicht planen, das musste sich vor Ort ergeben. Der nächstgelegene Regenwald lag auf der Insel Borneo. Nicht gerade ein Katzensprung von Nepal aus, aber ich machte mich auf den Weg. Monate später, ganz Südostasien hatte ich mittlerweile durchquert und einen Abstecher nach Burma eingeschoben, fand ich mich schließlich in Kuching ein, an der Westküste Borneos. Ich weiß noch, wie verloren ich da im Regen stand, auf der Straße. Die wenigen Hotels, die es gab, hatten ausschließlich Zimmer im ersten Stock mit vielen engen Stufen – zu viele für die Hilfsbereitschaft der Malaien.

Der Pfarrer war es, der mit mir, dem begossenen Pudel vor seiner Tür, Mitleid hatte und mir gegen eine kleine Spende den Steinboden in seiner Kirche anbot. Tags darauf saß ich auf der Fähre nach Sarikei am Rejang River. Damit ich bei dem Wellengang nicht von Bord rollte, hatte mich der Kapitän eigenhändig auf dem Bug festgebunden. Wie eine Gallionsfigur saß ich dort. Wieder einer dieser Momente, in denen ich die Welt hätte umarmen können. Selbst als der tägliche Wolkenbruch über dem Fluss niederging und kein trockener Faden mehr an mir hing. Es war mir egal.

Von Sarikei aus ließ ich mich zu einem der Nationalparks bringen und quartierte mich dort in einer Holzhütte ein. Die war natürlich alles andere als rollstuhlgerecht. Ich musste erst einmal den örtlichen Zimmermann beauftragen, mir eine Rampe zu bauen, damit ich meine Behausung überhaupt betreten konnte. Eine ganze Woche habe ich dort gewohnt, um meine Möglichkeiten auszuloten. Den Regenwald zu durchstreifen, konnte ich mir gleich abschminken. Über die schmalen unebenen und schlammigen Pfade, über Stock und Stein, hätte mich niemand tragen können oder wollen. Reittiere gab es nicht.

Aber die Kanus der Fischer waren da und der Fluss mit vielen schmalen Nebenarmen, die sich aus dem undurchdringlichen Dschungel schlängelten. Ich habe am Ufer die Strömung beobachtet. Sie war an manchen Tagen derart gering, dass die Fließrichtung kaum erkennbar war. Das war meine Chance, denn ich hätte gegen die Strömung paddeln müssen.

Du stellst dir nicht die Mühsal vor, dem Fischer zu erklären, dass er mir sein Kanu für zwei Tage überlassen soll und was ich damit vorhatte. Der hat mich anfangs gar nicht für voll genommen. Erst als ich ihm demonstriert hatte, dass ich mit Paddel und Boot umgehen kann, wie viel Geld mir diese Tour wert war und dass ich ihm sogar meinen Rollstuhl als Pfand dalassen wollte, willigte er ein.«

Nagender lacht laut: »Das Pfand hätte dem Fischer nicht viel genutzt.«

»Nein, der Rolli wäre kein guter Ersatz für sein Boot gewesen. Es sollte ja nur ein Vertrauensbeweis sein.«

»Und, bist du in den Busch gepaddelt?«

»Ja, ganz allein. Mit Proviant für zwei Tage, meiner Luftmatratze und dem dünnen Schlafsack. Aussteigen, das war mir klar, werde ich nicht können. Es war einfach grandios, trotz der Moskitos, die mich fast aufgefressen hätten, trotz des sintflutartigen Regengusses, gegen den ich kaum anschöpfen konnte, um mit meinem Boot nicht abzusaufen, trotz der brütenden Hitze, trotz der vielen Spinnennetze, die sich über mein Gesicht gelegt haben, und ihrer Baumeister, die mir daraufhin ins Boot fielen.

Diese Paddeltour durch den Urwald war deshalb so berauschend, weil ich allein auf mich gestellt war. Niemand außer mir war für mich verantwortlich. Im Grunde eine Selbstverständlichkeit. Allerdings nicht, wenn man im Rollstuhl sitzt. Zu oft wird einem da die Eigenverantwortlichkeit abgenommen. Wäre ich gekentert, hätte ich mich verirrt, niemand hätte helfen können. Ich musste sehr vorausschauend fahren, auf Äste und Baumstämme im Wasser achten und mir die Umgebung einprägen, um den Rückweg wiederzufinden. Für die Nacht hatte ich das Boot an überhängenden Ästen befestigt, in sicherem Abstand zum Ufer, denn auf ungebetene Gäste war ich nicht scharf. Geschlafen habe ich kaum, die Dunkelheit, die unbekannten Geräusche aus dem Busch, der Sternenhimmel, all das war einfach viel zu spannend.«

»Ein tolles Abenteuer.«

»Ja, und wieder einmal hatte ich meinen Horizont, meinen Aktionsradius erweitert.«

Nagender hat es mit seinem Charme und seiner seriösen Argumentation fertiggebracht, unseren Bootsbesitzer davon zu überzeugen, dass es für ihn ein einmaliges Geschäft sei, wenn er ihm sein Moped für ein paar Tage überlassen würde. Er könne sich voll darauf verlassen, es nach unserer Ankunft in Pakse wohlbehalten zurückzubekommen. Nagender würde es ihm mit einem Pick-up senden.

Kaum ein Laote würde sich auf einen solchen Deal einlassen. Für sie ist das eigene Moped ein Statussymbol, für das man lange sparen muss. Dessen ungeachtet ist Herr Rasang einverstanden. An das vage Versprechen, das Moped wohlbehalten zurückzusenden, glaubt er jedoch nicht. Daher gibt er Nagender die Adresse seines Bruders in Pakse. Der würde das Moped bei unserer Ankunft begutachten und es zurückfahren.

So tuckert Nagender seit zwei Tagen hinter mir her, vorneweg oder spät nachmittags weit voraus, um nach einer Unterkunft Ausschau zu halten. Den Mekong bekommen wir in diesen Tagen selten zu Gesicht, obwohl er in geringem Abstand links von uns fließt. Dreißig Kilometer entfernt, auf der gegenüberliegenden Seite des Stromes, verläuft die thailändische Grenze auf dem Grad eines Höhenzuges. Ein solcher begleitet uns auch rechts von der Straße. Dazwischen liegt eine lang gestreckte Tiefebene, durch die sich das Bett des Mekong windet. Bis zu seinem Ursprung wird er sich nie wieder dermaßen auffächern, wie wir es um die Inseln von Don Det, in Kambodscha oder an seiner Mündung in Vietnam erfahren haben.

Noch ist das Land relativ flach und fällt zum Mekong hin leicht nach links ab. Die Straße ist eine kurvenlos geradeaus verlaufende Schnur, die durch lichten Wald führt. Es gibt keine kontinuierliche Besiedlung an den Straßen wie in Kambodscha und Vietnam. Im Gegenteil, Dörfer sind so selten geworden, dass wir es auf keinen Fall versäumen dürfen, Proviant einzukaufen. Begegnen wir Menschen, sind sie weitaus zurückhaltender als die der Nachbarländer. Ich vermisse das kambodschanische Lächeln. Auf halbem Weg nach Pakse weichen die Wälder in zunehmenden Maße bewässerten Reisfeldern, die von Rinnsalen aus dem Höhenzug gespeist werden. Sie kreuzen unsere Straße unter Brücken und münden im Mekong. Unser Tagespensum von sechzig Kilometern haben wir gerade dort erreicht, wo die Straße gut einen Kilometer vom Mekong entfernt liegt. Ein staubiger Sandweg, der nach links abbiegt, passt perfekt zur Tageszeit und unserer Suche nach einem Schlafplatz. Geradewegs wie ein Versprechen für eine weitere Nacht am Ufer des Mekong. Und tatsächlich, am Ende des Weges werden wir von einem spektakulären Sonnenuntergang empfangen, der einfach nicht zu übertreffen ist. Danach sinken die Temperaturen abrupt. Die lauen Nächte sind Vergangenheit. Auf dem Weg Richtung Norden geht es mittlerweile nicht mehr ohne unsere Schlafsäcke.

Am Tag darauf erreichen wir Pakse, die erste große Stadt in Laos. Unverzüglich gehen wir auf die Suche nach der Adresse, bei der Nagender das Moped abgeben kann. An einer heruntergekommenen Reparaturwerkstatt für Fahrräder und Mopeds werden wir fündig.

Herr Rasang empfängt uns freundlich, bietet Kaffee und etwas zu essen an. Das Moped beachtet er gar nicht. Mit ein paar Brocken Englisch und wilder Gestik erklärt er uns, dass sein Bruder unsere Ankunft angekündigt hätte. Er bietet uns sogar an, bei ihm zu übernachten. Ich werfe Nagender einen ablehnenden Blick herüber. Der Staub der Straße, der mit dem Schweiß auf meiner Stirn eine Pampe bildet, ist der Grund dafür. Bei meiner geringen Kopfhöhe werde ich schnell dreckig, und ich brauche eine Dusche, in der ich mich frei bewegen kann. Es sieht nicht so aus, als würde ich eine solche hier vorfinden.

Auf der Suche nach einem Hotel wenden wir unsere Sauber-geht-vor-Strategie an: Wer äußerlich mehr hermacht, der geht hinein. Meistens muss ich draußen bleiben, weil ich beim Kurbeln schmutzig werde und der Mensch an der Hotelrezeption bei meinem Anblick einen Schock erleiden könnte, in dessen Folge plötzlich alle Zimmer aus Angst um das Interieur belegt sind.

Nagender lässt sich gleich das Zimmer zeigen, prüft es auf barrierefreien Zugang und kann mit seinem inzwischen geschulten Augenmaß genau sagen, ob die Dusche oder die

Toilettentür breit genug ist für meinen Rolli. Wenn es passt, bucht er es und gibt mir draußen mit gehobenen Daumen grünes Licht. Ich komme an die Rezeption und schaue in betretene Gesichter. Zu spät, mich abzuweisen. Wenn ich allein reise, kann die Suche nach einer passenden Bleibe daher zu einer tagfüllenden Beschäftigung werden. Verständlich, dass ich mich bisweilen lieber in die Büsche schlage.

Auch jetzt finden wir mit unserer bewährten Strategie ein passendes Hotel.

Ganz Indochina liegt vor uns ausgebreitet auf dem Bett. Die Dimensionen auf der Landkarte und die lächerlichen Distanzen, die wir in Relation zu der zur Verfügung stehenden Zeit bisher zurückgelegt haben, bringen uns auf den Boden der Tatsachen zurück. Wir kommen nicht umhin, Teile der Strecke mit einem Bus zu überbrücken. Stundenlang erwägen wir das Für und Wider, von Pakse direkt nach Vientiane zu fahren. Weil es über einen großen Teil der Strecke keine Uferstraße gibt und der Mekong jetzt bei Niedrigwasser wegen felsiger Passagen nicht durchgehend schiffbar ist, entschließen wir uns dazu, morgen den Bus in die Hauptstadt Vientiane zu nehmen.

Manchmal wünsche ich mir die alten klapprigen Busse herbei, in denen ich früher durch Südostasien gezockelt bin. Breite Türen, drei große Stufen und frische Luft durch die offene Tür oder durch kaputte Fenster. Das Gepäck, so mein ewiges Hoffen, lag auf dem Dach. Heute steht man auf dem Busbahnhof vor Ungeheuern mit riesigen Fühlern und getönten Scheiben, durch die man nicht hineinschauen kann. In ihren Gepäckfächern hätte locker ein Kleinwagen Platz.

Was mich jedoch an diesen Monstern wahnsinnig macht, ist der Einstieg. Zehn kurze Stufen in einem Gang, der derart schmal ist, dass sogar meine ausgebufftesten Tricks scheitern. Immerhin kommt mir entgegen, dass gerade ein paar durchtrainierte australische Backpacker herumstehen. Nagender, der vergleichsweise zart gebaut ist, kann ich mein Gewicht nicht zumuten. Er beaufsichtigt das Gepäck, während mich die Touristen auf den Arm nehmen. Sie reichen sich links und rechts von mir unter meinen Beinen die Hände. Doch es gelingt ihnen nicht, mich hineinzutragen. Nicht wegen meines Gewichtes, sondern weil ich einfach zu sperrig bin. Kein Wunder, wenn drei Männer durch einen Gang wollen, der für einen einzigen schmalen Asiaten gebaut wurde. Wir müssen wieder heraus. Der Kräftigere von ihnen beschließt, mich wie seinen Rucksack zu schultern. So liftet er meine achtzig Kilo hinauf und lädt mich stöhnend auf dem ersten Sitzplatz ab. Ich klopfe ihm anerkennend auf die Schulter: »Danke, aber, äh, ich müsste noch mal kurz aufs Klo.«

Für einen Moment verliert er die Kontrolle über seine Gesichtszüge. Mein schallendes Lachen löst seine Schockstarre.

## Streubomben, heimtückische Ausgeburt der Waffenindustrie

Nagenders Wissen über den Vietnamkrieg beschränkt sich auf das, was er aus dem Film »Apocalypse Now« kennt, und die Informationen, die unser Lonely Planet dazu hergibt. Wie sehr Laos in diesen Krieg involviert war, entzieht sich seiner Kenntnis. Sogar ich war bei meinen Recherchen zu dieser Reise überrascht. Unsere Fahrt im Bus durch ehemals umkämpftes Gebiet lädt geradezu dazu ein, über dieses Thema zu sprechen. Seit Nagender durch das restaurierte Tunnelsystem von Cu Chi in Vietnam kroch, ist ihm der Name Ho-Chi-Minh-Pfad ein Begriff. Nachdenklich schaut er aus dem Fenster:

»Zweihundert Kilometer Tunnel!, die Vietcong müssen wie Maulwürfe gelebt haben.«

»Ja, aber nur da, wo es nötig war, abzutauchen. Der Nachschub kam zusätzlich über Dschungelpfade, Feldwege und sogar auf großen Straßen wie dieser hier. Mit Lkw-Konvois, nachts und ohne Licht.«

»Die Vietcong haben also die Nachbarländer für ihre Nachschubwege nach Südvietnam genutzt.«

»Ja, durch Kambodscha und Laos. Das hat die Amerikaner natürlich höllisch gewurmt. Weil Kambodscha und Laos nicht in den Vietnamkrieg hineingezogen werden wollten, erlaubten sie den USA keine Operationen auf ihrem Territorium. Also haben sie es heimlich gemacht oder, besser gesagt, die CIA. Gar nicht weit von hier in Long Cheng richteten sie die größte Militärbasis in Indochina ein, mit vierhundert Flugzeugstarts täglich. Die haben das einfach gemacht, ohne dass der amerikanische Kongress davon wusste! Nixon hat später behauptet, kein amerikanischer Soldat sei jemals in Laos an Kriegshandlungen beteiligt gewesen. Er wusste es besser. Tatsächlich sind auf kein Land der Erde jemals mehr Bomben gefallen als auf Laos. Im Schnitt zweieinhalb Tonnen pro Kopf. Über neun Jahre hinweg, alle acht Minuten ein Luftangriff.

Erst versprühten sie Agent Orange, um die Wälder zu entlauben, dann folgten die B52-Bomber. Besonders perfide waren die Streubomben. Große, drei Meter lange Dinger, die sich in der Luft öffneten und Hunderte von faustgroßen Bombies freigaben.

Es muss Bomben förmlich geregnet haben. Bei der Explosion auf dem Boden haben sie zusätzlich Hunderte von Stahlkugeln in alle Richtungen verschossen. Klar, dass in erster Linie Zivilisten getroffen wurden. Weil es diesen Krieg offiziell nie gegeben hat, er wird als *Secret War* bezeichnet, kommt aus den USA bis heute keine offizielle Hilfe.«

»Hör auf, das macht mich wütend.«

»Ja, Nagender, ein Blick hinter die Kulissen kann einem die Augen öffnen.«

Nagender schaut mich an: »Andy, das ist fünfzig Jahre her. Seitdem haben die USA viele andere Kriege geführt.« Es stimmt, was er sagt, dennoch gibt es traurige Gründe, die Erinnerungen an die Flächenbombardements wachzuhalten. Noch heute leiden viele Laoten unter den Auswirkungen der Entlaubungsmittel, und es gibt immer wieder Tote, wenn die Menschen mit alter, aber noch scharfer Munition in Berührung kommen.

Ich erzähle Nagender, dass ich in Vientiane eine Verabredung habe. Die Hilfsorganisation Handicap International, die sich seit Jahren für das Verbot von Streubomben einsetzt, unterstützt dort das COPE-Rehazentrum für Opfer von Blindgängern. Das steht auf meiner Liste für Vientiane ganz oben.

»Vorher müssen wir aber zur chinesischen Botschaft und mein Visum für China besorgen«, wirft Nagender ein.

»Ja, mach dir keine Sorgen, das klappt schon«, beruhige ich ihn.

Tags darauf werden wir eines Besseren belehrt. Es ist ganz und gar nicht selbstverständlich, dass einem Inder in der chinesischen Botschaft in Vientiane ein Visum ausgestellt wird, bloß weil mir als Deutschem dies gelingt. China und Indien sind zwar Nachbarn, als freundschaftlich kann ihr Verhältnis allerdings nicht bezeichnet werden. Das bekommt Nagender in der Botschaft zu spüren.

»Die haben mich einfach rausgeschmissen, als sei ich für das zerrüttete Verhältnis unserer Länder verantwortlich. Total unfreundlich«, empört er sich.

»Was raten sie dir zu tun?«

»Die meinten, ich müsse das Visum in Delhi, in der chinesischen Botschaft beantragen.«

»Aber in Delhi haben sie dir gesagt, du könntest es in Vientiane bekommen.«

»Das war wohl eine Fehlinformation.«

Betrübt sitzen wir vor der chinesischen Botschaft, die fast einen ganzen Häuserblock einnimmt, und diskutieren unser Vorgehen. »Du wirst zurück nach Delhi müssen.«

»Und du?«

»Ich reise solange allein weiter. Wir können uns ja in China treffen.«

Begeistert ist Nagender von dieser unerwarteten Wendung nicht.

»Okay, wir trennen uns in Luang Prabang. Von dort fährst du zurück nach Vientiane und fliegst nach Indien, um das Visum zu besorgen. Wenn du das Visum in der Tasche hast, startest du am besten nach Kunming. Das liegt unserer Route und dem Mekong am nächsten. Ich weiß nicht, wo ich zu dem Zeitpunkt sein werde. Wir machen dann telefonisch einen Treffpunkt aus.«

»Ja, so ist es wohl am besten.«

Das COPE-Rehazentrum in Vientiane ist der einzige Ort im Land, in dem Opfer von Streubomben professionelle Hilfe bekommen. Es handelt sich um ein Gelände mit verschiedenen einstöckigen Betongebäuden, die orthopädische Werkstätten, Unterrichts- und Behandlungsräume beherbergen. Nagenders Aufmerksamkeit, die von der Neuigkeit, in Kürze zu Hause zu sein, voll in Beschlag genommen wurde, konzentriert sich plötzlich wieder auf unsere Umgebung. Künstliche Beine, Arme, Hände und Füße umgeben uns. Von oben fallen riesige Bomben, daneben regnen Unmengen von Granaten an Fäden herab, und wir lesen »Spende ein Bein, spende einen Arm«.

Bombies, kleine mit Flügeln versehene Sprengsätze, Handgranaten in allen denkbaren Formen und Größen, die dem Namen entsprechend Granatäpfeln ähneln, liegen überall herum, als wären sie Spielzeug. Viel Phantasie ist nicht nötig, um zu erraten, worum es hier geht.

Ich bin mit Phongsavath verabredet, der Opfer einer Granate wurde, die auf sein Land fiel, als seine Eltern noch Kinder waren. Er will mir ein Interview geben und mir erzählen, wie es ihm ergangen ist. Tausende von Kindern teilen sein Schicksal. Eine Dolmetscherin aus dem Haus geleitet den jungen Mann zu mir. Wir stellen uns vor und erklären ihm, was wir mit dem Interview und den Bildern vorhaben. Das mit der Veröffentlichung sei okay, meint er, er habe bereits häufiger Interviews gegeben und könne sogar ein wenig Englisch.

Was er erzählt berührt uns tief.

»Es war an meinem sechzehnten Geburtstag. Mein Freund und ich wollten an diesem Tag zur Schule gehen, um unsere Prüfungsergebnisse abzuholen. Er hat die Bombe zuerst gesehen und zeigte sie mir.«

»Wusstest du, wie gefährlich diese Bomben sind?«

»Nein, in unserer Gegend sind im Krieg nicht viele Bomben heruntergekommen. Die findet man selten. Daher wusste ich nicht, wie Bomben aussehen und griff nach ihr, um sie aufzumachen. Da ist sie explodiert. Ich war bewusstlos und bin erst zu Hause wieder zu mir gekommen. Da war alles schwarz. Heute habe ich keine Hände mehr und bin blind.«

Als sein Telefon klingelt, bittet er mich um eine kurze Unterbrechung. Es klemmt zwischen seinen Armstümpfen, mit der Zunge nimmt er das Gespräch an. Es dauert nicht lang, und wenig später fahren wir fort.

»Wie bist du hierher nach Vientiane gekommen?«

»Im Dorf konnte mir niemand helfen. Nach kurzer Zeit starb meine Mutter, mein Vater wollte nichts mehr von mir wissen und ist weggezogen. Plötzlich war ich ganz auf mich allein gestellt. Ich war völlig hilflos. Die Leute aus dem Dorf haben mir zwar zu essen gegeben, aber sonst wurde ich schlecht behandelt. Dann erfuhren die Mitarbeiter von Handicap International davon und brachten mich hierher.«

»Ich sehe, du hast eine Prothese.«

»Ja, damit kann ich Dinge greifen. Wenn ich mich orientieren muss, nehme ich sie ab. Da brauche ich das Gefühl in den Stümpfen. Diese Prothese wurde hier in der Werkstatt gebaut. Die bauen alle möglichen Körperteile nach, weil immer noch viele Unfälle passieren. Diese Streubomben, wenn sie im Gras liegen, oder verborgen unter Laub, sind für Kinder unwiderstehlich. Schon bei der kleinsten Berührung können sie explodieren. Dann verlieren die Opfer meistens Arme oder Beine. Manche kommen erst nach Jahren hierher. Mit Prothesen, die sie aus alter Munition oder aus Teilen abgestürzter amerikanischer Flugzeuge gebaut haben. Hier kriegen sie dann neue, die natürlich viel besser sind.«

»Wenn ich mir diese Bombies anschaue, bekomme ich den Eindruck, als hätten die Erfinder es damit auf Kinder abgesehen. Sie sehen interessant aus und verlocken dazu, danach zu greifen. Ich kann mir vorstellen, dass du die USA dafür verachtest.«

Er lacht: »Nein, es sind böse Geister gewesen, die mich danach greifen ließen. Das ist die Strafe für schlechte Taten in meinem letzten Leben. Außerdem bekomme ich meine Hände nicht zurück, wenn ich die Schuldigen verurteile. Das schafft noch mehr schlechtes Karma. Wir sollten besser nach vorne schauen und dafür kämpfen, dass Streubomben nicht mehr hergestellt werden.«

»Ein gutes Schlusswort, ich danke dir.«

Während ich mein Mikrofon verpacke, erklärt die Dolmetscherin Phongsavath, dass ich im Rollstuhl sitze. Überrascht ertastet er mit seinen Stümpfen die Räder, Fußstütze und Rückenlehne, um sich ein Bild zu machen. Vorsichtig berührt er mein Bein und meint tröstend, was das Sammeln von schlechten Taten im vorangegangenen Leben angeht, da hätten wir wohl etwas gemeinsam.

Auf unserem Rückweg zum Hotel sagt Nagender, dass er nicht glauben könne, wie sehr die Menschen in Indochina ihr Leben mit ihren Geistern verstricken. Für ihn ist das kaum nachvollziehbar. Dabei wird einem als Außenstehender der Geisterglaube kaum gewahr. Erst wenn man genauer hinschaut oder mit den Leuten redet, kommt heraus, dass Geister ihren Alltag dominieren.

»Schau, Nagender, siehst du das Häuschen?« Wir halten vor einem golden glänzenden Miniaturhäuschen auf einem Pfahl, verziert mit Bündeln qualmender Räucherstäbchen.

»Bei uns in Deutschland könnte man das mit einem Vogelhäuschen verwechseln. Wir stellen im Winter solche

Futterstellen auf, weil die Vögel im Schnee nichts zu picken finden. Das hier darf man nicht damit verwechseln, hier wohnen die Geister.«

Ich kann mich daran erinnern, dass er sich über die lebensgroßen Puppen in den Dörfern in Kambodscha gewundert hatte. Sie wurden aus Stroh und Draht gefertigt und waren voll bekleidet. Man hätte sie für Schreckgestalten oder Vogelscheuchen halten können. Doch es waren Neak Ta's, Träger von Seelen verstorbener Persönlichkeiten, die das Dorf beschützen. Es gibt Erdgeister und Hausgeister, Geister, die im Wald leben, auf dem Feld, in der Luft, im Feuer und in jedem Ding. Alles ist beseelt. Sogar im Mekong leben sie. Die Nagas, Beschützer Buddhas, sind neunköpfige Schlangen, die vor buddhistischen Tempeleingängen die bösen Geister fernhalten sollen. Gäbe es nur gute Geister, wäre das kein Problem. Aber auch Geister, die ihnen an die Wäsche gehen wollen, beschäftigen die Laoten. Sie befallen einen, wenn man in der falschen Richtung schläft, vor dem Bau seines Hauses keinen Mönch konsultiert, zu geizig spendet oder zum falschen Zeitpunkt mit dem Bestellen des Feldes beginnt. Dann schlagen sie zu und machen die Menschen krank. Allein aufwendige Zeremonien mit Unterstützung von Schamanen können die bösen Geister vertreiben. Erst, wenn das nicht hilft, wird ein Arzt bemüht.

In den Augen der Menschen, denen ich bisher begegnet bin, muss ich von allen guten Geistern verlassen sein. Eine Behinderung wird als Konsequenz schlechten Karmas angesehen. Daher sitze ich im Rollstuhl gerade die Strafe ab für Schandtaten aus meinem letzten Leben. Vielleicht habe ich Tiere gequält oder sie gar getötet, ohne mich bei ihnen zuvor zu entschuldigen. Also, wie Phongsavath wohl richtig bemerkt hat, habe ich schlechte Taten gesammelt, mein Karma negativ beeinflusst.

Indochina ist buddhistisch, allerdings viel stärker animistisch orientiert, und ich habe das Gefühl, Buddha ist nur einer von vielen, die hier das Sagen haben. Bei dem ganzen Seelen-, Ahnen- und Geisterkult mischen die buddhistischen Mönche kräftig mit, schließlich glauben sie selbst an Okkultes. Was sollen sie auch tun, es bleibt ihnen gar nichts anderes übrig, wenn sie die Gläubigen nicht gänzlich an den Animismus verlieren wollen.

Als wäre das nicht verwirrend genug, ist das Pantheon von Geistern, Heiligen, umherirrenden Seelen, von Nagas, Neak Ta's und den Göttern des Taoismus zusätzlich mit Schöpfern und Zerstörern des Hinduismus durchsetzt. Der Buddha-Park vor der Stadt, eine skurrile Ansammlung unterschiedlichster Skulpturen, bringt uns bei unserer Suche nach der gelebten Religion in Laos auf eine vollkommen falsche Fährte. Statt Buddha-Park wäre vielleicht Park der ausufernden Phantasie der treffendere Name, denn Buddha befindet sich hier in Gesellschaft bizarrster Fabelwesen. Würden die Betonfiguren den Glauben der Laoten widerspiegeln, wären wir in einem Land voller Hindus, Buddhisten und Anhänger von Horrorfilmen. Nagender springt aufgeregt von einer Skulptur zur nächsten: »Hier, das könnte der tanzende Shiva sein, schade nur, dass ihm ein Arm abgebrochen ist. Ach, macht nichts, elf Stück hat er ja noch. Oder dort, Brahma und Vishnu.«

Er fühlt sich fast wie zu Hause. Etwas ratlos stehen wir allerdings vor dem haushohen Gebilde eines Künstlers, der seine scheinbar zügellose Schöpferkraft am Beton abreagiert hat. Eine Riesenmelone, davor ein menschliches Gesicht, den Mund so weit aufgerissen, dass vier ausgewachsene Männer gleichzeitig ins Innere treten könnten. Das Monster nebenan, das gerade seinesgleichen verschlingt, stammt vermutlich vom selben Künstler. Der Angst einflößende Krake mit sieben Armen und vier Gesichtern, ist mit wenig Phantasie Shiva zuzuordnen. Nagender, Profi in diesen Dingen, zweifelt das allerdings an. Verwirrt von diesem Park der Absurditäten wenden wir uns denen zu, die wir kennen, den für uns eindeutig zu identifizierenden Statuen Buddhas. Wie er schläft oder meditiert, segnet, mit herunterhängenden Armen den Regen anruft oder gerade dabei ist, die Erleuchtung zu erlangen. Man sagt, reiche Geschäftsleute haben den Bau der Skulpturen finanziell gefördert, um ihr Karma aufzumöbeln. Hoffentlich hat es ihnen geholfen.

Das ungünstige Mischungsverhältnis des Betons und die oft fehlende Bewehrung machen es dem Zahn der Zeit leicht, den Figuren seine eigene künstlerische Note aufzudrücken. Der beschleunigte Verfall lässt vermuten, dass sie das nächste Leben ihrer Gönner kaum überstehen.

»*Ashoka was here!*« Nagender mimt für mich den Fremdenführer. Wir stehen vor der knapp fünfzig Meter hohen That-Luang-Stupa, einer Pyramide aus Gold. Voller Stolz erzählt er: »Ashoka, der indische Herrscher, hat nach blutigen Eroberungszügen einen Sinneswandel durchlaufen. Er konvertierte zum Buddhismus und wurde ein großer Friedensaktivist. Das lernt bei uns jedes Kind in der Schule.«

»Toll, und was hatte er hier zu suchen?«

Nagender hält eine Broschüre aus der Touristeninformation hoch:

»Hier steht, er habe vor zweitausendzweihundert Jahren an dieser Stelle eine Säule über einem Haar Buddhas errichtet, und dann wurde diese Stupa darauf gebaut.«

Fasziniert vom wechselnden Licht der untergehenden Sonne auf dem vergoldeten Reliquienschrein, lassen wir den Tag ausklingen.

## Als Passagier im Torpedo

Es sieht schnittig aus, geformt wie ein Pfeil mit hoch aufragendem spitzem Bug, schnell und gefährlich. Mit achtzig Zentimeter Breite und sechs Meter Länge gleicht es eher einer Waffe als einem Boot. Das Heck wird von dem Vierzylinder tief ins Wasser gedrückt. Dieses Geschoss soll uns in Rekordzeit nach Luang Prabang katapultieren. Skeptisch betrachten wir auf dem Steg die filigrane Konstruktion aus Kunststoff. Jeder Passagier, jedes Gepäckstück ist Teil einer ausgeklügelten Balance. Ein ums andere Mal platziert der Kapitän unser Gepäck, bis sein zufriedenes Gesicht Perfektion signalisiert. Jetzt hat er den Gewichtsunterschied zwischen Nagender und mir, die wir nebeneinandersitzen, ausgeglichen. Mit dem unergründlichen laotischen Grinsen, das zu interpretieren mir wohl niemals gelingen wird, drückt er uns die Sturzhelme in die Hand.

Ich will mir die zweifelhafte Kopfbedeckung lieber nicht genauer ansehen. Immerhin werden sie meinen Ohrstöpseln, die mich in der Nacht vor Nagenders Schlafgeräuschen schützen sollen, unterstützend zur Seite stehen. Jetzt werde ich sie mehr denn je benötigen. Eines ist mir klar: In Armlänge dieses hochtourigen Vierzylinders zu sitzen, kann ohrenbetäubend werden. Bevor es losgeht, muss ich mit Nagender, der nicht schwimmen kann, schnell die Rettungsweste tauschen. Seine ist derart durchgewetzt, dass die Styroporfüllung herausrutscht. Wir bekommen Weisung vom Kapitän, das Visier herunterzuklappen und uns festzuhalten. Mit Furcht einflößendem Röhren, einem wütenden Dinosaurier gleich, startet die Maschine. Allein dieses Geräusch, zumal es gedämpft an mein Ohr dringt, in Kombination mit der hauchdünnen vibrierenden Schiffswandung in meiner Hand, sagt mir, der Motor ist für diese Jolle überdimensioniert.

Nagenders Gesichtsausdruck zeigt eine Rarität: Furcht. Selbst wenn ich selten Gelegenheit hatte, diesen Gemütszustand bei ihm zu beobachten, ich erkenne ihn auf Anhieb. Er wird wortkarg, schaut sich nervös in dem tief liegenden Boot um und blickt unentwegt auf die bedrohlich nah am Wasser liegende Bordkante. Sein Lächeln wirkt gequält. Es ist die Angst des Nichtschwimmers vor dem Wasser und die Vorahnung eines plötzlichen Kenterns. All das macht mich nicht gerade zuversichtlich. Viel besorgniserregender finde ich die Tatsache, dass uns Helme ausgehändigt wurden. Denn in diesem Teil der Erde werden Helme nur getragen, wenn höchste Lebensgefahr droht.

Mir steht einer dieser Hatten-Sie-nie-Angst?-Momente bevor, nach dem mich das Publikum bei meinen Vorträgen gern fragt. Jetzt brauche ich sie, die Angst, wenn wir diese Bootsfahrt überleben wollen. Und keine Sekunde Karenzzeit werde ich ihr geben. Bei den geringsten Zweifeln an der Sicherheit drehen wir um.

Vorsichtig bringt der Mann am Gasgriff den Motor auf Touren und senkt die lange Welle mit der Schiffsschraube ins Wasser. Die Kraft, die den Bug hebt, ist beeindruckend. Wir nehmen zügig Fahrt auf. Die Gebäude Vientianes entfernen sich, Hochhäuser werden zum letzten Mal sichtbar, bis die Stadt hinter uns verschwindet. Wind, Lärm und Vibrationen nehmen zu, das Boot schlingert nach links und rechts, bei Querwellen hebt und senkt es sich. Hohe Bugwellen schlagen zu den Seiten weg. Es ist wie eine Mischung aus Motorrad- und Achterbahnfahren. Ich überlege, ob das Schnellboot die richtige Entscheidung war, vergegenwärtige mir erneut, dass Nagender nicht schwimmen kann und ich, zwar eingeklemmt zwischen Nagender und der Bordwand, sehr instabil sitze.

Unentwegt sucht der Bootsführer den Fluss nach der richtigen Fahrrinne ab. So jedenfalls deute ich seine Blicke, die sich nie von der Wasseroberfläche vor uns abwenden. Es geht nicht um die Fahrrinne. Hindernisse, Äste oder gar Baumstämme, die sich kaum sichtbar unter der Wasseroberfläche verbergen, nehmen all seine Aufmerksamkeit in Anspruch. Wie wichtig es ist, ihnen frühzeitig auszuweichen, bekommen wir schnell zu spüren. Im letzten Moment kann er mit einem gewagten Schlenker eine frontale Kollision verhindern. Was es war, das uns bedroht hat, habe ich nicht zu Gesicht bekommen. Ich höre ein lautes Krachen an der Bordwand, als würde jemand blindwütig darauf einschlagen, spüre ein starkes Rucken im gesamten Boot, und zum Schluss ertönt ein ungesundes Geräusch von der Schiffsschraube her. Der Motor stirbt augenblicklich ab. Dann herrscht Ruhe. Nicht mehr manövrierfähig, kann der Bootsmann in letzter Minute ein Auflaufen unserer antriebslosen Rakete an der Uferböschung verhindern. Die verbogene Schiffsschraube bringt er mit dem Hammer schnell wieder in Form.

Unsere Zweifel an seinen nautischen Künsten lassen sich nicht so leicht geradebiegen. Obwohl ich hier bloß ein Passagier bin, befehle ich dem Kapitän, mit nicht mehr als fünfhundert Umdrehungen den Rückweg flussabwärts zu nehmen. Wir werden dieses Boot umgehend verlassen.

Drei Stunden später sitzen wir in einem Reisebus. Ob wir in dieser Blechkiste besser aufgehoben sind, sei dahingestellt. Immerhin müssen wir hier keine Helme tragen. Ohrstöpsel sind in diesem Vehikel genauso unerlässlich, wollen wir uns nicht von Mord und Totschlag auf den Fernsehbildschirmen terrorisieren lassen. Erst tief in der Nacht, als die martialischen Zweikämpfe, die Menschen zerhackenden Samuraischwerter und das hektoliterweise fließende Blut die Passagiere nicht mehr wachhalten kann, schaltet ein weiser Mensch diese Verdummungsmaschine ab.

Knitterig, übel riechend und gerädert kriechen wir früh morgens in Luang Prabang aus dem Bus. Jetzt ist das passiert, was wir unbedingt vermeiden wollten: Wir sind auf den *Banana Pancake Trail* eingebogen, einen Trampelpfad des ausufernden Rucksacktourismus. Vielleicht würde ich mich unter normalen Umständen darüber ärgern. An diesem Morgen ist es mir jedoch völlig egal, in einem Restaurant zu frühstücken, in dem kein Laote essen würde. Statt Nudelsuppe stehen Bratwurst, Bockwurst und Kartoffelpuffer auf der Speisekarte, Lebensmittel, die für Nagender so exotisch sind wie Insekten. Und natürlich erhalten wir Pfannkuchen mit Banane.

Dass der Tourismus diese Stadt in seinen Klauen hält und das Leben der Menschen beeinflusst, wundert mich nicht. Hier fühlt sich der Europäer wohl. Die Temperaturen sind moderat, das Essen ist sauber, und der Einfluss während der Phase des französischen Protektorats gibt dem Besucher in manchen Ecken der Stadt das Gefühl, durch einen mondänen Badeort an der Mittelmeerküste zu flanieren. Die Stadt liegt malerisch auf einer hügeligen Landzunge zwischen dem Mekong und seinem Zufluss, dem Nam Khan. Diese an sich schon perfekten Voraussetzungen für einen Tourismusmagneten werden darüber hinaus durch das Upgrade zum UNESCO-Weltkulturerbe getoppt. Und man glaubt es kaum, über zweitausend buddhistische Mönche schaffen nach wie vor den Spagat, in diesem gigantischen Freilichtmuseum unter strenger Beobachtung der Touristen ihrem religiösen Leben nachzugehen.

Leicht haben sie es dabei nicht. Das erzählt mir Sangha, ein junger Mönch, den ich um ein Gespräch gebeten habe. Ich treffe ihn in den frühen Morgenstunden im Wat-Sop-Sickharam-Tempel, kurz nachdem er die mit den anderen Mönchen gesammelten Speisen verzehrt hat. Im Hof des alten Tempels suchen wir einen ruhigen Platz, der von den ersten Sonnenstrahlen erreicht wird. Allein beim Anblick der dünnen Robe, die seine Schulter frei lässt, fröstelt es mich. Ich möchte nicht, dass er friert.

Das ist dann auch Inhalt meiner ersten Frage. Sangha lächelt, schaut sich um, als wolle er sich vergewissern, frei reden zu können, zieht die Robe höher und meint: »Natürlich ist diese Kleidung nicht dazu geeignet, den Menschen warm zu halten. Jetzt, bei Temperaturen um zehn bis fünfzehn Grad, müssen wir Mönche und die Novizen viel frieren. Aber niemand beschwert sich.«

»War es deine Entscheidung, Mönch zu werden?«

»Nein, aus Armut haben meine Eltern mich damals vor zehn Jahren ins Kloster gegeben. Ich weiß noch, wie schwer mir der Abschied gefallen ist. Letzten Endes wäre ich sowieso für eine Zeit meines Lebens ins Kloster gegangen. Das machen viele Männer in Laos. Das wirkt sich gut auf das Karma aus.«

Nachdem wir eine Weile über das Klosterleben gesprochen haben, schwindet seine anfängliche Scheu, und ich wage es, persönlicher zu werden: »Bereitet dir die Enthaltsamkeit keine Probleme?«

»Nein, daran habe ich mich gewöhnt. Außerdem, die meisten Dinge, auf die ich verzichten muss, reizen mich ohnehin nicht. Alkohol, Glücksspiel haben mich nie interessiert. Rauchen ist zwar nicht gern gesehen, aber erlaubt«, einschränkend hebt er die Hand und meint verschmitzt, »solange wir nicht hineinbeißen. Kautabak ist nämlich ein Rauschmittel.«

Erneut wirft er einen Blick in den Hof und redet gedämpft weiter.

»Nur das Verbot, mit Frauen Kontakt aufzunehmen, fällt mir nicht leicht. Und das ist der Grund, warum ich in diesem Jahr meine Kutte ablegen werde. Mit den Englischkenntnissen, die ich mir hier angeeignet habe, kann ich außerhalb des Klosters einen guten Beruf erlernen, und dann will ich eine Familie gründen.«

Auf die Gefahr hin, eine vom Bedürfnis nach Harmonie gutartig eingefärbte Antwort zu bekommen, frage ich ihn, was den Mönchen zurzeit die größten Probleme bereitet. Ganz entgegen meinen Erwartungen bekomme ich eine ehrliche Antwort.

»Die vielen Touristen machen uns das Leben schwer«, klagt er, wohl wissend einen solchen vor sich zu haben. Er erklärt mir warum: »Viele Bewohner vermieten ihr Haus an Reiseunternehmer und ziehen weg. Mit den hohen Mieteinnahmen können sie woanders gut leben. Das spüren wir jeden Morgen beim Sammeln von Almosen. Statt der Spender warten Touristen mit ihren Kameras an der Straße. Sie stellen sich frech in den Weg, benehmen sich ungebührlich und stören den Vorgang. Einmal musste sogar die Polizei eingreifen, weil Touristen sich um einen guten Standort für ihr Stativ stritten.« Das sinkende Aufkommen an Spenden macht Sangha große Sorgen. Schließlich müssen die Mönche davon leben.

Wenn zügelloser Tourismus auf alte Traditionen trifft, kommt selten Gutes dabei heraus. Nach dieser Anklage wage ich kaum die Frage, ob ich ihn am nächsten Morgen bei seinem Almosengang mit meiner Kamera begleiten dürfe, tue es dann aber doch.

»Ja gerne, kein Problem«, antwortet er offen und freundlich und fügt keck hinzu: »Aber nur, wenn du nicht meinen Weg versperrst.«

»Ich verspreche es dir.« Sosehr ich auch nach einer Regung in seiner Mimik Ausschau halte, die angeblich kein Mensch bei einer unehrlichen Antwort verbergen kann, nichts gibt Aufschluss darüber, dass er das Gegenteil meinen könnte. Also nehme ich ihn beim Wort und blende aus, dass Laoten, ähnlich den Kambodschanern, um der Harmonie willen manchmal Dinge sagen, die sie vielleicht gar nicht meinen.

Als ich Sangha in den frühen Morgenstunden zwischen dreißig anderen Mönchen entdecke, geht er achtlos an mir vorbei. Der Almosengang ist ein Ritual, bei dem nicht gesprochen wird. Daher kommt den Mönchen kein Wort des Dankes über die Lippen, wenn ihnen die Laien eine Handvoll Klebereis in die Schale legen. Im Gegenteil, die Spender müssten sich bei den Mönchen für die Annahme der Almosen bedanken, denn mit jeder verschenkten Portion Reis häufen sie eine weitere gute Tat an.

Die Summe daraus bestimmt das Karma und den Zustand bei der Wiedergeburt. Und weil ein jeder es im nächsten Leben besser haben will als im Diesseits, wird gern gespendet.

Gut gelaunt hocken Nagender und ich auf der Ladefläche eines Lao-Tuk-Tuk. Wir lassen die Beine baumeln und uns den Wind um die Ohren wehen. Niemand sagt ein Wort. Die gute Laune ist nur vorgetäuscht. Sie soll verbergen, dass die Trennung, die uns bevorsteht, keinen von uns kalt lässt. Seit Wochen sind wir mit kurzen Unterbrechungen zusammen, ein eingespieltes Team, das Hand in Hand wie ein gut geöltes Getriebe funktioniert. Ab jetzt bin ich auf mich gestellt und reise allein weiter, während Nagender in Delhi versuchen wird, das Visum für China zu bekommen. Er macht sich Sorgen um mich, überschüttet mich mit Ratschlägen und der Warnung, nicht so vertrauensselig zu sein. In Gedanken wische ich all seine Bedenken beiseite und erinnere mich daran, dass ich vor unserer gemeinsamen Zeit grundsätzlich auf mich gestellt war und es offensichtlich überlebt habe. Ich weiß, wie ich mich zu schützen habe. Einstweilen lasse ich ihm das Gefühl, unentbehrlich zu sein, und scherze: »Nagender, wie soll ich bloß ohne dich überleben?«

Dass ich in der Tat gerade in China Nagenders Beistand nötig hätte, erzähle ich ihm lieber nicht. Er würde sich zu sehr sorgen. Von meiner ersten Reise in das Reich der Mitte 1986 habe ich die Chinesen als ruppiges, auf den eigenen Vorteil bedachtes Volk kennengelernt, für das Rücksichtnahme ein Fremdwort zu sein schien. Das zeigte sich vor allem an den Eingangstüren öffentlicher Verkehrsmittel. Purer Sozialdarwinismus wurde da praktiziert.

Nie werde ich vergessen, wie an der Bushaltestelle in Peking geknufft und geschoben wurde, um den vermeintlich besten Platz zu ergattern, und das, bevor der Bus überhaupt eintraf. Dabei war das bloß das Vorgeplänkel zu dem Schauspiel, das sich beim Eintreffen des Busses bot. Die meist männlichen Fahrgäste versuchten, sich gleichzeitig durch die Tür zu quetschen. Nicht selten stand die Meute kurz vor einer Massenschlägerei. Wäre der Grund dafür die Angst gewesen, auf dem Weg zur Arbeit stehen zu müssen, hätte man das vielleicht verstehen können, doch es war von vornherein klar, dass jeder einen Sitzplatz bekommen wird.

Für die Chinesen gehörte Drängeln damals zum täglichen Brot, das ihnen in Fleisch und Blut übergegangen war. Und wenn keine Notwendigkeit dafür bestand, haben sie es eben als sportlichen Wettkampf betrieben.

Ich hatte in solchen Situationen nie eine Chance. Dennoch oder gerade deshalb, empfand ich für die Chinesen mit ihrem undisziplinierten Verhalten Sympathie. Jeder konnte seine anarchistischen Triebe an der Bustür ausleben, ohne befürchten zu müssen, in die staatlichen Fänge zu geraten. Sicher, es war witzig, diese Schubserei mit anzusehen. Mir hat sie jedoch den Spaß am Reisen getrübt.

Nun bin ich gespannt, ob sie diesen Egoismus inzwischen abgelegt haben, denn ich werde auf ihre Hilfsbereitschaft angewiesen sein.

Wir machen kurzen Prozess. Lange Abschiedsszenen sind nicht unser Ding. Nagender wird von hier direkt zum nationalen Busbahnhof fahren und morgen seinen Flug von Vientiane nach Delhi nehmen. Wir winken uns ein letztes Mal zu, bis er im Tuk-Tuk hinter dem Ticketschalter abgebogen ist.

## *Allein durch China*

Hatte während der bisherigen Reise immer einer das Gepäck beaufsichtigt und der andere Fahrkarten besorgt, Infos eingeholt oder Getränke eingekauft, muss ich mich nun um alles selbst kümmern. Keine leichte Aufgabe bei den vielen einzelnen Gepäckstücken. Wenn ich mit einem Blick sehen will, ob etwas fehlt, muss ich die Anzahl reduzieren. Daher schnüre ich die Fahrradpacktaschen mit dem Schlafsack zu einem Bündel, das nun mit meinem Fotokoffer und dem Handbike insgesamt leichter zu handhaben ist.

Es ist, als sei ich längst in China. Der Bus ist chinesisch, und die herumstehenden Männer, die mein Tun rauchend beobachten, sehen verdammt chinesisch aus. Ein Sprachtest reicht aus, um mir das zu bestätigen: Ich rufe »*Nin hao*« (das kann ich noch von damals) in die Runde und dehne es ein wenig, wie das Miau einer Katze. Brav grüßen sie zurück. Damit ist mein chinesischer Wortschatz bereits erschöpft. Dass sie mir helfen sollen, das Gepäck im Bus unterzubringen, muss ich ihnen gestikulierend beibringen.

Widerwillig schauen sie sich gegenseitig an. Nein, mit der Zigarette geht das nicht. Gut, ich warte. Doch selbst nach dem Rauchen bequemt sich keiner. Also schreite ich zur Tat und versuche, gewollt ungeschickt das schwere Handbike in den Stauraum des Busses zu liften. Jetzt erst erbarmt sich einer von ihnen. Habe ich hier gerade einen Vorgeschmack auf das bekommen, was mich in China erwartet?

Wenn ich mich auf Leute verlasse, die hier eventuell zuständig sein könnten, wie die Fahrer und der Kartenkontrolleur, wäre ich verloren. Sie rühren keinen Finger. Schließlich gibt es Hierarchien, die es zu beachten gilt. Fürs Gepäck tragen werden sie nicht bezahlt. Damit das jeder sieht und von vornherein niemand auf die dumme Idee kommt, ihnen einen Koffer in die Hand zu drücken, haben sie dem Wachstum ihrer Fingernägel freien Lauf gelassen. So sehr, dass sie beim Nasebohren ohne Weiteres ihre Stirnhöhle auskratzen könnten. Schweres Zupacken würde bei dieser langen Hebelwirkung unweigerlich zum Abbrechen und zu tiefen Rissen bis weit ins Nagelbett hinein führen. Allein der Gedanke daran schmerzt, und man ist versucht, alles zu tun, was dieses Unglück vermeiden hilft.

Sie fahren die Linie Luang Prabang–Kunming. Auf den rund sechshundert Kilometern, die in vierzehn bis achtzehn Stunden zurückgelegt werden, können die Passagiere in Betten schlafen.

Beim Einsteigen in den Bus kann und will mir niemand helfen. Den schmächtigen Chinesen, die in einigem Abstand herumstehen und mir signalisieren, ich gehöre nicht dazu, könnte ich mein Gewicht ohnehin nicht aufhalsen. Also werde ich ihre Geduld belohnen und ihnen etwas zum Gucken bieten. Ich setze mich vom Rolli hinüber auf die erste Stufe des Aufgangs. Mit dem Sitzkissen des Busfahrers polstere ich die jeweils nächste Stufe ab, um meinen empfindlichen Po vor Verletzungen zu schützen. Auf diese Weise hieve ich mich rückwärts Stufe um Stufe nach oben. Eine kraftraubende Angelegenheit und Gift für die Schultergelenke. Mein Publikum steht unbeteiligt davor. Ist jemandem die Sicht versperrt, tritt er einen Schritt vor. Niemand sieht sich veranlasst einzugreifen. Ein verletzendes Gefühl von Verlassenheit und Ausgeliefertsein überkommt mich. Wie leicht wäre es für mich, sie für ihre scheinbare Herzlosigkeit und soziale Kälte zu verachten.

In der Tat möchte ich mir nicht ausmalen, lebensgefährlich verletzt auf die Erste Hilfe dieser Leute angewiesen zu sein. Dessen ungeachtet hege ich keinen Groll. Das habe ich mir schon in Indien abgewöhnt. Nicht böser Wille, sondern Unsicherheit und fehlende Empathie sind der Grund für ein solches Verhalten. Das lässt sich ändern. Auf den kommenden sechshundert Kilometern werde ich Zeit dazu haben, daran zu arbeiten. Und wenn ich diesen Bus verlasse, werden sie sich darum reißen, mir zu helfen.

Genötigt sehen sie sich schon jetzt dazu, denn dass mein Rollstuhl nicht auf dem Busbahnhof zurückbleiben kann, sehen selbst die größten Phlegmatiker unter ihnen ein. Ohne große Diskussion wird er ins Gepäckfach gestellt.

Der Kartenkontrolleur, dessen Sitz ich für die Verschnaufpause auf meiner Klettertour ins Bett nutze, taut als Erster auf. Freundlich bietet er mir an, bis zur chinesischen Grenze darauf sitzen zu bleiben, dort müsse ich wegen der Passkontrolle ohnehin wieder aussteigen. Welch eine Ehre, auf dem zweitwichtigsten Sitz nach dem des Fahrers sitzen zu dürfen, während der wahre Inhaber auf den Stufen kauert. Das wertet mich ungemein auf. Ich drücke ihm meine Kamera mit Fischaugenobjektiv in die Hand, stelle sie auf Automatik und schicke ihn damit durch den Bus. Das ist die halbe Miete. Von hinten bekomme ich laufend Zettel voller chinesischer Schriftzeichen zugesteckt, hastig hingekritzelte E-Mail-Adressen, an die ich die Fotos senden soll.

So so. Dass ich es mir vorbehalte, allein diejenigen anzuschreiben, die mir an der Grenze behilflich sein werden, versteht sich natürlich von selbst. Ich gebe mir wenig Mühe, diesen Umstand gestikulierend zu erklären, gleichwohl weiß jeder auf Anhieb, was ich meine, und mir wird sicher geholfen werden.

Zur mangelnden Empathie und Rücksichtslosigkeit meiner Mitreisenden passt der Fahrstil des Busfahrers. Die kleinen laotischen Dörfer, in denen die Häuser kaum einen Meter vom Straßenrand entfernt stehen, aus denen jederzeit

Hühner, Schafe, Hunde oder Kinder herausspringen können, werden unter Vollgas genommen. Zur Warnung schickt er den infernalischen Lärm seiner Dauerhupe voraus. Anscheinend wissen die Bewohner, was ihnen jetzt auf der Straße blüht. Sie halten ihre Kinder an der Hand, bis der tägliche Terror vorüber ist.

Und wie ich es vermutet hatte, sind an der Grenze meine ehemals unbeteiligten Zuschauer plötzlich zu herzensguten Mitmenschen mutiert, deren Hilfsbereitschaft alle Klischees über die egoistischen Chinesen Lügen strafen.

Sie haben Großes vor mit Laos, die Chinesen. Der kleine Nachbar, strategisch wichtig, soll für immer ans Reich der Mitte gebunden sein. Das offenbart sich hier an der Grenze überdeutlich. Nach stundenlanger Fahrt durch rückständige Bergregionen, in denen die mit Palmwedeln gedeckten Häuser auf Stelzen stehen, mutet die Grenzübergangsstelle an wie ein modernes Factory Outlet Center. Mehr noch, eine Shoppingstadt wurde hier aus dem Boden gestampft, der freilich die Einwohner und Kunden fehlen. Lange Arkadengänge laden zum Schaufensterbummel ein, mehrere Casinos versprechen das große Geld, und palmenbestandene Grünflächen lockern das Ensemble auf. Alles ist gerade fertiggestellt, man glaubt sogar, die frische Farbe riechen zu können. Hier und da schauen Kabel aus dem Boden, an die später noch Straßenlaternen angeschlossen werden. Für wen bloß?

Laos verlasse ich durch eine vergoldete Pagode, China betrete ich nach ein paar Hundert Metern über ein futuristisches Glasgebäude, licht- und luftdurchflutet. Verstehe ich die Botschaft des Architekten richtig, wollte er damit Transparenz und Offenheit suggerieren. Freundlich, in heller Atmosphäre soll der Gast empfangen werden. Theorie und Praxis klaffen dennoch weit auseinander. Eine Grenze ist und bleibt ein Ort des Misstrauens. Ich muss eine gesundheitliche Unbedenklichkeitsbescheinigung ausfüllen, auf der ich beteuere, nicht mit AIDS infiziert zu sein, keine Seuchen einzuschleppen oder gar erhöhte Temperatur zu haben. Kein Problem, ich kreuze auf meinem Persilschein jede Frage mit »nein« an. Damit nicht genug. Während alle Passagiere bereits im Bus sitzen, stehe ich anscheinend unter Generalverdacht. Auf der Suche nach Ich-weiß-nicht-was wird mein komplettes Gepäck zerpflückt. Fündig wird der Uniformierte bei der Reisebibel »China« von Lonely Planet. Da Taiwan zu China gehöre, in diesem Buch jedoch eine farbliche Trennung eingezeichnet ist, erklärt er, sei dieses Buch volksfeindlich und zu konfiszieren. Mein Gezeter beeindruckt ihn nicht im Geringsten. Stattdessen bedeutet er mir mit einer herabwürdigenden Geste, meine Utensilien einzupacken, da der Bus wartet. Immerhin muss ich keinen Einfuhrzoll für meinen Rollstuhl bezahlen.

So wie es damals von mir verlangt wurde, als ich mit einem Passagierschiff von Hongkong kommend in Shanghai landete.

»Wie trostlos die Fassaden der Häuser an der Uferpromenade ›Bund‹, alt und grau vom Ruß der Kohlefeuerung, wie in der DDR. Welch ein Kontrast zum schrillen Straßenbild voller Neonwerbung in Hongkong«, lautete mein Tagebucheintrag über den ersten Eindruck der Promenade in Shanghai vom 17. Mai 1986.

Ich hatte in der Zolldeklaration den Wert meines Rollstuhls mit über dreitausend Deutschen Mark angegeben. Ein folgenschwerer Fehler, denn damit war der Freibetrag, bis zu dem ich Waren hätte zollfrei einführen können, überschritten. Ohnehin in notorischer Geldnot, weigerte ich mich standhaft, auch nur einen Pfennig zu zahlen. Vielleicht war der Beamte damals bloß auf eine inoffizielle Zuwendung scharf oder wirklich so dämlich.

Erst nach stundenlangen Diskussionen konnte ich ihm beibringen, dass ich auf den Rollstuhl angewiesen sei und ihn in China ganz sicher nicht verkaufen werde. Gleichwohl bestand er darauf, ihn in meinen Pass einzutragen, um sicherzugehen, dass ich ihn wieder ausführe.

Solche Peinlichkeiten bleiben mir heute erspart, ich kann darüber hinaus sogar froh sein, glimpflich davonzukommen. Wegen des Reiseführers hätten sie mich als unerwünschte Person ohne Weiteres fortschicken können. Den Verlust des heiligen Buches der Backpacker sehe ich mit einem weinenden und einem lachenden Auge. Einerseits wird es für mich als Unkundigen der chinesischen Sprache ohne verbale Kommunikation in China extrem schwierig, allein ein Hotel aufzutreiben, ganz zu schweigen vom Verlust der übrigen Reiseinfos. Andererseits eröffnet mir das Fehlen des »Leitfadens der ausgetretenen Pfade« ganz neue Horizonte, und vielleicht ergeben sich dadurch unerwartete Begegnungen.

Immerhin ließ der Zollbeamte mir meine Landkarten von Yunnan und Tibet. Darüber brüte ich jetzt bei flackerndem Licht in meiner Koje und versuche mich zu erinnern, wie im Reiseführer der Weg nach Yuanyang beschrieben wurde. Diesen Ort habe ich nämlich als Zwischenstopp auf meinem Weg nach Kunming eingeplant.

Die Visite in Kunming, der Hauptstadt der Provinz Yunnan, weitab der Route des Mekong, muss ich einlegen, weil nur von dort die Expedition in die Quellregion zu organisieren ist. Ich werde also diesen Bus, der bis Kunming durchfährt, auf halber Strecke in Simao verlassen, um in östliche Richtung nach Yuanyang abzubiegen. Dort gibt es eine einzigartige, von Menschenhand geschaffene, über zweitausend Quadratkilometer große Terrassenlandschaft, ein UNESCO-Weltkulturerbe und Eldorado für Fotografen. Leider extrem schwierig zu erreichen, wenn man kein Auto hat.

Voll bepackt reise ich entlang des Mekong.

*Nächste Doppelseite:* Mit unserem Tuk-Tuk sind Nagender und ich für Kambodschaner ein ungewohnter Anblick.

Der Mopedverkehr ist *die* Attraktion in Ho-Chi-Minh-Stadt.

Noch sind die Nächte am Mekong lau.

Einige Lkw-Fahrer kommen mir beim Überholen, wie hier in China, gefährlich nahe.

Frittiert werden Vogelspinnen in Kambodscha zur Delikatesse.

*Nächste Doppelseite:* Armdicke Würgefeigen greifen nach den Tempeln in Angkor.

Die Kinder aus einem schwimmenden Dorf am Tonle Sap See bewundern ihre Porträts.

Der dem Hindugott Shiva geweihte Tempel Ta Keo in Angkor

Improvisation ist in Kambodscha alles.

Der Abschnitt zwischen Stung Treng und der laotischen Grenze verspricht tolle Fotomotive.

*Nächste Doppelseite:* Die Kunst des Apsara-Tanzes erfordert viel Körperbehcrrschung.

Kambodscha belohnt uns mit grandiosen Sonnenuntergängen.

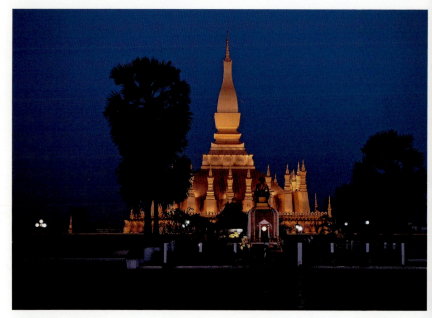

In der That-Luang-Stupa im laotischen Vientiane wird ein Haar Buddhas aufbewahrt.

Im COPE-Rehazentrum in Vientiane hängen Prothesen, die aus Munition und Teilen abgestürzter US-Flugzeuge des Vietnamkriegs hergestellt wurden.

Mein Handbike war den buddhistischen Novizen in Laos ein Rätsel.

*Nächste Doppelseite:* Die aufgehende Sonne spiegelt sich in den Terrassenfeldern um Yuanyang.

Das Volk der Hani in der chinesischen Provinz Yunnan ist ausgesprochen gastfreundlich.

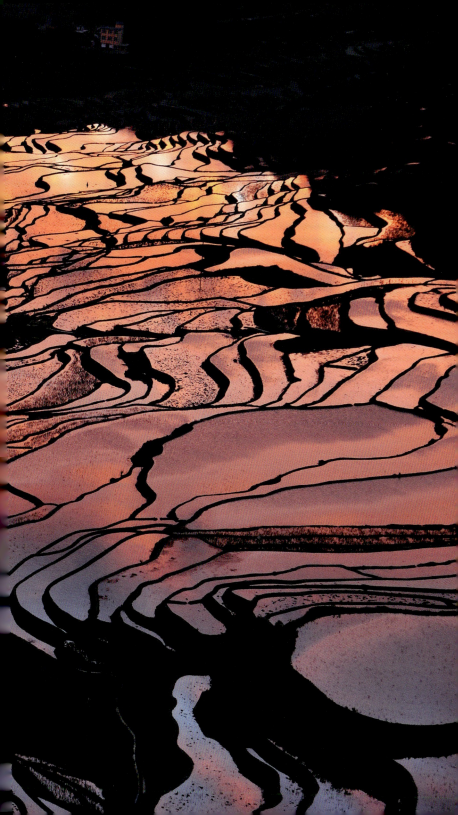

John, das Schlitzohr, lässt zum Glück mit sich handeln.

Catleen will mir zeigen, was sie in Kunming für sehenswürdig hält.

Blick auf den Jadedrachenberg in Lijiang

*Nächste Doppelseite:* Herr Bai-Li in Dali präsentiert mir einen seiner Kormorane.

Die Mekong-Schleife nördlich von Deqen

Im Zelt der Hochlandnomaden kurz vor Zadoi

Der Raupenpilz *Yartsa Gunbu*, der in China als Delikatesse mit kräftigender und heilender Wirkung gilt, setzt meiner Reise fast ein vorzeitiges Ende.

Der stetig steigende Pegel der Flüsse erschwert das Vorankommen im tibetischen Hochland.

*Nächste Doppelseite*: Meine Träger vollbringen Höchstleistungen.

Die Angst vor den Strapazen, die vor mir liegen, steht mir ins Gesicht geschrieben.

Nagender und ich sind seit 1998 ein eingespieltes Team.

Unterhalb der Mekong-Quelle bejubeln wir unseren Erfolg.

## Lost in Translation

Simao, drei Uhr in der Nacht. Wenige Straßenlaternen spenden schummriges Licht, die Häuser sind dunkel. Ringsum kein Mensch zu sehen, nur räudige Straßenköter laufen kläffend um mich herum. Das Motorengeräusch des Busses, aus dem ich gerade gekrabbelt bin, verhallt in der Ferne. Verloren stehe ich an einer Kreuzung und habe nicht die geringste Ahnung, wohin ich zu fahren habe. Uff, so muss es sich anfühlen, als Futterküken im Terrarium einer Anakonda zu landen. Ich bin besorgt, weil mich noch der dümmste Kleinkriminelle berauben könnte, ohne von mir effektive Gegenwehr befürchten zu müssen. Selbst meinen Schrei um Hilfe würde niemand verstehen, geschweige denn hören. Eine Gefahr, die häufig besteht und sicher zu einer Phobie führen könnte, würde ich mir diesen Umstand dauernd vor Augen führen. Jetzt darf ich ein gesundes Maß Angst nicht unterdrücken. Aufmerksam schaue ich mich um und überlege, mein Schweizer Messer zu zücken. Ich verwerfe die Idee wieder, weil es lachhaft wäre und ich vermutlich nie den Mut aufbringen würde, jemanden damit zu verletzen.

Dann tue ich es doch und stecke das Messer griffbereit zwischen Bremse und Rollstuhlrahmen. Augenblicklich habe ich den Eindruck, unangreifbar zu sein.

Ich beschließe, auf die Suche nach einem Frühstück zu gehen. Außerdem fühle ich mich sicherer, wenn ich mobil bin. Also klappe ich das Handbike auf, bestücke es mit den Packtaschen und dem Fotokoffer und rolle einfach los. Nach der dritten Kreuzung entdecke ich in einer Seitenstraße eine Garküche, in der sich Männer aufhalten, vielleicht Arbeiter der Frühschicht. Vor der Tür löse ich das Handbike vom Rolli, stelle mich vor die Fensterscheibe und wedle mit den Armen, um mich bemerkbar zu machen. Die Männer staunen nicht schlecht. Sie helfen mir aufgrund meiner eindeutigen Handzeichen willig über die Stufen. Ich werde freundlich begrüßt, mit einem Glas heißen Wassers bedient, und schon frage ich mich, was an dieser Stadt eben noch derart besorgniserregend sein konnte. Im Glas schwimmen jetzt drei einsame Teeblätter, die nicht den Eindruck machen, als würden sie in absehbarer Zeit dem Wasser Farbe oder gar Geschmack geben. Das muss wohl so sein, denn jeder hier trinkt den Tee so dünn. Weil ich nicht sagen kann, was ich essen möchte, zeige ich einfach auf den Nachbarteller, der mit kleinen gekochten Teigtaschen belegt ist. Sie heißen *Jiaozi* wird mir beigebracht. Und langsam beginne ich, mich daran zu erinnern, wie es damals war mit dem Essen in China, wie ich über die Vielfalt gestaunt habe und wie sehr es mich dagegen überraschte, dass Tee im Grunde nicht mehr als heißes Wasser ist, mit einer Spur Geschmack.

Ich entfalte meine Landkarte und muss niemanden auffordern, mir den Weg zu zeigen. Ihre Neugier treibt die Männer an meinen Tisch. Sie zerstören jedoch meine Hoffnung, Yuanyang heute noch zu erreichen. Um das zu verstehen, bedarf es keiner Sprache. Aus ihrer Mimik und den gestikulierenden Erklärungen entnehme ich, dass ich zwischendurch in Jiangcheng umsteigen muss, und sie bringen es sogar fertig, mir den Weg zum entsprechenden Busbahnhof zu zeigen. Relevante Ortsnamen lasse ich mir von ihnen in chinesischen Schriftzeichen aufschreiben, bevor ich erneut starte. Inzwischen wuselt es auf den Straßen, China ist erwacht. Ohne wirklich an den Erfolg zu glauben, kehre ich unterwegs bei China Mobile ein, einer der größten Telekommunikationsunternehmen des Landes, und frage nach einer SIM-Karte. Es dauert einen Moment, bis die junge Dame jemanden aufgetrieben hat, der Englisch spricht.

Der hat, o Wunder, schon eine solche Karte dabei. Innerhalb von ein paar Minuten ist sie installiert, freigeschaltet, und ich habe meine eigene chinesische Telefonnummer. Einen solchen Fortschritt habe ich hier in den Bergen von Yunnan nicht erwartet. Selbstverständlich gebe ich sie unverzüglich nach Hause durch.

Am Busbahnhof ist die Neuzeit noch nicht angekommen. Es ist unerheblich, in welcher der Klapperkisten ich die nächsten fünf Stunden verbringen werde, bestenfalls komme ich gerädert an. Der Anblick erinnert mich an die vom Überlandverkehr ausgemusterten Busse in der indischen Provinz, die zum Malträtieren der Bandscheiben der Dorfbewohner allemal gut genug waren. Der mir hier zugewiesene Blechkäfig auf Rädern verspricht, wie seine Verwandten in Indien, nichts Gutes. Einen Vorteil besitzen sie aber gegenüber den Super AC Luxury VIP Coaches: Das Gepäck landet auf dem Dachträger, zum Einsteigen müssen nur drei Stufen überwunden werden, und die Tür ist so breit, dass ich mich im Rollstuhl hineintragen lassen kann. Der Sitz ist dagegen eine große anatomische Fehlkonstruktion, und nach zwei Stunden wünsche ich dem Konstrukteur die Pest an den Hals. Oder schlimmer, man müsste ihn selbst für zwei Stunden darauf festbinden.

Wie ich diese Fahrt überleben konnte, ist mir schleierhaft. Doch das ist bald schon vergessen, denn die nächste Hürde wartet auf mich: Selten habe ich in einem gottverlasseneren Kaff nach einer Bleibe gesucht. Nebelschwaden ziehen durch die Gassen von Jiangcheng, Menschen sieht man lediglich als in Decken gehüllte Gestalten, die gebückt herumschleichen. Sogar die Hunde, natürlicher Bestandteil eines chinesischen Straßenbildes, fehlen. Es ist erst früher Nachmittag, doch die tief hängenden Wolken lassen vermuten, es sei kurz vor der Dämmerung. Mein GPS-Gerät ortet mich auf tausendzweihundert Meter Höhe, kein Wunder also, dass es recht kühl ist. Zum Glück gibt es überall in China Garküchen und Fressbuden mit einem Ofen – Orte der Zuflucht.

Nichts kann die Lebensgeister besser wecken als eine kräftige Nudelsuppe. Und schon bin ich mit dem schlampigen Konstrukteur der Bussitze versöhnt. Die Köchin, die ich mit der flachen Hand an meiner Wange und lautstarkem Schnarchen nach einem Hotel frage, schickt mich die Straße hinauf. Dass es hier überhaupt so etwas wie ein Hotel gibt, überrascht mich. Ich reiche ihr Zettel und Stift und bitte sie, es mir aufzuschreiben. Damit kann ich mich weiter durchfragen. Die Häuser, fünf- bis sechsstöckige Gebäude, kleben aneinander und bilden an der Straße eine unansehnliche Front. Im Parterre sind Geschäfte und Werkstätten untergebracht, oben wird gewohnt.

Man schickt mich in einen schmalen Gang, der von zwei Schlachtereien flankiert wird, aus denen es verdächtig riecht. Er endet in einem düsteren überdachten Hinterhof. Weil ich nicht weiß, wohin, und kein Mensch da ist, rufe ich »Hallo«, was dermaßen laut widerhallt, dass es sich erübrigt, erneut zu rufen. Aus der Seitentür neben mir kommt umgehend ein Mann mit einer blutigen Plastikschürze, die so steif ist, dass sie ihm das Gehen erschwert. An einem ebenso blutigen Lappen, der jeder Beschreibung spottet, wischt er sich die Hände ab. Für einen kurzen Moment befürchte ich, dass er sie mir zur Begrüßung reichen wird. Er tut es zum Glück nicht, verweist stattdessen auf eine Tür gegenüber.

Beim Betreten des Zimmers werden meine geringen Erwartungen an den Standard dieser Bleibe weit unterboten. Diesem Hotel müsste man Sterne mit einem Minus davor geben. Ein Minus für die vielen Kakerlaken, eins für die apokalyptische Toilette im Hof (eine nähere Beschreibung will ich meinen Lesern ersparen) und eines für das Bett mit strohgefüllter(!) Matratze.

Die Bettwäsche ist so fleckig und grau, dass ich mich zweifellos bei der ersten Berührung mit zwanzig tödlichen Krankheiten anstecken würde. Das waren aber lediglich die negativen Kriterien des ersten Eindrucks…

Einen unschlagbaren Pluspunkt hat diese Kaschemme: Sie ist mit umgerechnet zwanzig Cent pro Nacht spottbillig. Wider Erwarten überlebe ich sie und suche bei der ersten Morgendämmerung – bevor jemand auf die Idee kommt, mir Frühstück anzubieten – fluchtartig das Weite. Heute habe ich erneut einen langen Ritt vor mir. Zu meiner Überraschung stelle ich fest, dass ich hier in Jiangcheng keine fünfunddreißig Kilometer von der laotischen und vietnamesischen Grenze entfernt bin. Meine Reise führt mich gen Norden. Zwischen Jiangcheng und Yuanyang liegen fünf Höhenzüge, die es zu überwinden gilt, und wenn sie nicht untertunnelt sind, wovon ich ausgehen muss, werden endlose Serpentinen die Strecke zu einer zeitraubenden Kurverei machen.

An Busbahnhöfen, Orten des Wartens und des Sich-in-Geduld-Übens mit wenig visuellen Reizen, biete ich den Menschen eine willkommene Abwechslung. In sicherem Abstand stehen sie mit verschränkten Armen da und schauen. Sie sind froh, die Langeweile überbrücken zu können. Wenn ich um Hilfe oder Auskunft bittend auf sie zurolle, flüchten sie mitunter oder verweisen auf andere. Dies als unfreundliches Verhalten zu interpretieren, täte ihnen unrecht. Ich glaube, sie sind einfach kontaktscheu oder haben Angst vor der fast unüberwindlichen Sprachbarriere. Es kommt dann darauf an, dass ich hartnäckig an die Sache herangehe und mich nicht abweisen lasse.

Sehr hilfreich ist es, wenigstens ein paar Worte ihrer Sprache zu sprechen oder mit Zetteln aufzuwarten, auf denen mein Anliegen in Chinesisch beschrieben ist. Dann ist das Eis häufig schnell gebrochen.

## *Nebel in den Bergen – Fotografenpech*

Mein Bus nach Yuanyang verheißt mehr Komfort und weniger Zwischenstopps als der nach Jiangcheng. Und in der Tat, acht Stunden Fahrt für zweihundertfünfzig Kilometer, bergauf und bergab, das ist eine beachtliche Leistung. Was mir seit gestern Sorgen bereitet, ist der dichte Nebel, der sich hier in Yuanyang hartnäckig hält. Denn die Mühe der langwierigen Anreise habe ich mir nur der weltberühmten Terrassenlandschaft wegen gemacht, von der die Stadt umgeben ist. Yuanyang liegt auf einem Bergrücken, der in alle Himmelsrichtungen herrliche Ausblicke bietet. Leider beträgt die Sichtweite den ganzen Tag über gerade einmal fünfzig Meter.

All meine Hoffnungen konzentrieren sich auf morgen, jetzt kann ich ohnehin nichts mehr verrichten. Das Yun-Ti-Hotel hat drei Sterne über null und ist das beste Haus am Platz. Gerade gut genug für mich nach unsteten Nächten im Bus und in der von Kakerlaken belagerten Höhle. Dass es ausgebucht ist und man mich bis zwanzig Uhr auf die Warteliste setzt, beunruhigt mich kaum, denn wegen des schlechten Wetters wird mit Sicherheit jemand stornieren. So kommt es.

Mein erster Blick aus dem Fenster enttäuscht. Die dicke Suppe nimmt jede Sicht. Vom dritten Stock lassen sich nicht einmal die Autos auf dem Parkplatz ausmachen. Kein Lüftchen regt sich, kein Anzeichen einer Wetteränderung gibt Hoffnung.

Ich bin stocksauer, weiß bloß noch nicht, auf wen. Es erübrigt sich, hier an der Rezeption nach dem Wetterbericht zu fragen. Selbst wenn sie mich verstehen würden, eine verlässliche Auskunft werde ich nicht bekommen.

Schließlich bin ich hier in den Bergen auf tausendfünfhundert Metern. Nebel kann sich da tagelang halten oder in einer halben Stunde verflogen sein. Vielleicht herrscht in zweitausend Meter Höhe oder hinter dem nächsten Bergrücken strahlender Sonnenschein. Ich beschließe, auf die Suche nach der Sonne zu gehen. Und wenn sie erfolglos bleibt, habe ich mich wenigstens etwas bewegt. Nach drei Tagen Busfahren sehne ich mich danach.

Zuvor muss ich mein Handbike für das Fahren in den Bergen umbauen. Ein größeres Kettenrad an der Nabe verschafft mir eine bessere Übersetzung an Steigungen, und um den Schlupf des Vorderrades zu verringern, setze ich die Räder des Rollstuhls auf der Lochplatte zwei Zentimeter nach hinten. Mein Fotokoffer auf dem Gepäckträger mit einem Eigengewicht von sechs Kilogramm hilft zusätzlich, ein Durchdrehen des Vorderrades zu verhindern. Acht Stunden rolle ich auf wenig befahrenen Straßen durch Dörfer, Felder und Wälder. Ich weiß, dass ich mich inmitten einer der faszinierendsten Landschaften der Erde befinde. Mein Blick geht von den extra errichteten Aussichtsplattformen in die Tiefe auf Panoramen, die, wie ich gehört habe, das Herz eines Fotografen höher schlagen lassen. An manchen Kehren, an denen das Gelände laut Kartenmaterial sechshundert Meter tief abfällt, glaube ich sogar, die Magie des Ortes zu spüren, doch ich sehe nichts.

Hin und wieder meine ich, einen Wasserbüffel an der Straße auszumachen, und halte voller Optimismus mit meiner Kamera drauf. Ich hätte ebenso eine beschlagene Milchglasscheibe aufnehmen können. Der zweite Tag verläuft ähnlich frustrierend. Dabei stelle ich fest, dass ich nicht einmal einen Bruchteil des riesigen Areals abgefahren habe. Ein verwirrendes Netz von Straßen und Wegen, das in alle Richtungen führt, macht es mir schwer, zu entscheiden, wo ich mein Glück finden kann.

Ich benötige jemanden, der sich hier auskennt. An der Rezeption wird mir die Visitenkarte von Herrn Wang ausgehändigt. Er besitzt einen Jeep und würde mir sicher helfen. Unverzüglich wähle ich seine Nummer.

Sich mit einem Chinesen von Angesicht zu Angesicht zu verständigen, ohne eine gemeinsame Sprache zu besitzen, ist mit entsprechender Akrobatik durchaus möglich. Am Telefon jedoch werden all die Verrenkungen zur Farce. Mir bleibt nur, das Telefon an die Dame hinter der Rezeption weiterzureichen. Die versteht zwar auch kein Englisch, weiß aber wenigstens, was ich will, und bittet Herrn Wang zum Hotel.

Ich bin fassungslos, wie schwierig es ist, die elementarsten Dinge mitzuteilen. Beim Frühstücksbuffet bin ich beim Personal mit meiner Frage nach Kaffee auf eine Wand von Unverständnis gestoßen, als hätten sie dieses Wort noch nie in ihrem Leben gehört. Nach dem Zufallsprinzip wird mir mit einem Lächeln nacheinander Tee, Saft, Milch und Wasser serviert. Man gibt sich wirklich Mühe, aber offensichtlich ist in diesem Dreisternehotel, mit WLAN-Anschluss und Flachbildfernseher auf den Zimmern, Kaffee unbekannt.

Also übe ich mich im Trinken heißen Wassers, auf dem drei Teeblätter schwimmen.

Fieberhaft überlege ich, wie ich Herrn Wang meine Bedürfnisse mitteilen kann. Im Lonely Planet, der mir an der Grenze abgenommen wurde, standen eine Reihe von nützlichen Phrasen, auf die ich einfach mit dem Finger hätte zeigen können. Während ich über den Verlust nachdenke, fällt mir plötzlich ein, dass ich im letzten Jahr eine Sprach-App Chinesisch-Deutsch-Chinesisch auf mein Smartphone geladen hatte. Der praktische Nutzen erschien mir recht zweifelhaft, aber jetzt, wo ich sozusagen mit dem Rücken an der Wand stehe, könnte sie sich als letzte Rettung erweisen.

Schon steht Herr Wang im Foyer. Seine kräftige Statur, der das Liften des Rollis durchaus zuzumuten ist, macht ihn mir gleich sympathisch. Er ist vielleicht fünfunddreißig bis vierzig Jahre alt, trägt so etwas wie eine Baskenmütze auf dem Kopf und eine Herrenhandtasche unter dem Arm. Schnell machen wir uns bekannt, und es stellt sich heraus, dass mit Intuition, Kombination, Gestik, Mimik und einem Zettel und Stift eine Verständigung frei von Missverständnissen möglich ist. Für spezielle Vokabeln oder Standardsätze kommt mein Handy mit chinesischer Sprachausgabe zum Einsatz.

Bei meinen Vorbereitungen zu dieser Reise hatte ich davon gehört, dass es unter Chinesen, die mit ausländischen Besuchern zu tun haben, gerade angesagt ist, sich einen westlichen Namen zu geben. In der Tat, Herr Wang bietet mir an, ihn John zu nennen, das könne ich besser aussprechen. Mein Anliegen ist ihm schnell erklärt, dazu reichen mein Stativ und der Blick in meinen Fotokoffer. Das schleppt niemand um die halbe Welt, der nichts Konkretes damit vorhat.

Und weil John stolzer Besitzer eines Jeeps ist und schon häufiger Fotografen begleitet hat, sei er der richtige Mann für mich. Da bin ich mit ihm einer Meinung, nur zeigen darf ich das nicht. Das würde den Preis unnötig in die Höhe treiben. Er hätte Zeit, und morgen früh könnten wir starten, sein Preis: zweihundert Dollar am Tag. Du Schlitzohr, denke ich innerlich schmunzelnd, und lege eine Mimik auf, als hätte ich soeben vom Tod meiner Großmutter erfahren.

Ich mache ihm klar, dass ich da falsche Vorstellungen hatte, ich so viel Geld unmöglich zahlen könne, dass es mit uns leider nichts wird, er nicht betrübt sein soll, mich die Terrassenfelder sowieso nicht besonders interessieren würden und außerdem das Wetter schlecht sei. Morgen früh reise ich ab. Während ich mich von ihm verabschiede und im Begriff bin, das Foyer zu verlassen, flehe ich innerlich, er möge mich zurückrufen. Der Mann ist meine einzige Chance, aber eine harte Nuss. Erst als ich den Hotelparkplatz längst verlassen habe, folgt er mir mit seinem Jeep in Schrittgeschwindigkeit. Durch das heruntergekurbelte Fenster macht er mir neue Offerten, die ich desinteressiert und auf das Wetter verweisend ablehne. Vorsicht ist geboten, ich weiß genau, wenn ich es überreize, wird er verärgert Gas geben und sich aus dem Staub machen.

Bei fünfzig Dollar pro Tag werden wir uns einig. Zusätzlich willige ich ein, seine täglichen Mahlzeiten zu zahlen, ohne zu wissen, wie viel ein Chinese verschlingen kann. Dagegen muss er mir versprechen, mir in den nächsten Tagen über alle Stufen hinwegzuhelfen. Von dieser Knochenarbeit ahnt er wiederum nichts.

Wir könnten unseren Geschäftsabschluss gleich jetzt feiern, meint er, zufällig sei gerade Essenszeit. Der Mann will mich testen, und er hat Humor, denn eines habe ich rasch gelernt, gegessen wird in China zu jeder Tageszeit. Gut, aber es darf nicht teuer sein, wende ich ein. Die Auswahl überlasse ich John. Er kurvt mit seinem klapprigen Jeep bis zum Stadtrand, wo längst keine Restaurants mehr zu vermuten sind. Wider Erwarten gelangen wir in ein Viertel voller Geschäftigkeit, in dem sich viele Garküchen aneinanderreihen, die fürwahr einen billigen Eindruck machen. Was ich am chinesischen Essen schnell lieben gelernt habe, ist die Möglichkeit, sich seine Suppe individuell zusammenstellen zu lassen. Die Zutaten liegen vorbereitet in gekühlten Vitrinen bereit. Das Fleisch ist vorgekocht und zerlegt. Dann weist man mit dem Finger auf die Teile, die man gerne in seiner Suppe hätte.

Da für Chinesen nicht nur die Muskelpartien, sondern ebenso der Kopf, der Schwanz und die Gliedmaßen eines zu verspeisenden Tieres delikat sind, ist es ein Leichtes, herauszufinden, um welche Spezies es sich gegenwärtig handelt. Heute steht zweifellos der beste Freund des Menschen auf der Speisekarte. Schnauze, Wedel und Pfoten lassen keine andere Vermutung zu. Weil man der Meinung ist, Hund wärmt während der kalten Wintermonate, ist jetzt Saison. Das Tier ist lediglich rasiert. Der ganze Rest wird verspeist.

Ich bevorzuge die Keule, John greift sich ein Schaschlik mit vier Pfoten. Mit Ausnahme der Krallen und der zähen Hornhaut der Lauffläche knabbert er das magere Fleisch bis zu den Knochen sauber ab. Ein gewöhnungsbedürftiger Anblick für mich.

Da ich nicht auf Reisen gehe, um mich zu schonen oder gar den Realitäten auszuweichen, und weil mir beigebracht wurde zu essen, was auf den Tisch kommt, verspeise ich heute Hundekeule. Und wer mich nach dem Geschmack des Hundes fragt, dem sage ich, probier es selbst. Noch heute liegt er mir auf der Zunge, die Worte, ihn zu beschreiben fehlen mir indes. Eines kann ich sagen, im Vergleich zu Vogelspinne ist Hundesuppe schmackhafter, besser bekömmlich und macht wenigstens satt.

Meine Frage nach der Rasse kann John nicht beantworten, dafür sind die Namen zu speziell. Stattdessen sucht er die Straße ab, vergeblich, es ist keiner mehr da …

Am Morgen zeigt er mir die Promenadenmischung, die durch unkontrolliertes Kopulieren entsteht und die sich hier in der Regel an Mülltonnen, in dunklen Gassen oder um Schlachtereien einfindet. Die Hunde werden eingefangen und gemästet, der Rest ist bekannt. Halt, jetzt nicht das Buch zuschlagen und angewidert auf die herzlosen Chinesen schimpfen! Bis 1986 war der Hund per Gesetz als Schlachttier definiert – in Deutschland. Um 1900 gab es in Chemnitz und Leipzig Hundeschlachter mit angeschlossenem Wirtshaus.

Hundefreunde können aber unbesorgt sein, inzwischen haben die meisten Chinesen Hunde lieber auf dem Schoß als in der Suppe. Nützlich oder süß und niedlich haben sie sich zusammen mit Katzen einen uneinnehmbaren Platz neben dem Menschen erkämpft. Warum das Hasen nicht gelingt, wird mir stets schleierhaft bleiben.

Morgens, vor Sonnenaufgang, setzt mich John an besonders spektakulären Aussichtspunkten an den Osthängen ab, abends würden mir die besten Bilder an den Westhängen gelingen. Überall halte ich voller Zuversicht meine Kamera ins Trübe. Tagsüber fahren wir Jeep. Er gibt sich wirklich große Mühe, einen Ausweg aus dem seit Tagen andauernden Nebel zu finden, aber es gelingt ihm nicht. Nicht auf den Südseiten der Hänge, nicht auf den Bergrücken, nicht einmal in zweitausend Meter Höhe. In einem Umkreis von hundert Kilometern hat der Nebel die Berge fest im Griff.

Seit fünf Tagen ist mir nicht ein einziges brauchbares Foto gelungen. Ich frage mich, wie viel wertvolle Zeit ich nach der bereits vergeudeten noch verplempern will und wann sich bei mir die Einsicht durchsetzt, einfach Pech gehabt zu haben. Kann es sogar sein, dass ich enttäuscht werde, falls es aufklaren sollte, weil ich mir durch all das Hoffen ein überhöhtes und irreales Wunschbild gemacht habe? Ich gebe uns noch zwei Tage, dann reise ich ab.

Weil ihm die Hoffnung ebenfalls schwindet, er mich zugleich nicht ganz unverrichteter Dinge ziehen lassen will, versucht John es mit seinem Alternativprogramm: die Dorfmärkte. Ein schwacher Trost. Doch auf den zweiten Blick entdecke ich, wie der alles umhüllende Nebel der Atmosphäre seinen Stempel aufdrückt und durchaus seinen Reiz hat.

Die Lasten, die die Frauen auf ihrem Rücken zum Markt tragen, wirken erdrückend. Schemenhafte Gestalten kommen aus dem Nichts und verschwinden wieder darin. Eine mittelalterlich gespenstische Stimmung beherrscht die Szenerie. Die Welt ist feucht, Grau in Grau. Der Nebel schluckt das Licht, Schallwellen werden absorbiert, Geräusche dringen nur im Flüsterton ans Ohr.

Im krassen Kontrast dazu erscheint die Kleidung der Verkäuferinnen. Wie Perlen im Schlamm blitzen die Stickereien ihrer Röcke und Blusen in der tristen Umgebung auf und scheinen dadurch noch mehr zu leuchten. Sie sind vom Volk der Hani und der Hmong, der Erbauer der Terrassenfelder, zwei der über siebzig indigenen Völker Chinas mit einer eigenen Sprache und Kultur.

John kann seinen Neid nicht ganz unterdrücken, als er mir von den Sonderrechten erzählt, die diese Minderheiten in China genießen. Unter anderem sind das Ausnahmeregelungen in der Ein-Kind-Politik. Sie seien nämlich in der glücklichen Lage, Kinder bekommen zu können, ohne vorher die Behörden bestechen zu müssen.

John ist Han-Chinese, wie über neunzig Prozent seiner Landsleute, und musste bei der Geburt seines zweiten Kindes umgerechnet dreihundert Dollar auf den Tisch legen, um einer Anzeige zu entgehen. So konnte er den Kindergarten und den Schulbesuch seines Sohnes sicherstellen.

Auch dieser Tag endet im Nebel. Wir beschließen ihn in einer der feuchtkalten Garküchen mit einer Nudelsuppe, bevor ich mein ebenso kaltes Hotelzimmer aufsuche. Eine Heizung, die hier eigentlich bitter nötig wäre, war nie vorgesehen. Das Personal steht vor Kälte zitternd in Schlips und Kragen mit übergeworfener Daunenjacke an der Rezeption. Nähert sich ein Gast, wird die Jacke hastig abgelegt. Wie jeden Abend werfe ich einen letzten Blick aus dem Fenster in der Hoffnung auf eine Wetteränderung. Einen Moment glaube ich, Bewegung in den Nebelschwaden gesehen zu haben.

Am frühen Morgen bestätigt sich diese Annahme. Schnell packe ich und stürze aus dem Zimmer. John, pünktlich wie immer, wartet im Foyer. Er hat die Wetteränderung ebenfalls registriert. Es ist fünf Uhr in der Früh, genug Zeit für den Weg nach Duoyishu, wo ich seit Tagen vergeblich nach einem Loch in der Nebelwand suche. Ein Platz, an dem ich im Rollstuhl einen guten Blick habe, wie John glaubt. Tatsächlich, von einer Brise getrieben, ziehen dicke Nebelschwaden über die Berghänge. Auf dem Weg gelingt es mir hier und da, Sterne am Himmel auszumachen. Es klart auf. Duoyishu dagegen steckt noch im Nebel, aber auch hier ist er in Bewegung, und meine Erwartungen sind groß, dass der Wind ihn fortbläst.

Stativ und Kamera sind eingerichtet, jetzt kann ich nur hoffen und warten. Dann der große Moment, auf den ich eine Woche lang warten musste. Von meinem Logenplatz werde ich Zeuge eines wundervollen Naturschauspiels. Die Akteure: Sonne, Wind und Nebel. Die Kulisse: ein tiefes Tal, das Menschen für sich urbar gemacht haben.

Zeitgleich mit der Dämmerung wird die Nebelwand wie ein Vorhang beiseitegeschoben und eröffnet mir ein Panorama voller Terrassen, das mich für einen Moment die Kamera und das Fotografieren vergessen lässt. Direkt zu meinen Füßen fällt sacht ein schier unendliches Tal in Stufen ab, an der tiefsten Stelle sind es über dreitausend Meter. In den Niederungen hält sich hartnäckig eine Nebelwolke, die bergauf ziehen will, vom abfallenden Wind verwirbelt wird und zurückdrängt. Ein faszinierender Anblick.

Noch sind die Terrassenfelder unbepflanzt und stehen unter Wasser. In ihren Oberflächen spiegelt sich der rot gefärbte Himmel ebenso wie die hohen Wolken, deren Unterseiten von der aufgehenden Sonne beleuchtet werden. Durch ihren Abstand zueinander wird auf jeder Terrasse ein anderes, klar abgegrenztes Bild des Himmels sichtbar. Vor meinen Augen läuft ein surrealistischer Film ab in Farben, die ich der Natur nie zugetraut hätte. Da erscheint plötzlich ein ganzes Dorf, eingebettet in spiegelblanke Terrassenfelder, das innerhalb von ein paar Sekunden freigelegt wird.

Nebelschwaden steigen unvermittelt auf, angetrieben von Turbulenzen. Baumgruppen treten am Rande einiger Stufen aus dem Dunst, die einen bizarren Kontrast im Meer horizontaler Linien hervorrufen. Alles ist im Fluss, kontinuierlich bieten sich neue Perspektiven. Wie im Theater wohne ich auf einem Platz in der Königsloge einem Schauspiel bei, das mein Herz höher schlagen lässt.

Als wolle mich die Natur an der kurzen Leine halten, setzt sie ihrer Inszenierung bereits nach ein paar Minuten ein Ende. Die Sonne wirft ihr gleißendes Licht auf die Landschaft. Lange blicke ich voller Dankbarkeit in die Tiefe.

John hebt den Daumen. »Topp!« Das habe ich ihm inzwischen beibringen können. Voller Begeisterung klopfe ich ihm auf die Schulter.

Den ganzen Tag fahren wir an der Bergkette entlang, an deren Fuß, tausendfünfhundert Meter tiefer, der Yuan Jiang fließt, einer der Nebenflüsse des Mekong, und in jeder Kehre mache ich die Fotos meines Lebens. Am Abend kommt es erneut zu einem Höhepunkt: diesmal in Mengpincun zum Sonnenuntergang mit einem Ausblick nach Osten.

Als wir spät in der Nacht das Restaurant verlassen, in das ich John abschließend zu einem fürstlichen Essen eingeladen habe, schlägt uns feuchtkalter Nebel ins Gesicht. Lachend steigen wir in den Jeep.

## *Jao Lan – Nebel in den Bergen bringt Glück*

Während ich John auszahle, fragt er, wohin es für mich weitergeht. Nach Kunming erkläre ich ihm. Da er den Auftrag hätte, dort zwei Fotografen abzuholen, könne er mich mitnehmen, ich müsse nichts dafür bezahlen. In dieser Woche ist John also vom Schlitzohr zum Freund geworden. Schließlich hätte er mir zumindest den Preis für die Busfahrt nach Kunming dafür abknöpfen können. Er hat es nicht getan.

Je näher wir Kunming kommen, umso stabiler wird das Handysignal. Als wir noch hundertfünfzig Kilometer entfernt sind, befahren wir eine waschechte Autobahn, die so mancher deutschen den Rang ablaufen könnte. Nicht einmal die Raststätten lassen Wünsche übrig, vielleicht davon abgesehen, dass mein Euro-Schlüssel nicht in das Schloss des chinesischen Behindertenklos passt. Dass sogar ein freier WLAN-Zugang ins Internet zur Verfügung steht, haut mich um. Das nutze ich und gehe, während John mal wieder lautstark seine Nudelsuppe schlürft, mit meinem Telefon im Internet auf die Suche nach einem Hotel. Irgendwie gelange ich dabei auf der Seite *go Kunming* in die Rubrik »Anzeigen«. Warum nicht, denke ich mir. Ich logge mich ein, lege ein Passwort fest und bekomme Sekunden später die Bestätigung. Ich tippe: »Suche kräftigen jungen Mann mit Auto und Englischkenntnissen, der mir Kunming zeigt. Bin Rollstuhlfahrer.« Dazu gebe ich meine chinesische Telefonnummer an. Jetzt bin ich gespannt. Ein Hotel zu besorgen erübrigt sich, John meint, ich könne da wohnen, wo er die beiden Fotografen abholt. Das Hotel sei gut und billig.

Bereits eine halbe Stunde später kommt die erste SMS. Mich überrascht die Kontaktfreude. Schließlich bin ich es von Chinesen gewohnt, lediglich aus einer Sprich-mich-nicht-an-Entfernung beobachtet zu werden. Bei Textnachrichten kennen sie wohl keine Berührungsängste mehr. In Kunming sind bereits drei Interessenten auf meiner Liste.

Dass chinesische Städte in die Höhe wachsen, davon hatte ich gehört, aber wie Kunming hochgeschossen ist, erstaunt und erschreckt mich. Ich erkenne die Stadt nicht mehr wieder, finde keine Orientierung und kein Gebäude, an die ich mich erinnern könnte.

Dreihundert US-Dollar hatte ich noch in der Tasche, als ich damals 1986 in Shanghai landete. Der Dispo auf meinem Konto in Deutschland war ausgeschöpft, ich war mehr oder weniger pleite. Am Ende eines achtmonatigen Trips, der mich von Indien über Nepal, Burma, Thailand, Malaysia, Indonesien und die Philippinen führte, wollte ich China sehen. Den Heimweg durch den Ostblock plante ich mit der Transsibirischen Eisenbahn. Für ein Flugticket reichte das Geld nicht mehr. Ich musste extrem sparsam leben und, wo immer sich eine Gelegenheit bot und der Kurs gut war, schwarz tauschen. Meinen Aufenthalt in Burma finanzierte ich mit dem Erlös von eingeschmuggeltem Whisky und Zigaretten. Es gab Rückschläge: In Manila verlor ich auf dem Schwarzmarkt durch die Fingerfertigkeit eines Gauners einen Teil des Erlöses. Glück hatte ich in China, das zu der Zeit derart abgeschottet war, dass viele Provinzen *out of bounds* waren. Dort konnte man sein Geld auf der Straße vermehren. Es herrschten damals zwei Währungen. Ausländer bekamen für ihre Devisen FEC, Foreign Exchange Certificates, mit denen Hotels und Flugtickets bezahlt wurden und mit denen man in den Freundschaftsläden einkaufen konnte. Da gab es Waren, die es in China sonst nicht gab. Verständlich, dass Chinesen scharf darauf waren.

Ich musste wegen der günstigeren Preise dringend an Yuan kommen, die normale chinesische Währung. Dieses

Problem hatten alle, weshalb sich vor dem Peace Hotel in Shanghai ein reger Schwarzmarkt etablierte. FEC gegen Yuan. Ich rollte an dem Gebäude in moderater Geschwindigkeit vorbei. Nicht zu langsam, das hätte der Polizei auffallen können, nicht zu schnell, schließlich suchte ich die Kontaktleute. Schon ging jemand neben mir, der, ohne mich dabei anzusehen, Kursangebote flüsterte. Waren wir uns einig, tauchte er kurze Zeit später aus der Menschenmenge auf, in der Faust ein Bündel Geldscheine, das er mir unauffällig zusteckte. All das geschah, ohne dass einer von uns auch nur einen Moment stehen geblieben wäre, sodass ich mich im Nu weit vom Peace Hotel entfernt hatte. Es war nicht einfach, beim Rollen gleichzeitig das Geld zu kontrollieren. Stimmte der Betrag, steckte ich ihn ein, holte den Gegenwert in FEC aus der Tasche und wartete beim Spazierengehen, dass der Empfänger wieder auftauchte. Wie aus dem Nichts erschien er, ich bezahlte, und der Deal war damit abgeschlossen. Die Aktion basierte sehr auf Vertrauen und funktionierte erstklassig – selbst unter den Augen der Polizei. Dass die Polizisten dabei ein Auge zudrückten, um dafür ihren Anteil zu bekommen, ist nicht auszuschließen.

Vor den Freundschaftsläden konnte ich damals ebenfalls eine schnelle Mark machen, indem ich mit meinen FEC die begehrten Walkmans kaufte, um sie auf der Straße zu überhöhten Preisen gegen Yuan loszuschlagen.

Trotzdem konnte ich mir nur Sammelschlafsäle leisten, in denen manchmal dreißig Chinesen mit mir um die Wette schnarchten und die am Morgen einem Pumakäfig gleich müffelten. Ein vergleichsweise sanfter Duft, wenn ich an die offene Massentoilette denke. Da konnte ich meinem Bettnachbarn beim Kacken zuschauen. Ein beißender Gestank schlug mir entgegen, der mich an diesem Ort nicht eine Sekunde länger hielt als nötig.

Ich war damals der Überzeugung, dass öffentliche indische Toiletten das Schlimmste wären, was einem Menschen widerfahren kann. So muss es im Vorhof der Hölle sein. China belehrte mich eines Besseren. In Bezug auf sanitäre Anlagen habe ich auf dieser Reise den allerletzten Rest Mimosenhaftigkeit abgelegt.

Mit meinem Rollstuhl war ich in China eine echte Sensation. Ich konnte die Chinesen als sogenannter *Gao bi zi*, als Langnase, was, wenn es richtig übersetzt wird, Hochnase bedeutet, hellauf begeistern, indem ich einfach nur untätig dasaß. Begann ich spektakuläre Dinge zu tun, wie zum Beispiel zu fotografieren, kam es nicht selten zu tumultartigen Aufläufen. Das potenzierte sich, wenn Außenstehende nicht mehr sehen konnten, was da vor sich ging. In Kunming brachte ich es auf diese Weise einmal zu einem Verkehrsstau. Bis es der Polizei gereicht hat. Ich wurde zum Störfaktor erklärt und des Platzes verwiesen.

Das hat sich durch die Öffnung des Landes verändert. Heute bedarf es mehr als eines Rollstuhls unter dem Hintern, um ein solch sensationsgeiles Knäuel zusammenzubringen. Vielleicht muss man wie Frankenstein aussehen oder am besten gerade verbluten.

In Kunming wird sich die Weiterreise entscheiden. Ich muss hier einen Expeditionsausrüster und Tour Operator finden, der verrückt genug ist, einen Rollstuhlfahrer ins tibetische Hochland zur Quelle des Mekong zu führen. Die chinesische Regierung lässt in dem Gebiet nur akkreditierte Büros arbeiten, wovon es nicht viele gibt. Das erspart mir die Qual der Wahl. Allerdings ist zu befürchten, dass mir gar keine Wahl bleibt und ich am Ende froh sein kann, überhaupt jemanden zu finden, der das Abenteuer wagt. Es wird Zweifel geben, wegen gesundheitlicher Risiken, wegen der zu erwartenden Höhenkrankheit, wegen des Transports, und ich werde die Frage beantworten müssen, wie ich es mir praktisch vorstelle, mit dem Rollstuhl im tibetischen Hochland querfeldein voranzukommen. Eine Frage, auf die ich de facto keine Antwort habe.

Mir ist klar, wenn ich nicht von vornherein als unzurechnungsfähiger Irrer abgestempelt werden will, muss ich entschlossen und selbstbewusst auftreten. Ich muss, um das Vertrauen meiner Verhandlungspartner zu gewinnen, Professionalität vorgaukeln. Sie sollen glauben, dass ich weiß, was ich tue, was auf mich zukommt und wie viele Probleme unterwegs auftauchen könnten. Die Wahrheit ist, ich habe nur vage Vorstellungen davon, wie eine solche Expedition durchzuführen ist. Ein Wochenende liegt vor mir, Zeit für die Vorbereitung der Argumentation und das Durchspielen diverser Diskussionsverläufe.

Inzwischen haben sich sage und schreibe dreißig Bewerber auf meine Anzeige gemeldet. Die Mitteilungen in chinesischen Schriftzeichen lösche ich gleich, die in grottigem Englisch beantworte ich mit einer freundlichen Absage, bis noch vier übrig sind. Drei davon sind kräftige Männer mit einem Auto, die hoch motiviert behaupten, dass sie mir Kunming und seine Umgebung nahebringen wollen. Allerdings bei der Vorstellung, in das Auto einer Internetbekanntschaft zu steigen, bimmeln in meinem Hinterstübchen leise Alarmglocken. Auf diesem Wege haben sich schon andere massakrieren lassen. Gut, ich könnte beim Einsteigen demonstrativ das Kennzeichen notieren und es an der Hotelrezeption hinterlegen. Beruhigen würde mich das freilich nicht, chinesische Schriftzeichen notiert man sich als Analphabet nicht beiläufig. Außerdem könnte das Fahrzeug gestohlen sein. Ich sehe mich schon, vom Schwert des Samurai zerhackt, tot im Reisfeld liegen.

Da fällt mein Blick auf die vierte Mitteilung. Sie stammt von Catleen, der einzigen Frau. Ihr richtiger Name, schreibt sie, sei Jao Lan, was übersetzt *mist in the mountain*, Nebel in den Bergen, bedeute. Dieser Name sei ihr wegen des Wetters zum Zeitpunkt ihrer Geburt gegeben worden. Eine wunderbare Vorstellung, fügt sie an.

Mir dagegen kommen bittere Erinnerungen hoch. Sie kann ja nicht wissen, was ich durchgemacht habe, und ich will sie aufgrund des schlechten Omens abhaken. Dann lese ich, dass sie kein Auto hat, nicht wisse, wie man einen Rollstuhl schiebt, und auch nicht kräftig genug sei, um mit mir Stufen zu bewältigen, aber wir könnten den Stadtbus nehmen und die Passanten um Hilfe bitten. Das haut mich um und schreit nach Abenteuer. Hatte ich nicht geschrieben »…kräftigen Mann mit Auto…«? Entweder ist die Frau ein beneidenswerter Optimist oder total verrückt. Auf jeden Fall hat sie Mut. Vor ihr werde ich mich nicht fürchten müssen.

Kaum habe ich die SMS mit einem Vorschlag, uns zu treffen, beantwortet, schreibt sie auch schon zurück. Morgen früh um neun, im Foyer des Hotels. Das wird spannend. Den Rest des Abends verbringe ich damit, mich auf Montag vorzubereiten, wenn ich mein erstes Gespräch mit Expeditionsveranstaltern habe. Vor dem Spiegel trainiere ich mir ein glaubwürdiges Gesicht an, rede gleichzeitig über Dinge, von denen ich keine Ahnung habe. Das Ergebnis ist niederschmetternd: Ich würde mich selbst sofort als Lügner entlarven. Am Ende bin ich derart verunsichert, dass ich beschließe, diese Strategie fallen zu lassen und ganz normal zu agieren.

Beim Frühstück, das muss ich einräumen, bin ich in der Tat nervös. Ich weiß nicht einmal, wie alt sie ist. Vielleicht ist sie penetrant und aufdringlich oder, schlimmer noch: Was tue ich, wenn sie meine Anzeige vollkommen falsch verstanden hat? Natürlich werde ich ihr dann einen Korb geben, schließlich bin ich glücklich verheiratet. Obwohl hier am Morgen viele Leute ein und aus gehen, erkenne ich sie sofort, als sie durch die Tür kommt. Das ist also Jao Lan, Nebel in den Bergen, alias Catleen.

Sie ist kein großer Mensch, verhüllt den größten Teil von sich sogar in einem wadenlangen Steppmantel. Der weht ihr beim Gehen weit um den Körper und bestätigt ihre Behauptung, nicht von kräftiger Statur zu sein. Niemals in den kommenden Tagen werde ich mehr von ihr zu Gesicht bekommen als den Mantel und das verhärmte Köpfchen, das oben herausschaut. Sie trägt schulterlanges schwarzes Haar mit Seitenscheitel und hat so schmale Augen (sollte Catleen diese Zeilen jemals lesen, bitte ich schon jetzt um Verzeihung), dass ich mich im ersten Moment allen Ernstes frage, ob sie mich überhaupt sehen kann.

Ihre Wangenknochen stehen viel weiter hervor, als ich das von Chinesen kenne, eher wie bei den Mongolen. Und als sie mir die Hand reicht, erschrecke ich ein wenig aus Angst, etwas daran zu zerdrücken. Ganz entgegen der äußeren Erscheinung und meiner vorschnellen Urteile agiert sie forsch, bestimmt, nicht scheu – genau wie ich sie aufgrund ihrer Zeilen eingeschätzt hatte. Am Frühstückstisch kommen wir schnell ins Gespräch, und ich erfahre nach meiner Frage, warum sie sich auf meine Anzeige gemeldet hat, dass sie nicht ganz uneigennützig gehandelt hat: »Ich studiere hier im zweiten Semester Englisch und brauche dringend Übung. Außerdem bin ich auf der Suche nach Kontakten zu Menschen von außerhalb Chinas. Das kann später nützlich sein.«

»Kommst du aus Kunming?«

Sie lacht und meint: »O nein, ich bin erst vor einem halben Jahr hierhergezogen. Meine Heimat liegt über dreitausend Kilometer entfernt, ganz im Norden, nah an der russischen Grenze.«

Etwas überrascht entschlüpft mir ein: »Ah, dann sind wir ja beide fremd hier.«

»So gesehen, ja«, relativiert sie, »aber ich kenne mich inzwischen gut aus und habe einen Besuchsplan ausgearbeitet.« Freudig beginnt sie, in ihrer Handtasche zu wühlen, stapelt Studienmappen und Stifte auf den Tisch, bis sie auf einen Zettel voller Schriftzeichen stößt und ihn mir lächelnd präsentiert: »Oh, Verzeihung, ich werde das noch schnell ins Englische übersetzen.«

Catleen passt überhaupt nicht in das Raster meiner Vorstellungen, dennoch ist sie mir mit ihrer chaotischen und eigennützigen Art durchaus sympathisch. Als ich von ihr wissen will, warum sie sich Catleen nenne und nicht Nebel in den Bergen, das sei ein schöner Name (um nicht unfreundlich zu sein, verschweige ich ihr meine Erfahrungen mit Nebel in den Bergen), erklärt sie mir, dass alle ihre Kommilitonen englische Namen tragen und sie sich untereinander damit rufen. Außerdem ließe sich dieser Name beim Simsen leichter eintippen.

Für Catleen hat sie sich entschieden, weil das Wort Katze darin vorkommt, die liebe sie so sehr.

»Namen müssen immer eine Bedeutung haben«, sprudelt es aus ihr heraus, »oft stecken darin Wünsche, oder sie drücken Hoffnungen der Eltern für die Zukunft ihrer Sprösslinge aus. Und weil sich die Prioritäten von Generation zu Generation ändern, entstehen aus dem riesigen Fundus der Schriftzeichen kontinuierlich neue Kreationen von Namen. Vor der Kulturrevolution gaben staatstreue Eltern ihren Kindern Namen wie Jianguo oder Aijung, Bau-den-Staat-auf oder Liebe-die-Armee.«

Ich hake nach und erfahre, dass nach der Kulturrevolution Namen wie Baoguo und Guoqiang populär wurden, Beschütze-den-Staat. Mädchen hießen einfach Hong, Rot. Zu Zeiten, als die Wertschätzung von Frauen der in den rückständigen Regionen Indiens entsprach, wo man Mädchen heute noch abtreibt, weil die Hochzeit später zu teuer ist, wurden weibliche Nachkommen mit Namen wie Jaodi, Komm-kleiner-Bruder, gestraft. Ein Leben lang trugen sie die Enttäuschung des Vaters, kein Junge geworden zu sein, mit sich herum.

Pünktlich im Jahre 2008 kam der Name Auyun, Olympiade, auf. Da ist es logisch, dass Catleen mir von der neuen Generation der Cai, Reichtum, Cheng, Erfolg, und Wei, Groß und Wichtig, erzählt. Eltern, die eine ausgeprägte Vorahnung für politische Entwicklungen besitzen oder Sinn für Humor haben, nennen ihr Kind heute auch Minzhu, Demokratie.

Nach einem Schnellkurs in Linguistik weiß ich nun außerdem, dass man ausländischen Markennamen nicht einfach chinesische Schriftzeichen zuordnen kann. Unbürokratisch wird daher BMW in Baoma, Kostbares Pferd, und Mercedes Benz in Benchi, Schnell-und-sicher-Fahren, umgetauft.

Fast unbemerkt hat sich der Frühstücksraum während unseres Gesprächs geleert. Konfus von den vielen chinesischen Namen unterbreche ich sie: »Zeig mir deine Stadt.« Ich will von ihr wissen, was sie für sehenswürdig hält.

Bevor mir die Bedienung unwirsch das Glas entreißt, stürze ich schnell den letzten Schluck heißen Wassers herunter. Natürlich verheddere ich mich mit den Teeblättern im Mund. In China will das Teetrinken gelernt sein. Beim Verlassen des Hotels meint Catleen: »Wir haben heute den Zweiundzwanzigsten, das ist dein Glückstag.«

»Warum glaubst du das?«

»Weil das der Platz-geb-Tag ist. Aus Anlass der Paralympics hat die Regierung diesen Tag ausgerufen, um einmal im Monat an die Behinderten zu denken.«

Ich kann mir ein Schmunzeln nicht verkneifen. So geht das also in China. Da sollen dem Volk per Dekret von oben Manieren beigebracht werden.

»Warum ausgerechnet am Zweiundzwanzigsten?«

»Na ja, wegen der Zahl«, dabei malt sie die zweiundzwanzig in die Luft. »Mit etwas Phantasie könnten das zwei sitzende Menschen sein. Das vermag sich jeder zu merken.«

»Und warum nur einmal im Monat?«, frage ich und denke dabei, ihre Antwort könnte nun lauten, weil nur einmal im Monat der Zweiundzwanzigste ist.

Aber sie ist bereits einen Schritt weiter als ihre Landsleute: »Natürlich müsste jeden Tag Rücksicht genommen werden, doch China ist groß, und Mitgefühl für andere kann man nicht von heute auf morgen durchsetzen.«

Eine Weile gehen wir wortlos nebeneinanderher. Was ihr da unbewusst zwischen den Zeilen hindurchgerutscht ist, könnte die Mentalität der Chinesen nicht besser beschreiben. Dass es ein Volk von Egoisten ist, habe ich bereits vor fünfundzwanzig Jahren vermutet, angesichts der Rempeleien an den Türen der Busse, angesichts der erbarmungslosen Schaukämpfe an den Ticketschaltern der Bahnhöfe oder wenn sie bei Unfällen auf der Straße dem Begriff Anteilnahme eine ganz eigene Bedeutung gaben, nämlich lediglich Schaulustiger zu sein.

Dass der Staat dieses undisziplinierte und oft gefährdende Verhalten im Volk unterbinden muss, konnte ich einmal auf einem Bahnsteig beobachten. Zum Selbstschutz der Passagiere blieb er bis zum Einlaufen des Zuges geschlossen. Diese Maßnahme diente dazu, Schlimmeres zu verhindern. Als der eingetroffene Zug voll zum Stehen gekommen war und die Gatter geöffnet wurden, geriet beim Run über den Bahnsteig einer der Fahrgäste ins Straucheln. Er stolperte und blieb von den Fußtritten der anderen verletzt zurück.

Niemand in meinem Abteil opferte seinen Sitzplatz, um Hilfe zu leisten. Er wurde später vom Bahnpersonal versorgt. Das chinesische Kollektivdenken endet zumeist an der eigenen Haustür. Die Familie und Freunde stehen an vorderster Stelle. Dass dies jedoch nur die halbe Wahrheit ist, bekam ich am eigenen Leibe zu spüren. Meine Reise führte mich damals während einer dreitägigen Schifffahrt auf dem Jangtsekiang von Shanghai nach Wuhan. Um in die Zweibettkabine zu gelangen, musste ich eine dreißig Zentimeter hohe Spritzwasserschwelle überwinden, ebenso, wenn ich an Deck oder in die Kantine wollte. Ohne massive fremde Hilfe wäre das unmöglich gewesen.

Ich bereitete mich darauf vor, die Kabine drei Tage lang kaum verlassen zu können, denn auf meinen mürrischen Bettnachbarn konnte ich kaum hoffen. Doch bereits nach ein paar Stunden entpuppte er sich als ein herzensguter, selbstloser Mensch, der mir während der Fahrt nicht mehr von der Seite wich und mir trotz der Sprachschwierigkeiten jeden Wunsch von den Lippen ablas. Vielleicht deklarierte er unsere Kabine als temporäres Kleinkollektiv.

## Chinesen und der Tourismus, eine unheilige Allianz

Jetzt bin ich gespannt, ob sich Empathie aufoktroyieren lässt. Wir erreichen die Bushaltestelle. In einem Schnellkurs bringt mir Catleen bei, wie ich »bitte helfen Sie mir«, *Qing bang wo*, auszusprechen habe, und sie lernt, mit meiner Kamera umzugehen. Viel Zeit bleibt mir nicht, denn sobald alle eingestiegen sind, wird der Bus weiterfahren. Ich lasse zunächst die Fahrgäste aussteigen und wende mich nun einem Mann zu, dem mein Gewicht zuzumuten ist: »*Tshing bang oua.*«

Er springt fluchtartig in den Bus und verkrümelt sich auf der hinteren Sitzbank. Gleichzeitig steigen einige Frauen aus, die ebenso verständnislos gucken und das Weite suchen.

Hier läuft etwas falsch. Wenn ich nicht sofort jemanden finde, ist der Bus fort. In meiner Vermutung, diesen Satz einfach falsch betont zu haben, verfalle ich ins Englische und greife mir zwei jugendliche Passanten. »*Yes sure, what can we do*«, fragen sie, und mit zwei Handgriffen stehe ich im Bus. Das ist also die Hilfsbereitschaft am Zweiundzwanzigsten, dem Platz-geb-Tag, an dem Rücksicht auf Behinderte genommen werden soll. Ich verkneife es mir, Catleen zu fragen, wie es wohl während des restlichen Monats ausschaut. Ihr Bedauern, über das unrühmliche Verhalten ihrer Landsleute ist spürbar. Besser, ich entschärfe die Situation: »Ich habe das wohl völlig falsch ausgesprochen. Nächstes Mal klappt es bestimmt.«

Hastig nickt sie mit dem Kopf und lacht. Damit ist die Harmonie fürs Erste gerettet. In der Tat, nachdem sie mir im Bus unentwegt den Satz vorplappert, mich dazu ermahnt, die feinen Nuancen, die bei der Bedeutung so wichtig sind, zu beachten, haben selbst die Hilfsunwilligsten um uns herum begriffen, was beim Aussteigen zu tun ist.

Catleen hat ganz oben auf ihre Liste den Zoo von Kunming gesetzt. Ob sie sich nicht denken kann, dass wir in Europa auch Zoos haben und dass der Elefant im Zoo von Hannover dem in Kunming vermutlich sehr ähnlich ist? Um nicht als Spaßbremse dazustehen, mime ich auf dem Weg zum Eingang den begeisterten Zoogänger.

»Oh, dieser Zoo ist etwas ganz Besonderes«, erklärt sie mir. »Hier leben nämlich zwei Pandabären.« Zu sagen, dass ich mit meiner Frau und unseren Kindern gerade letztes Jahr im Berliner Zoo einen Panda, zugegebenermaßen den einzigen in Deutschland, bewundert habe, wäre unfreundlich und würde ebenfalls die Harmonie stören.

Am Eingang knubbelt es sich. Das wäre nicht der Rede wert, stünden wir nicht in China.

Hier ist alles größer, besonders die Drängelei am Wochenende. Dann tritt sie besonders krass zutage, die Kollektivvergessenheit, die Disziplinlosigkeit, oder ist es lediglich die Prise Anarchie, die wir alle in uns tragen? Jeder will zuerst hinein und weiß genau, dass ein Faden nie als Knäuel durchs Nadelöhr geht.

Staatlich verordnet, soll nun dem Volk auch diese kleine Freude an der Unvernunft genommen werden. Damit es nicht zu sehr wehtut, ebenfalls nur einmal im Monat, nämlich am Elften. Daher die Aufkleber, die ein Piktogramm einer Elf mit zwei lachenden Köpfen darauf zeigen, zu finden an neuralgischen Orten, etwa Engpässen oder Ticketschaltern. Hier sind gute Umgangsformen besonders gefährdet.

Weil heute nicht der Elfte ist, sondern der Zweiundzwanzigste, sieht sich niemand zum gesitteten Schlangestehen gezwungen. In der Gewissheit, dass für Catleen und mich der Behindertenzugang offen gehalten wird, kann ich den Kampf um Platz und Sieg an der Eingangsschleuse in vollen Zügen genießen. Damit erschöpfen sich bereits die Sehenswürdigkeiten des Zoos. Enttäuschte Augen starren auf ein leeres Gehege. Es heißt, die beiden Pandas mussten ausgelagert werden. Vom Leben und den Haltungsbedingungen der übrigen Tiere im Zoo von Kunming gibt es nur Trauriges zu berichten.

Ein gelungener freudscher Versprecher verkündet passend dazu in der englischen Broschüre, die uns ausgehändigt wurde, die Haltung der *prisoners*, der Gefangenen, sei vorbildlich in China.

Der nächste Programmpunkt auf Catleens Liste ist die Militärakademie. Auf meine Frage, warum wir nicht zuvor den Yuantong-Tempel besichtigen, der auf dem Weg liegt, reagiert Catleen verlegen. Sie will nicht recht heraus mit der Sprache, erklärt mir aber nach langem Insistieren, dass im Grunde die Geister schuld daran sind. Ihretwegen hat sie diesen Tempel auslassen müssen.

Weil die Erbauer in der Tang-Dynastie, im achten Jahrhundert, nämlich der Meinung waren, dass böse Geister Schwellen und Treppen nicht überwinden können, sind buddhistische Tempel in China voll davon. Kleinlaut räumt sie ein: »Es tut mir unendlich leid, ich bin nicht kräftig genug, dich hineinzutragen.«

Jetzt muss ich sie trösten, weil ich den Tempel nicht besichtigen kann: »Das ist nicht so schlimm. Und ich versichere dir, ich bin kein böser Geist, selbst wenn ich wie sie keine Stufen und Schwellen überwinden kann.«

Den Weg zur Militärakademie legen wir zu Fuß zurück. Ich glaube, dahinter steckt Catleens Angst vor einer weiteren peinlichen Offenbarung am Einstieg des Busses.

Vom beachtlichen Portal der Militärakademie abgesehen, das mich ein wenig an den toskanischen Landhausstil erinnert und mir durchaus ein Foto wert ist, hält sich meine Euphorie über diesen weiteren Programmpunkt in Grenzen. Das spürt Catleen, weil ich mich viel mehr für die Musik interessiere, die aus der gegenüberliegenden Parkanlage dringt.

Wieder einmal wird mir vor Augen geführt, dass China über 1,3 Milliarden Menschen beherbergt, von denen sich 1,2 Milliarden auf der südöstlichen Landeshälfte drängeln. Die Enge, die aus diesem Ungleichgewicht resultiert, hat die Chinesen zu Herdenmenschen gemacht. Die Vermutung, sie würden sich nach fünf Tagen Geschubse und Drängelei in der abgasgeschwängerten Stadtluft nach einem Wochenende in Einsamkeit und unberührter Natur sehnen, wäre weit gefehlt. Stattdessen verschiebt sich der Pulk nur in die Grünanlagen, oder sie überschwemmen in Form großer Busladungen die Naherholungsgebiete. Und als hätten sie Angst vor Entzugserscheinungen, haben sie, wo immer sie hingehen, den Lärm dabei.

Das Geschrei der Lach-Yoga-Gruppe auf der anderen Seite des Sees ist kaum zu hören. Sie brüllen mit Gewalt auf den See hinaus – was in dem Rummel um uns herum untergeht. Die Mischung von selbst gemachter Musik, quietschenden Geigen, Geplärr aus den Ghettoblastern, die viel zu eng beieinanderstehen, und den Chören, die nach dem Motto »Je lauter, desto besser« singen, könnte man bestenfalls als Kakophonie bezeichnen.

Für mich ist das ein Anschlag auf mein Nervenkostüm. Diese Menschen besitzen offenbar die wunderbare Fähigkeit, ihre eigene Musik darin zu entdecken, sich genau darauf zu konzentrieren und alles Übrige auszublenden. Danach betreiben sie Tai Chi und bekämpfen in Zeitlupe, mit Stöcken, Speeren, Säbeln oder gar den blanken Fäusten bewaffnet, imaginäre Feinde. Das sind keine Selbstdarsteller, ihnen geht es um Körperbeherrschung.

Ganz anders die Karaokesinger, die Krachmacher der Nation. Sie installieren in Hörweite ihre Respekt einflößende, von Autobatterien betriebene Verstärkeranlage an der Rasenkante und lechzen nach Applaus. Den gibt es nur, wenn es dramatisch und patriotisch und der Ton gehalten wird, solange die Kehle ihn hergibt – zum Teufel mit der Harmonie. Dass das laut, schräg und ganz und gar nicht schön ist, stört niemanden. Hauptsache man hat seinen Spaß.

Sie lieben es, sich auf einem Haufen zu versammeln. Die Chinesen tun nichts gern allein. Heute, am Sonntag, sieht man viele Kinder, denn wer eins hat, trägt es jetzt zur Schau.

Ich befrage Catleen nach ihrer Familie. »O ja«, Catleen beginnt fast jeden Satz mit o ja, »ich habe einen älteren Bruder und eine Schwester.«

»Gab es keine Probleme mit den Behörden wegen des Verbotes, mehr als ein Kind zu bekommen?«

Beiläufig, als würde der Satz alles erklären, antwortet sie: »Mein Vater ist ein hoher Beamter in der Stadt.«

Die Korruption unter Staatsdienern gedeiht in China ganz besonders üppig. In diesem einen Fall hüte ich mich davor, dies zu kritisieren, schließlich geht es dabei um Catleens Daseinsberechtigung.

Ich muss die Fortführung der Sightseeingtour mit Catleen auf Dienstag verschieben, für morgen habe ich einige Verabredungen mit Reisebüros, die mir bei der Tour zur Quelle helfen sollen.

## *Eine folgenschwere Entscheidung*

Heute muss ich einen guten Eindruck machen, viel Wert auf mein Äußeres legen. Die beste Hose muss es sein, eine Auswahl ist schnell getroffen, denn ich habe nur zwei. Meine Kollektion an Sweatshirts ist noch geringer. Sollte ich mich rasieren? Nein, mit Bart sehe ich verwegener aus, gleichzeitig darf ich aber nicht als Habenichts eingestuft werden.

Auf meiner Liste stehen so vielversprechende Namen wie China Travel & Tours, CITS-Top Travel, Chen's Tours und China Adventure Tours.

Bevor ich das Hotel verlasse, stecke ich mir seine Visitenkarte in die Tasche für den Fall, dass ich verloren gehe. Brotkrumen streuen wäre wenig hilfreich. Den Stadtplan kann ich nicht lesen, und zu glauben, ein Chinese verstünde mich, fragte ich ihn nach dem Weg zu meiner Bleibe, wäre recht blauäugig. Start und Ziel sind auf dem Plan markiert. Den Weg dahin ertaste ich mir anhand des Sonnenstandes, des Standortes von markanten Gebäuden und der Anordnung von Einmündungen und Kreuzungen.

Vor dreißig Jahren sah das hier in Kunming noch ganz anders aus – mehr Fahrräder, weniger Autos und fast keine Mopeds. Heute ist es umgekehrt. Die Radwege von damals werden nun von allerlei motorisierten Zweirädern frequentiert. Da gibt es die abenteuerlichsten Konstruktionen, von denen mich die Fahrräder, die von einer Autobatterie angetrieben werden, noch am meisten begeistern. Verbrennungsmotoren wurden abgeschafft, Zweiräder, kleiner als ein Motorrad, fahren elektrisch. Das ist wegen der Luftverbesserung und der Lärmminderung erfreulich. Ich bezweifle, ob das die Chinesen wirklich freut. Mit dem Spaß am Krachmachen ist es als Mopedfahrer jedenfalls vorbei.

Mir soll das recht sein. Aber es birgt ungeahnte Gefahren, denn plötzlich wird mir bewusst, wie sehr ich nach Gehör fahre. Vernehme ich kein Geräusch hinter mir, wähne ich mich in trügerischer Sicherheit und wechsle, undiszipliniert wie ein Chinese, ohne Schulterblick die Spur.

Mehr als einmal kommt es dabei zu Kollisionen, die zum Glück folgenfrei bleiben.

In einer Seitengasse stehe ich vor dem ersten Reisebüro in einem Haus, dem ich schon von außen ansehen kann, dass es keinen Aufzug hat. Dafür wurde mein Blick in den letzten dreißig Jahren geschärft. Es ist grotesk, ich will hinauf in das tibetische Hochland, drohe jedoch bereits an den Stufen in das Reisebüro zu scheitern. Ich könnte oben anrufen und das Personal bitten herunterzukommen, entschließe mich allerdings dazu, Passanten von der Straße zu rekrutieren. Wie man richtig um Hilfe bittet, hat Catleen mir ja beigebracht.

Das Gespräch mit dem einzigen Angestellten, den ich in dem schmuddeligen Büro sehe, verläuft unbefriedigend. Wenig freundlich erklärt mir der junge Mann auf Englisch, dass sie keine individuellen Touren oder Expeditionen organisieren würden. Seine unwirsche Art wird er mir büßen. Zur Strafe lasse ich ihn an den Stufen schwitzen. Draußen setzt er mich ab.

Bei China Adventure Tours, der zweiten Adresse, sieht es besser aus. Sie hätten das Know-how für derartige Touren, könnten allerdings in diesem speziellen Fall nichts Konkretes sagen. Ich solle übermorgen erneut vorbeischauen, dann sei der Boss anwesend. Das dritte Reisebüro kann ich ebenfalls abhaken.

Erst bei meiner letzten Chance ernte ich Zustimmung. Ich sitze in einem Großraumbüro, dessen Wände mit Postern der reizvollsten chinesischen Landschaften gepflastert sind, dazu die Große Mauer, Peking, Xian und die Skyline von Shanghai, die zunehmend einer futuristischen Stadt aus einem Science-Fiction-Film gleicht, in dem Autos ohne Räder durch die Luft gleiten.

Bald finde ich mich im Gespräch mit Michelle Yang, einer jungen Dame, die mich zunächst mit allerlei Prospekten zumüllt, in denen fertige Packagetouren, also so etwas wie Pauschalreisen, beschrieben sind. Die schiebe ich ihr zurück, um deutlich zu machen, dass ich nicht in Shangri-La Urlaub machen will, sondern zur Quelle des Mekong in fünftausend Meter Höhe will.

Einen Moment schaut sie mich an, als mache ich einen Witz. Ich lasse ihr genau so viel Zeit, wie nötig ist, um zu realisieren, dass sie hier keinen Pauschaltouristen vor sich hat. Bevor sich in ihrem Kopf negative oder gar ablehnende Gedanken breitmachen können, erzähle ich von Vietnam, Kambodscha und Laos, von Indien und dem Ganges, den ich bis zu seiner Quelle bereist habe, und dass mir dort fünftausend Höhenmeter nichts ausgemacht haben.

In Wirklichkeit entspringt der Ganges in viertausendzweihundert Metern, doch das sind Spitzfindigkeiten. Ich ziehe ein paar Fotos aus der Tasche. Seit Monaten warten sie darin auf diesen Moment. Sie sollen mein Gegenüber davon überzeugen, dass ich es ernst meine. Darauf ist das dramatische Schauspiel zu sehen, wie ich einem Rucksack gleich auf dem Rücken eines Sherpas einen schmalen Grat entlanggetragen werde.

»Das war vor ein paar Jahren in Indien, das in Iran und schauen Sie hier, in der syrischen Wüste.«

Ja, das ist ein Rollstuhl, antworte ich auf ihre zweifelnde Nachfrage, und ich könne in der Tat nicht laufen, sei, davon abgesehen, körperlich aber voll belastbar. Sie dreht den Kopf leicht zur Seite, und ich meine, ein skeptisches Schmunzeln auf ihrem Gesicht zu entdecken. Was immer das bedeuten mag.

Dann sagt sie argwöhnisch: »Einen solchen Fall hatten wir bisher nicht. Da muss ich erst mit meinem Mitarbeiter sprechen.«

Kein Minenspiel, keine Gestik oder Körperhaltung im Gespräch der beiden lässt eine Prognose zu, wie sie entscheiden werden.

»Wie stellen Sie sich das vor? Wie wollen Sie damit durch die Berge kommen?«, fragt sie bei ihrer Rückkehr.

»Sehen Sie, ich habe genau recherchiert.« Dabei hole ich meine Landkarte heraus. »Der Mekong entspringt hier im tibetischen Hochland im Guosongmucha-Massiv. Das hier ist ein riesiges Hochmoor, eine relativ ebene Fläche. Ich könnte meinen Rollstuhl extrem verbreitern und mich zum Beispiel von einem Yak oder Pferd ziehen lassen. Sollte das wegen des Geländes nicht möglich sein, könnte ich auf einem Pferd oder Yak reiten.«

Jetzt geht die Phantasie mit mir durch. Fakt ist, mir fehlt die nötige Balance zum Reiten. Sagen wir es mal so, ich könnte auf einem Pferd sitzen, zu viel mehr reicht es nicht. Ein ebenso nebensächliches Detail, von dem sie im Moment nichts wissen muss.

Wichtig ist, dass die Varianten, in den Bergen voranzukommen, für sie nachvollziehbar und anschaulich sind.

»Ich bräuchte natürlich einen Jeep mit Fahrer, der mich so nah an das Ziel bringt, wie irgend möglich. Dort müssten Pferde und Träger warten.«

»Wir haben bisher nie eine derartige Tour gemacht«, sagt sie hilflos, »also zur Quelle des Mekong. Weder mit Kunden, die laufen können, noch mit solchen, die es nicht können.«

Ich schaue ihr zuversichtlich in die Augen: »Dann wird es wirklich Zeit.«

Vollständig überzeugt hat sie das nicht. »Sie wissen, dass dort oben sogar im Sommer Minustemperaturen herrschen und das Wetter unberechenbar ist, da kann es manchmal tagelang schneien.«

Achtung, cool bleiben, jetzt nicht verstört gucken, obwohl ich ganz andere Informationen hatte. Ich mime den Routinierten, verschränke die Arme und sage altklug: »Also wissen Sie, ich komme aus Deutschland, da hatten wir im vorletzten Winter drei Wochen lang zehn Grad minus, ich bin kältefest.«

Mir wird warm im Gesicht. Hoffentlich bemerkt sie nicht die gar nicht so geringfügige Rötung, denn das war heute meine größte Lüge. Wahr ist, in den kalten Tagen habe ich kaum das Haus verlassen, weil meine Beine durch die schlechte Durchblutung in kurzer Zeit eisig kalt wurden und erst nach Stunden im Warmen wieder auftauten. Ich ahne, dass es im tibetischen Hochland, wo ich mich kaum eigenhändig bewegen kann, um die Durchblutung anzuregen, nicht besser werden wird. Was ich überhaupt nicht in Erwägung gezogen habe, es wird dort keinen Ort zum Aufwärmen geben. Darüber nachzudenken verschiebe ich auf später.

»Also gut, wir werden Informationen einholen, einen Plan machen, und übermorgen sehen wir uns wieder. Aber ich kann Ihnen im Moment nichts versprechen.« Sie hat es geschluckt, mir fällt ein Stein vom Herzen. Vor der Tür recke ich drei Mal die Faust in die Luft und schreie: »Ja, ja, ja!« Ich ahne nicht, welche Auseinandersetzungen ich nach meiner Rückkehr mit Michelle noch führen werde.

Der Wermutstropfen drängt sich schnell in den Vordergrund. Wie kann ich mich über Tage warm halten, zumal ohne körperliche Betätigung. Ich brauche Catleens Hilfe, sie muss mir zeigen, wo ich gute, warme Kleidung kaufen kann.

Am nächsten Morgen, sie leistet mir beim Frühstück Gesellschaft, hat sie schnell eine Idee. Es gibt in Kunming ein großes Geschäft, in dem Bergsteiger ihre Ausrüstung kaufen. Dort sollte ich fündig werden.

Doch zunächst müssen wir unsere Tagesordnungspunkte abarbeiten. Heute gibt es bloß einen: das Nationalitätendorf, zehn Kilometer südlich der Stadt. Das bedeutet Bus fahren und die Hilfsbereitschaft der Kunminger strapazieren. Inzwischen hat Catleen einen Sinn für Barrieren entwickelt und versucht mir immer da, wo keine abgesenkten Bürgersteige vorhanden sind, mit dem Rollstuhl zu helfen. Sie müsste das nicht tun, denn solche Stufen, solange sie nicht reihenweise auftreten, kann ich leicht bewältigen. Ich lasse ihr den Spaß. Außerdem will ich das zarte Pflänzchen aus Empathie und Hilfsbereitschaft nicht durch eine unwirsche Bemerkung zerstören.

Als sie Nationalitätendorf sagte, verspürte ich in mir eine deutliche Abneigung. Weil ich nicht schon im Vorfeld der Spielverderber sein wollte, tat ich freudig überrascht. Jetzt am Eingang, beim Durchblättern der Broschüre, wird mir klar, was Catleen mir abverlangen will. Ein künstliches Dorf, in der die echten Minderheiten von Yunnan lebendig konserviert sind.

Unter normalen Umständen würde ich spätestens jetzt kehrtmachen, weil es mir hier zu sehr an Authentizität mangelt. Das jedoch kann ich Catleen unmöglich antun. Ich sehe, wie stolz sie ist, mir diese Sehenswürdigkeit zeigen zu können. Zunächst müssen wir durch die Kasse. Dort tun sich unerwartete Probleme auf. Ich soll hundert Yuan zahlen, während von Catleen zehn gefordert werden.

Dass Touristen gern das Vielfache abgeknöpft wird, regt mich nicht mehr sonderlich auf. Catleen dagegen ist völlig aus dem Häuschen. Das kennt sie nicht, schimpft wie ein Rohrspatz mit dem Ticketverkäufer, der sie arrogant fortschickt, wenn sie nicht zahlen will. Daraufhin verlangt sie nach seinem Chef.

Sie entwickelt anscheinend gerade ein ausgeprägtes Helfersyndrom. Dem entgegenzuwirken wäre das Letzte, was mir einfiele. Außerdem bin ich gespannt, wie in China so eine Sache ausgeht. Unaufhörlich diskutiert sie, redet sich in Rage, hat sogar zum ersten Mal in zwei Tagen den Reißverschluss ihres Steppmantels ein Stück geöffnet. Nach einer Viertelstunde kommt der Boss. Der, nicht blöd, deklariert hundert Yuan kurzerhand zum Normalpreis, während Chinesen eine Ermäßigung gewährt wird. Damit ist ihr der Wind aus den Segeln genommen.

Einen Joker habe ich für sie noch im Ärmel. Sie solle ihn mal darauf hinweisen, dass nicht jedes Minderheitenhaus mit einer Rampe ausgestattet ist. Daher melde ich eine erhebliche Nutzungsminderung an. Mehr als zehn Yuan sei die Außenansicht nicht wert. Er gibt sich geschlagen und uns beiden eine Freikarte. Erhobenen Hauptes reicht sie dem Ticketverkäufer die Freikarten zum Entwerten. Er dagegen erleidet einen Gesichtsverlust dritten Grades.

Das Gelände ist derart riesig, dass dieser Tag nicht reichen wird, um alles zu sehen. Wobei ich mir gar nicht sicher bin, ob ich das wirklich will. Catleen zuliebe mache ich gute Miene zu bösem Spiel. Vielleicht eine Gelegenheit, anhand dieses Phänomens die Chinesen besser zu verstehen.

Es ist ein Menschenzoo und Vergnügungspark, wie sie massenhaft aus dem Boden sprießen. Zu den absurdesten Auswüchsen dieser Art gehört das Zwergenreich, gleich hier hinter den Bergen. Da haben sich Hunderte von Kleinwüchsigen zusammengetan, um in Märchenhäusern zu wohnen und sich in einer täglichen Show von mehreren Tausend Zuschauern das Lachen über ihre Behinderung bezahlen zu lassen. Danach geht es in den Streichelzoo, das kostet extra. Nur füttern lassen sie sich nicht – noch nicht. Niemand hat ein Problem damit. Im Gegenteil, man ist sie los, ohne vom schlechten Gewissen geplagt zu werden.

Für die Chinesen mit ihrem niederschmetternden Pragmatismus ist das eine Win-win-Situation par excellence. In diesem Zirkus wird das chinesische Bedürfnis nach organisierter Bespaßung auf Teufel komm raus bedient.

Der Erfolg von verkaufter Scheinrealität in den Vergnügungsparks wundert mich nicht. Einem Volk, dem das Fälschen von Waren aller Art nicht die geringsten Kopfschmerzen bereitet, in seiner Freizeit gefakte Authentizität vorzusetzen ist nur konsequent und wird, wie ich sehe, begeistert angenommen. Schließlich können sie in dieser künstlichen Welt der Nationalitäten Yunnans ihrem Voyeurismus freien Lauf lassen und, mit Kameras bewaffnet, schamlos jedes Haus betreten.

Da warten die Hani und Lishu, die Dulong und Naxi, in ihrem natürlichen Umfeld für den passionierten Fotografen aufbereitet, nicht schüchtern, nicht scheu darauf, sich ablichten zu lassen. Wer möchte, kann sie drapieren oder mit nach draußen nehmen, um sie unter einen Baum oder vor das Haus zu setzen.

Die vorgegaukelte Realität hat ihre Grenzen, denn ich sehe lediglich Frauen. Doch es ist kaum glaubhaft, dass die ethnischen Minderheiten von Yunnan ausschließlich aus jungen, bildhübschen, professionell geschminkten Models bestehen. Aus der Sicht des Betrachters ist das natürlich verständlich. Wer will schon Männer oder alte Leute fotografieren. Und aus Kindern Exponate zu machen, dafür waren die Betreiber dieses lebenden Museums wohl nicht skrupellos genug.

Catleen ist heute nicht zum ersten Mal hier. Während sie mir bis ins Detail von den Riten, dem Glauben und den Stammesgebieten der Ethnien von Yunnan berichtet, grüßt sie einige der Protagonisten beiläufig. Als sie die bösen Geister erwähnt, an die diese Menschen glauben, werde ich hellhörig.

Das kenne ich aus Vietnam, Kambodscha und Laos. Den Lauf des Mekong, egal welcher Religion seine Bewohner auch angehören, begleitet eine Spur Animismus. Ich frage nach und erfahre von der großen Angst dieser Völker vor Geistern, die ihre Kinder befallen könnten. Um sie zu beschützen, geben sie ihnen abfällige Spitznamen, wie »Pockennarbiges« oder »Ranziges Gör«. Das macht sie für die Geister unattraktiv. Als ich mich gerade frage, wie sich diese demütigende Anrede auf die Psyche eines Kindes auswirken mag und ob ein Geist vielleicht das geringere Übel darstellt, erreichen wir die nächste Ethnie. Beim Betreten des Innenhofs eines Naxi-Hauses bringen sich zwei betörend schöne Frauen in Pose, die geradezu nach einem Foto schreit. Nun gut, wenn's sein muss.

Sie drehen den Kopf leicht zu mir und setzen ein bezauberndes Lächeln auf, das die Bezeichnung »pockennarbige Göre« absurd erscheinen lässt. Betrachtet man dagegen den abfälligen Spitznamen im Kontext mit ihrem Glauben, kann das die Liebe der Eltern und ihre Angst um ihre Kinder nicht besser offenbaren.

Schon bin ich dem Gefühl, Betrachter im Museum zu sein, ein Stück näher gekommen. Dennoch regt sich Widerstand. Meinem Unbehagen folgend frage ich Catleen: »Sag mal, sind die wirklich echt?«

Sie lacht herzlich, geht auf die beiden Schönheiten zu, legt ihren Arm um sie und meint: »Das sind meine Kommilitoninnen von der Uni, die verdienen sich hier ihr Studium.«

Jetzt ist bei mir der Damm gebrochen, ich muss auch lachen, und ich kann in dieser Scheinwelt nichts mehr ernst nehmen. Als wir am Abend im Bus zurück nach Kunming fahren, meint Catleen, dass sie gespürt hätte, wie gut mir das Nationalitätendorf gefallen hat – was ich als großes Lob an meine Schauspielkünste verstehe –, und ob ich morgen Lust hätte, einen ähnlichen Park zu besichtigen. Es handele sich dabei um ein tolles Projekt, Kleinwüchsigen einen neuen Lebenssinn zu geben.

Der Vorschlag sei nett gemeint, sage ich zu ihr, ich hätte am nächsten Tag aber wieder Gespräche mit diversen Reisebüros und könne das Angebot leider nicht wahrnehmen. Ohne lügen zu müssen, ging dieser Kelch also an mir vorbei. Bevor sie noch auf die Idee kommt, mir den Zirkus der Kleinwüchsigen für den Folgetag aufzudrücken, schlage ich ihr schnell vor, dass sie mir ihre Universität zeigen könnte. Das sei eine tolle Idee, und wir verabreden uns für den Donnerstag.

Zwei Eisen habe ich im Feuer. Bei China Adventure Tours werde ich auf den Nachmittag vertröstet, weil der Boss noch immer nicht eingetroffen ist. Also rolle ich ans andere Ende der Stadt zu meinem größten Hoffnungsträger. Nennen wir ihn einmal China Tours & Travel. Ich musste mich später verpflichten, den richtigen Namen niemals zu erwähnen.

Als ich mit dem Lift ins oberste Stockwerk fahre, erinnere ich mich an Michelles Worte, sie könne mir keine Versprechungen machen. Plötzlich spüre ich meine innere Erregung, spüre, dass in den nächsten Minuten über Erfolg oder Misserfolg meines Mekong-Projektes entschieden wird und alles ganz davon abhängt, wie überzeugend ich argumentiere. Michelle sitzt an ihrem Schreibtisch und begrüßt mich auf eine nüchterne Art, die keine Rückschlüsse auf ihre Entscheidung, ob positiv oder negativ, zulässt.

»Wir haben hier im Team Ihr Vorhaben besprochen. Dabei sind uns einige Bedenken gekommen wegen Ihrer Gesundheit.«

»Michelle«, beginne ich, »ich bin topfit, kann nur nicht laufen, das ist alles. Stellen Sie sich das wie eine Amputation vor, das ist keine Krankheit.«

Zustimmend meint sie: »Ich verstehe, aber was geschieht, wenn Sie aufgrund Ihrer Behinderung und der dortigen Bedingungen Probleme bekommen. Da wird kein Arzt sein, der Ihnen helfen kann.«

Mir wird bewusst, die Sache steht auf Messers Schneide. Ich muss Michelle jetzt überzeugen: »Michelle, ich reise seit dreißig Jahren auf diese Art und Weise und weiß, was ich tue. Wenn Sie wollen, entbinde ich Sie von jeglicher Verantwortung, das gebe ich Ihnen gern schriftlich. Ich weiß, das ist Neuland für Sie, aber wenn Sie mehr sein wollen als bloß ein durchschnittliches Reisebüro, wenn Sie die Herausforderung lieben, dann machen Sie es mit mir. Ich bin bereit, Großes zu leisten und Grenzen zu überschreiten, brauche jedoch Ihre Hilfe dabei. Das Risiko des Scheiterns liegt allein auf meiner Seite. Scheitern gehört bei mir zum Alltag, damit kann ich leben. Sie können nur gewinnen.«

Tief schaue ich in ihre Augen, um meinen Worten Nachdruck zu verleihen.

Nach einer halben Ewigkeit sagt sie: »Na gut, wir machen es.«

Mein Herz hüpft unablässig auf und ab. Diese Freude behalte ich für mich. Cool bleiben lautet die Devise, um meine Position bei den Preisverhandlungen nicht von vornherein zu schwächen.

Sie greift links vom Schreibtisch zu einem Stapel Papiere, der ganz offensichtlich unter Prospekten vor meinen Blicken geschützt war. Mir wird eine Liste von Ausrüstungsgegenständen vorgelegt, die offenbart, wie intensiv die Planung ist. Unter Hardware stehen ein Allradfahrzeug, mehrere Zelte, Schlafsäcke, Isomatten, Sauerstoffmasken und -flaschen, umfangreiches Kochgeschirr, diverse Kleinteile und ein Gewehr. Letzteres wegen der Wölfe. Es sei nicht dringend erforderlich, sondern allenfalls zur Sicherheit – und nur, wenn es sich in Zadoi auftreiben lässt.

Was sie auf ihrer Liste unter Software versteht, verblüfft mich: neun Träger, ein Führer, ein Dolmetscher, ein Fahrer, sieben Pferde/Yaks, Futter, Getränke und Lebensmittel für zehn Tage sowie das Visum für Tibet. Viel mehr verblüfft mich der Preis, mit dem ich zunächst gar nichts anfangen kann, weil mich die vielen Nullen irritieren. Vierzigtausend Yuan. Ich gehe mit dem Finger die einzelnen Punkte durch, starre jedoch unentwegt auf die Nullen, um mir meine Bestürzung nicht anmerken zu lassen.

Das sind fast fünftausend Euro. Jetzt heißt es hoch pokern. Ich schiebe ihr die Zettel niedergeschlagen zurück und bedanke mich dafür, dass sie sich so viel Mühe gemacht hat, leider kann ich diesen Preis niemals bezahlen. Selbst wenn sie mir Discount gewähren würde, käme das nicht annähernd in den Bereich meines zur Verfügung stehenden Budgets. Gelassen gebe ich vor, das Angebot eines weiteren Reisebüros in Anspruch zu nehmen, löse die Bremse vom Rolli, verabschiede mich von ihr und verlasse das Büro. All mein Sehnen und Hoffen, sie möge mich in letzter Minute zurückrufen, fruchtet nicht. Sie weiß, dass es für mich keine zweite Wahl gibt, und nutzt die Konstellation und ihre unschlagbare Stellung schamlos aus – wie ich es mit John in Yuanyang getan habe. Mit dem Unterschied, dass es hier um einen anderen Betrag geht.

Sie entlässt mich aus dem Büro.

Im Reisebüro China Adventure Tours schwinden meine Hoffnungen auf einen Plan B. Der Boss lehnt es rundheraus ab. Zu aufwendig, zu wenig Profit, zu viel Risiko. Er erklärt mir auch warum. Niemand geht zur Quelle des Mekong. Das Gebiet ist nicht attraktiv genug, es liegt mehrere Tagesreisen von anderen Highlights entfernt, womit es uneffektiv wird, das ins Programm zu nehmen. Er hat dort keine Infrastruktur und keine Kontakte aufgebaut. Eine Gruppe auf eine vorgefertigte Tour zu schicken werfe nun einmal mehr

Profit ab. Ich will von ihm wissen, was mich neun Träger, sieben Pferde und ein Jeep mit Fahrer und Dolmetscher für zehn Tage kosten würden. Er kritzelt einen Zettel mit unleserlichen Zeichen voll, zieht einen Strich darunter und meint mit heruntergezogenen Mundwinkeln: »Fünfzigtausend Yuan.« Jetzt weiß ich Bescheid, danke ihm herzlich und trete auf die Straße.

Ich genehmige mir erst mal ein Bier. Das Problem lässt sich mit der Beantwortung einer Frage lösen: Wie viel ist mir die Sache wert? In Anbetracht der Tatsache, wie weit ich bisher gereist bin, dass es für mich sicher keine zweite Chance geben wird und ich mich später zweifellos schwarz ärgern würde, bräche ich hier wegen ein paar Tausend Euro ab, entschließe ich mich dazu, in den sauren Apfel zu beißen. Außerdem kann ich die Kosten mit Vorträgen später wieder reinholen.

»Ich habe hier ein Angebot einer anderen Organisation, die wollen nur zwanzigtausend Yuan, ich würde die Tour aber lieber mit euch machen.«

Ich glaube, sie durchschaut mein Flunkern. Das gehört hier zum Geschäft. Michelle kommt mir dennoch entgegen. Es gelingt mir, den Preis auf dreißigtausend Yuan zu drücken. Allerdings unter der Voraussetzung, dass ich einen Teil der Anreise, nämlich bis Zhongdian, zusätzlich finanziere. Dort wird das Allradfahrzeug bereitgestellt. Ein weiteres Zugeständnis muss ich machen, bei dem mir gar nicht wohl ist: Der gesamte Betrag muss im Voraus bezahlt werden. Eine Gepflogenheit, die in Deutschland gang und gäbe ist und durch gesetzliche Regelungen zum Käuferschutz kaum Risiken birgt. China bietet diesen Schutz nicht.

Man zahlt bei solchen Beträgen höchstens die Hälfte im Voraus. Den Rest erst bei Lieferung, um ein wirksames Druckmittel in der Hand zu haben. Das wird mir fehlen und mich der Willkür aller beteiligten Personen aussetzen.

Michelle weiß, wie alternativlos meine Situation ist. Ich fühle mich vollends in die Ecke gedrängt und fürchte, einen Riesenfehler zu machen. Alles in mir sträubt sich, und doch greife ich zum Hörer, rufe meine Frau Angelika in Deutschland an, um ihr die Bankdaten und den Betrag zum Überweisen durchzugeben. Damit sind vollendete Tatsachen geschaffen, und es gibt kein Zurück. Wenigstens erhalte ich eine ausführliche Rechnung mit Leistungsbeschreibung, Stempel und Unterschrift, mit Namen, Telefonnummern und Adressen der Kontaktpersonen, die ich in Zhongdian, fünfhundert Kilometer von hier entfernt, treffen werde.

In dieser Nacht rauben mir Gewissensqualen jeglichen Schlaf. Dass Nagender aus allen Wolken fallen wird, wenn er davon erfährt, und fuchsteufelswild auf die Beteiligten in Kunming oder mich schimpfen wird, bereitet mir dabei noch die geringsten Sorgen. Meine Phantasie entwickelt Szenarien, in denen die Adressen oder Namen gar nicht existieren, kein Jeep auf mich warten wird und das Büro, an das über dreitausend Euro gegangen sind, ein perfekt inszeniertes Theater war, nur zu dem einen Zweck: mein Vertrauen zu erwecken.

Am Morgen bin ich mir sicher, Opfer eines geschickt eingefädelten Coups geworden zu sein. Erst nachdem ich in meinem Wahn mit dem Handbike quer durch die Stadt gehetzt bin, um mich davon zu überzeugen, dass das Firmenschild nicht über Nacht abgeschraubt wurde, beruhige ich mich wieder. Vielleicht habe ich einfach zu viele Krimis geguckt.

Am Ende der Reise sollte sich allerdings herausstellen, dass mein Misstrauen nicht ganz unberechtigt war …

## Abschied von Catleen

»Und, was hast du heute mit mir vor?«, frage ich Catleen in bester Laune. Die meisten Programmpunkte auf ihrem Zettel sind bereits gestrichen.

»Du wolltest gern meine Universität sehen. Ich habe mich gestern erkundigt, der Campus ist kein Problem. Für die Gebäude wird aber leider keine Genehmigung ausgestellt.«

Eigentlich interessiert mich genau das, was mir verwehrt wird.

»Noch etwas?«

»Ja, da ist der Steinwald, zwei Stunden außerhalb von Kunming.«

»Super, und heute Abend lade ich dich zum Essen ein. Vielleicht kennst du ein typisches Restaurant.« Auf dem Weg zur Universität tröstet mich Catleen, ich solle nicht traurig sein, in den Unigebäuden gebe es nichts zu sehen, der Campus sei schöner.

Außerdem, wenn wir Glück hätten und zur richtigen Zeit da sind, würden wir einen ihrer Lehrer kennenlernen. Ein besonderer Mensch. Was an ihm so außergewöhnlich ist, will sie mir nicht erklären, ich solle selbst sehen. Das Unigelände ist in der Tat ein Kleinod mitten im hektischen Gewusel der Stadt, mit dichtem Baumbestand, mit Grünflächen und Parkbänken zum Verweilen. Ganz dem Klischee folgend, flanieren junge Studenten mit Mappen unter dem Arm, vertieft in Diskussionen, über die Wege.

Wir unterhalten uns über Catleens Studienalltag, ihre Zukunftsaussichten als Fremdsprachenkorrespondentin und ihren Wunsch, eine Familie zu gründen. Plötzlich unterbricht sie ihre Ausführungen: »Da ist er.« Ich folge ihrem Blick und sehe sofort, was sie meint: Zwischen den Studenten, die in allen Richtungen unterwegs sind, drängelt sich ein älterer Herr rückwärts hindurch. Das sieht lustig aus und macht neugierig.

»Komm, frag ihn bitte, ob er mir ein Interview gibt.«

Während ich seinen Fußspitzen folgend von Angesicht zu Angesicht hinter ihm her rolle, wendet er dauernd den Kopf, um ein Straucheln an der Rasenkante oder Kollidieren mit Bäumen zu vermeiden.

»Nein«, beantwortet er Catleens Frage kategorisch, »ich gebe keine Interviews, lesen Sie meine Bücher.«

Catleen bestätigt meine Vermutung, dass er etwas schrullig ist, und sie berichtet mir von Studenten, die sich gern über ihn lustig machen. »Das ist seine Art, sich zu entspannen«, sagt sie, »darüber hinaus ist er davon überzeugt, dass beim Rückwärtsgehen ganz neue Hirnareale aktiviert werden. Er meinte einmal, dadurch bewahre man sich die Fähigkeit, konventionelle Denkmuster zu verlassen und zu neuen Ufern zu gelangen.«

Ob das revolutionäre Ideen von Redefreiheit und Demokratie in China beinhaltet, frage ich Catleen lieber nicht. Wenn's um Politik geht, wird sie schnell einsilbig und guckt sparsam.

Zusätzlich zur geistigen Erneuerung und Entspannung der Seele hilft regelwidriges Gehen, verkümmerten Muskelpartien neues Leben einzuhauchen. Weil der menschliche Körper leider nicht dafür gebaut wurde, sich rückwärts fortzubewegen, eckt der Lehrer überall an. Durch die zunehmende Verpollerisierung der Umwelt wird das Verlassen des Campus für ihn zum Slalomlauf. Nicht, dass sich ein einziger Passant verwundert nach ihm umdrehen würde, sie beachten ihn kaum, und falls doch mal einer hinschaut, tut er so, als sei es hier das Normalste der Welt, die Stadt im Rückwärtsgang zu durchqueren. Man geht ihm vorsichtshalber aus dem Weg. Dem einbetonierten Stadtmobiliar auszuweichen und nicht von der Bordsteinkante zu stürzen erfordert seine volle Aufmerksamkeit.

Permanent sieht man sein Stolpern voraus, möchte Warnrufe abgeben. Als wir an der Bushaltestelle stehen bleiben und ihm nachsehen, meint Catleen: »Wenn sich sein Hirn irgendwann neu strukturiert hat, wachsen ihm hoffentlich hinten ein paar zusätzliche Augen, die braucht er dringend.« Humor hat sie.

Steinwald. Davon hatte ich gehört und darüber in meinem konfiszierten Lonely Planet gelesen. UNESCO-Welterbe, auch daran kann ich mich erinnern. Allein dieses Attribut zieht Massen an. Die Kapazität des Parkplatzes und die Unzahl der Reisebusse versprechen nichts Gutes. Besonders Catleens euphorische Vorfreude verstehe ich als Warnung: »Das wird dir gefallen, eine einzigartige Naturlandschaft wartet auf uns.«

Welches vorgekaute Faszinosum hat sie nun ausgegraben? Ich versuche das mit Humor zu sehen, denn ihre Sehenswürdigkeiten sind für mich vielmehr ein Schlüsselloch, durch das ich einen Blick auf die chinesische Mentalität werfen kann. Am Ticketschalter ist Schluss mit lustig. Umgerechnet fünfzig Euro pro Ticket, ohne den Hauch einer Chance auf Rabatt. Damit werden Erwartungen geweckt, die kaum zu befriedigen sind.

Welches Weltwunder halten die Chinesen hier bereit? Pyramiden gucken kostet achtzehn Euro, Taj Mahal zehn und Machu Picchu dreißig Euro. Was, um alles in der Welt, ist fünfzig Euro wert. Diese Sehenswürdigkeit muss alles in den Schatten stellen.

Ich nehme es hiermit vorweg: Es geht um das ungeheuerliche Erlebnis, das Freizeitverhalten des gemeinen Chinesen zu beobachten. Für ein paar Stunden den Jahresurlaub einer Rotte lärmender, fröhlich jauchzender Chinesen hautnah mitzuerleben und der nahezu willenlose Teil dieser ausufernden Spaßorgie zu werden. Einmal aussteigen und Herdenmensch werden. Für nur fünfzig Euro.

Links und rechts unseres Gatters ist das Betreten des Rasens verboten. Was unser Leitwolf, ein mit Trachten verkleidetes Model, vorneweg redet, interessiert nicht. Zweitrangig auch die bizarren Felsformationen jenseits von Einzäunung und Rasen. Auf das Erinnerungsfoto mit dem obligatorischen Victoryzeichen kommt es an, bei maximaler Ausgelassenheit gern beidhändig. Lasziv wird sich auf dem extra dafür freigegebenen Rasen gerekelt.

Oberste Priorität hat das Gruppenfoto mit der Aussage: Wir waren hier. Wo, ist leider nicht sichtbar. Das Weltwunder verschwindet hinter den Köpfen. Und damit jeder sieht, wie lustig es war, heißt es nicht etwa »*Cheese*«. In China sagt man »Aubergine« – *Tschieer*, um ein Lachen zu simulieren.

Danach hat die Gruppe eine halbe Stunde zur freien Verfügung, bevor sie wieder in den Viehtransporter gescheucht wird. Die wird genutzt, um mich zu schlachten. Die ganze Zeit hatten sie ein Auge auf mich, besonders die mit ihren dicken Kameras. Gehemmt wagte es bloß keiner, den ersten Schritt zu tun. Ein Foto, heimlich, mit langem Objektiv aus großer Distanz, dennoch deutlich spürbar, bricht den Damm. Jetzt kommt dieser alte chinesische Trieb wieder durch, unter dem ich damals auf meiner ersten Reise so litt. Alle stürzen sich mit ihrer Knipskiste auf mich. Keine Speicherkarte wird hier ohne mein Konterfei vom Areal getragen, noch mal und noch mal, und jedes Mal muss ich »Aubergine« sagen. Bis meine Lachmuskeln krampfen und es sogar Catleen peinlich wird. Sie schnappt mich einfach an den Schiebegriffen und macht mit mir kehrt.

»Das war lustig«, sage ich zu ihr, als sie mich schiebt, »jetzt will ich den Steinwald sehen.«

Am Wärterhäuschen, wo das Sicherheitspersonal im Schatten Tee trinkt, erkundigt Catleen sich nach einem Fahrrad. Wir haben Glück, einer der Anwesenden leiht ihr seins. Bevor die nächste Prozession von Freizeitfreaks mich zu fassen bekommt, sind wir tief im Steinwald verschwunden und begegnen für eine kostbare halbe Stunde keinem einzigen Menschen – phänomenal in China!

»Diese drei Tage waren sehr aufschlussreich, ich habe viel über dein Land und dein Volk gelernt«, sage ich freundlich zu Catleen. Zufrieden lächelt sie zurück. Wir sitzen im offenen Innenhof eines der letzten Altstadthäuser von Kunming in einem Restaurant, das berühmt ist für seine delikaten Spezialitäten. Sie in ihrem Steppmantel, ich in warmer Winterkleidung. Es ist kalt, so sehr, dass ich hin und wieder das Essbesteck hinlegen muss, um meine Finger in den Taschen zu wärmen. Weil die Temperaturen die meiste Zeit des Jahres über zehn Grad liegen, lohnt sich keine Heizung.

Als Dankeschön möchte ich Catleen etwas Besonderes gönnen. Mit unseren Stäbchen greifen wir nach frittierten Honigbienen, Raupen und Engerlingen, nach dem zarten Fleisch einer jungen Laufente und einer Eichhörnchenkeule. Lebensmittel, die für Catleen ebenso ungewohnt, weil teuer, sind wie für mich. Am Ende wird uns eine ganz besondere Spezialität angeboten, die es nur in dieser Saison gibt und die nicht einmal auf der Speisekarte verzeichnet ist: eine Suppe, in der zwei vier Zentimeter lange Raupen schwimmen, aus denen ein ebenso langer, dünner Pilz herauswächst. Aufgeregt erklärt mir Catleen, wie glücklich ich mich schätzen könne, denn diese *Yartsa Gunbu*, übersetzt Sommergras-Winterwürmer, stammen aus der ersten Ernte und hätten daher eine besonders intensive Wirkung.

Meine Frage, um welche Wirkung es sich dabei handelt, beantwortet sie lächelnd und verlegen mit einem krypti-

schen Na-du-weißt-schon-Unterton: »Die Männer schöpfen aus *Yartsa Gunbu* Kraft.«
»Ah, ich verstehe.«
Schnell fügt sie an: »Und man sagt, bei der Olympiade gingen nur wegen *Yartsa Gunbu* so viele Goldmedaillen an China.«
Ich fische mit den Stäbchen eines der Wundertiere aus der Suppe, schaue es mir von allen Seiten an und frage Catleen: »Ist das nun eine Raupe oder ein Pilz?«
»Beides«, antwortet sie, »die Raupe lebt im tibetischen Hochland, dicht unter der Grasnarbe. Sie wird von den Sporen des Pilzes befallen, der sie mit Ausnahme der lebenswichtigen Organe zersetzt. Sie soll ja noch eine Weile am Leben bleiben. Im Herbst, wenn der Pilz die Raupe voll unter Kontrolle hat, dirigiert er sie nach oben, während sich nicht befallene Raupen vor dem Frost tief in die Erde eingraben. Nun ist lediglich die Hülle der Raupe übrig, aus der der Pilz herauswächst.«
»Was du alles weißt!«
Mein Lob tut sie ab: »Das ist allgemein bekannt. Für viele Tibeter sind diese Raupenpilze die wichtigste Lebensgrundlage. Schau auf den Preis, in der Suppe sind zwei Stück, aber sie kostet hundertfünfzig Yuan.«
Ich biete ihr an, die beiden zu teilen. Catleen lehnt dankend ab. Ohne zu ahnen, welch immensen Einfluss *Yartsa Gunbu* auf das Gelingen meiner Reise haben wird, knabbere ich an den Pilzen herum. Mein Fazit: Der Geschmack, ein bisschen wie Schweineleber, steht in keinem Verhältnis zum Preis. Das sage ich Catleen aber lieber nicht.
Wir kommen zum Abschied und damit zu einem Ritual, das kein Chinese, der etwas auf sich hält, versäumt: den Austausch der Visitenkarte. Bei meinen Recherchen zu dieser Reise fand ich in Kai Strittmatters *Gebrauchsanweisung für China* den Satz: »In China kommen viele zweimal zur

Welt: einmal im Wochenbett der Mutter, ein zweites Mal beim Druck ihrer ersten Visitenkarte.« Und weil da noch stand, dass man ohne Visitenkarte entweder Bauer oder Ausländer sei, ließ ich mir eine drucken, eine die mich auf der Rückseite sogar in Chinesisch beschrieb.

Wer meine Visitenkarte bekam, hielt sie an den vier Ecken, lächelte mich nach dem Blick auf die Rückseite freundlich an und gab ihr den vordersten Platz im Portemonnaie, bevor er sie – da bin ich mir inzwischen sicher – wegschmiss.

Catleen hält sie, wie es sich gehört, respektvoll in den Händen, lacht beim Anblick der Rückseite jedoch hell auf. Als ich die Schriftzeichen übertrug, muss etwas schiefgegangen sein. Dabei habe ich mich vom Buchautor zu einem *Shu-wöngjöng* gemacht, wie Catleen erklärt, zu einem Gemüseschöngeist. Nie wieder gebe ich einem Chinesen meine blödsinnige Visitenkarte.

Am Schluss gibt sie mir vor dem Restaurant die Telefonnummer des Herrn Bai-Li in Dali mit auf den Weg. Wenn ich dort sei, solle ich mich unbedingt bei ihm melden. Er sei nämlich einer der letzten echten Kormoranfischer in China und würde mich bestimmt auf einen Fang mitnehmen. Das hört sich interessant an. Ich danke ihr, und wir trennen uns. Sie ruft mir hinterher: »Ich melde dich schon einmal bei ihm an.«

»Gut, mach das! Danke.«

## Lebensgefahr im Tunnel

Seit drei Stunden bin ich auf der Straße und noch immer in Kunming. Oder ist es bereits der Industrievorort Anning? Der wirtschaftliche Boom dieses Landes lässt sich am rasanten Alterungsprozess meiner Straßenkarten ablesen. Gut, dass ich mit Catleens Hilfe eine neue Karte gekauft habe. Damit gelingt mir das Kunststück, aus dem Labyrinth von Ausfallstraßen, die zumeist in den großen Kunming-Dali-Highway münden – den ich unbedingt meiden muss –, zurück auf die alte Landstraße zu finden. Sie führt kurvenreich durch Weiler und Dörfer, durch Felder und Wiesen und wird von der Masse der Fahrzeuge gemieden. So erscheint es jedenfalls auf der neuen Landkarte.

Das klingt verlockend und idyllisch, ist es aber nicht. Denn selbst der kleine Prozentsatz, der nicht den Highway wählt, hält mich voll in Atem. Über den Straßenbelag kann ich nicht meckern, da bin ich aus Indien anderes gewohnt. Es sind die Lkw-Fahrer. Meine Feinde, wo immer ich mit ihnen die Fahrbahn teilen muss. Sie brettern haarscharf an mir vorbei, ohne sich die Mühe zu machen auszuweichen, treiben mich mit ihren kompressorbetriebenen Hupen vor sich her. Dieser panische Lärm, der klingt wie »geh von der Straße, sonst fahr ich dich platt«, lehrt mich das Fürchten.

Schon einmal, vor Jahren in Indien, haben mich skrupellose Trucker von der Straße vertrieben. Ich sah mich schlichtweg in Lebensgefahr und musste meine Reisepläne über den Haufen werfen. Die Chinesen will ich nicht so leicht davonkommen lassen. Sie sollen sich gefälligst mit mir arrangieren. Davon abgesehen, spekuliere ich mit einer Abnahme der Verkehrsdichte, wenn ich erst einmal dieses Ballungsgebiet hinter mir habe.

Doch das zieht sich endlos hin. Sechzig Kilometer habe ich seit Kunming auf der Uhr, und nichts tut sich. In hässlicher Regelmäßigkeit wechseln Wohngebiete mit Industrieanlagen. Dann, ganz plötzlich, eine abrupte Änderung, die mich leider nicht trösten kann. Wo ich auch hinschaue, ist die Erde nun aufgebrochen. Berge werden abgetragen oder durchbohrt, Hänge entwaldet, Bäche zugeschüttet oder kanalisiert. Alle fünfzig Meter steht ein gigantischer Betonsockel an meiner Straße. Mehrstöckige Autobahnen und die Zubringerschleifen sind im Bau. Gleichzeitig schießen Wohnsilos aus dem Boden, zwanzig Stockwerke hoch. Dieses Land platzt vor Kraft aus allen Nähten. Ich passiere ein bäuerliches Dorf aus Lehmhäusern, idyllisch an einem Berghang gelegen, dem die Hälfte zugunsten des Tunnelbaus der Autobahn wegamputiert wurde. Wo sind die Bauern geblieben? Im fünfzehnten Stock einer der Mietskasernen? Zwangsumsiedlung ist gang und gäbe. In China wird nicht lange gefackelt.

Ich hüte mich davor, das zu verurteilen. Dazu habe ich zu viel Elend in vergleichbaren Vororten indischer Städte gesehen. Die Slums an den dortigen Ausfallstraßen, in denen die Menschen in ihrer eigenen Scheiße vegetieren, sind keine Alternative. Ratlos frage ich mich, wohin mit den vielen Menschen.

Bevor ich allerdings damit beginne, richtig gründlich darüber nachzugrübeln, wie man die Welt vor ihrer Bevölkerung retten kann, muss ich aufpassen, bei der Vielzahl von Abzweigungen nicht falsch abzubiegen. Ich halte mich strikt gen Westen, dem Mekong entgegen. Einmal ende ich dabei an der Mautstelle der Autobahn und muss mich auf die zeitraubende Suche nach meiner verloren gegangenen Landstraße machen.

Im Iran oder in Indien hätte ich mich nicht davon abhalten lassen, die hässlichen Vorstädte über Hochstraßen und

Autobahnen zu überbrücken. Im Gegenteil, auf den breiten Standstreifen der Highways habe ich mich durchaus sicherer gefühlt als an der Asphaltkante der stark befahrenen Ausfallstraßen. Ein wenig Honig ums Maul der Polizisten, die mich anhielten und der Meinung waren, dass Rollstühle auf der Autobahn nichts zu suchen haben, reichte meistens aus. Hier geht das nicht, China ist ein anderes Kaliber. Auf Autobahnen will man mich auf keinen Fall dulden.

Am späten Nachmittag – ich bin in ein kleines Seitental eingebogen – trennen endlich Felder die einzelnen Ortschaften und nicht mehr abstoßende Industrieanlagen. Die Autobahn, die bisher parallel verlief, nimmt eine andere Route. Hier, wo offene Traktoren, Pferdewagen, Kinder und streunende Hunde die Straße dominieren, bin ich richtig. Den Zickzackkurs durch die Dörfer, der meine Distanz zwischen Kunming und Dali erheblich vergrößert, nehme ich dafür gern in Kauf. Ich werde bei meinem Tagespensum von gut siebzig Kilometern wohl vier Tage benötigen.

Die dichte Besiedlung – zwischen den Ortschaften liegen selten mehr als fünf Kilometer – erspart es mir, größere Mengen Proviant mitzuführen. Meistens steht mir sogar bei Bedarf eine Suppenküche zur Verfügung. Die Vorliebe der Chinesen, sich bekochen zu lassen, kommt mir an der Straße sehr zugute. Dabei entscheide ich nach Gehör, wem ich das Stillen meines Hungers anvertraue. Der Radau aus einem dieser Schuppen, die sich gewöhnlich im Dorfzentrum häufen, ist Maßstab für die Güte der angebotenen Speisen.

Die Wahl ist schnell getroffen, und, o Wunder, nicht einmal eine Stufe erschwert mir das Betreten. Ich docke das Handbike ab und parke es vor der Tür.

Was jetzt passiert, kennen wir aus den billigen Krimis im Vorabendprogramm, wenn der ermittelnde Kommissar die

Dorfkneipe betritt. Alle Köpfe drehen sich zur Tür, und für einen Moment nimmt der Geräuschpegel deutlich ab. Der Laden ist brechend voll. »*Nin hao*«, rufe ich lachend in den Raum. Obwohl es selbstverständlich ist, bin ich jedes Mal von Neuem überrascht und erfreut, dass mich diese Menschen tatsächlich verstehen und mir brav mit »*Nin hao*« antworten.

An den Wänden stehen eckige Tische, in der Mitte des Raumes sind sie rund und bieten jeweils acht Personen Platz. Die Einrichtung folgt angesichts der überbordenden chinesischen Essgewohnheiten in erster Linie pragmatischen Gesichtspunkten. Pflegeleichtes Linoleum mit Parkettimitat auf dem Boden, transparente Folie als Tischdecke, und auch die spartanischen Stühle leiden nicht beim Kleckern.

Hier darf der Chinese noch Chinese sein und wird nicht drangsaliert mit unsinnigen Benimmregeln aus Peking, die keiner versteht. Ein Spuckverbot zum Beispiel, wie es in chinesischen Städten verhängt wurde, käme hier der Beschneidung elementarer Bedürfnisse gleich. Sie finden es nun einmal unappetitlich, den Nasen- oder Racheninhalt in ein Tuch zu schnäuzen, es einzuwickeln, in die Hosentasche zu stecken und womöglich den ganzen Tag mit sich herumzuschleppen. Man wendet sich wieder geräuschvoll seiner Speise zu. Es wird weiter lauthals gerotzt, gewürgt und hochgezogen, was die Kieferhöhlen hergeben – und nicht zu vergessen: das Schmatzen.

Ich finde an einem runden Tisch Platz und zeige mit dem Finger auf die Suppe des Nachbarn. Mein perfektes »*Nin hao*« wiegt alle am Tisch in dem Glauben, ich verstünde sie, was ein chaotisches Betexten zur Folge hat. Da sie jetzt höchst wahrscheinlich nach woher und wohin fragen, antworte ich: »*Wo lai zi doguo*«, ich komme aus Deutschland. Und mit der Hand die Straße hinaufweisend sage ich: »*Dali.*«

Den Rest dolmetscht mein Smartphone.
Das Fleisch in meiner Suppe identifiziere ich als Geflügel, erkennbar an der Gänsehaut mit den kleinen Kratern, in denen einmal Federn steckten. Die Kralle, die ich mit den Stäbchen als Nächstes herausfische, bestätigt mir das.
Es ist in dieser Kategorie Fressbuden üblich, abgenagte Knochen, Hühnerfüße, die nichts mehr hergeben, und überhaupt alles nicht Essbare auf den Boden zu spucken. Zum guten Ton gehört ebenso lautes Einspeicheln der Nahrung, Suppeschlürfen, Kleckern auf Tisch und Boden sowie den Teller nicht leer zu essen. Das klingt anarchistisch, ist es jedoch nur aus europäischer Sicht. Ich bin verblüfft, wie leicht mir der Rückfall in meine Kleinkindmanieren fällt.
Nutzlos die Mühe aufopferungsvoller Erziehung meiner Eltern, um mir die barbarische Nahrungsaufnahme der ersten Lebensjahre auszutreiben, ich schmatze und kleckere mit wachsender Begeisterung.
Die Runde am Tisch ist erst zufrieden, nachdem ich von jeder Schale einen großen Happen genommen habe. Am Schluss leiste ich mir fast einen Fauxpas, als ich auf die irre Idee komme, nach meiner Rechnung zu fragen. Natürlich war ich ihr Gast. Ich nehme mir vor, nie wieder über die egozentrischen Chinesen herzuziehen.
Abgefüllt bis zum Rand, nicht einmal mehr in der Lage, drei Kilometer zu fahren, quartiere ich mich in der armseligen Trucker-Herberge ein paar Häuser weiter ein.
Dieser Tag verspricht, ein Genuss zu werden. Schönwetterwolken ziehen über die Berge, die Temperatur liegt um die achtzehn Grad, und das Verkehrsaufkommen verlangt mir nicht permanent Aufmerksamkeit ab. Ich fahre parallel zu einem schmalen Fluss entgegen seiner Fließrichtung. An den Hängen der Berge kleben Häusergruppen, die von Reisterrassen eingerahmt sind. Hier und da ziehen Wasserbüffel

einen Hakenpflug durch die Felder. Die kontinuierliche Steigung ist gering, ich spüre sie kaum.

Kunming liegt auf einer Höhe von circa tausendachthundert Metern. Gestern fuhr ich eine Weile bergab. Jetzt bin ich laut GPS-Gerät wieder auf dem Level von Kunming. Auf meinem Weg flussaufwärts überquere ich eine Passhöhe und gelange in ein neues Tal. Solche Routenverläufe kenne ich von meinen Reisen durch Indien. Die chinesische Infrastruktur entspricht allerdings der einer Industrienation. Die haben den Berg einfach untertunnelt. Ich stehe vor einem spärlich beleuchteten schwarzen Loch. Damit hatte ich überhaupt nicht gerechnet. Weil ich auf Landstraßen prinzipiell niemals nachts fahre, hatte ich zu Hause sogar das Licht vom Handbike abgebaut. Wie konnte ich vergessen, Tunnel einzuplanen? Mit Kabelbindern klemme ich meine Taschenlampe am Schiebegriff des Rollis fest, damit ich von hinten gesehen werden kann. Weil ich nicht weiß, ob die Batterie den Tunnel übersteht, schalte ich sie nur ein, wenn sich Fahrzeuge ankündigen.

Nach zweihundert Metern hört die Tunnelbeleuchtung auf, weshalb es stockdunkel wird. Mehrmals kollidiere ich mit dem Bordstein, weil ich blind nach Gefühl fahre. Der schmale Randstreifen reicht für mich kaum aus. Mir wird die immense Gefahr bewusst, von hinten angefahren zu werden. Daher gebe ich Gas, um möglichst schnell hier herauszukommen. Ein Licht am Ende des Tunnels, sei es auch noch so schwach, ist beim besten Willen nicht erkennbar.

Aufgrund der extrem geringen seitlichen Distanz zu den überholenden Fahrzeugen und den abrupten Schlenkern, die die Fahrer vollziehen, wenn sie mich wahrnehmen, wird schnell klar: Meine Funzel reicht nicht, sie sehen mich nicht! Wird dies mein Ende sein? Zerquetscht an einer Tunnelwand irgendwo in China?

Wenn ich hier heil herauskomme, das verspreche ich mir, werde ich nie wieder in einen Tunnel fahren. Bisher ging es spürbar bergauf, nun scheint es, als habe ich den Zenit im Tunnel überschritten. Mit allem, was meine Muskeln hergeben, jage ich hinunter. Einerseits freue ich mich über jedes Scheinwerferlicht von hinten, weil ich mich dadurch neu orientieren kann. Doch wenn es sich nähert, erwarte ich augenblicklich den Aufprall.

Dann endlich das lang ersehnte Schimmern vor mir. Ich stehe im hellen Sonnenlicht und schaue noch einmal zurück in die Dunkelheit. Wie konnte es mir passieren, auf einer Fahrt in den Himalaja keine Tunnel in Betracht zu ziehen.

Der Fluss, der mich nun begleitet, muss ein anderer sein. Wir, der Fluss und ich, bewegen uns in die gleiche Richtung. Die Felskanten an der Straße sind hier steiler, Brocken liegen auf der Fahrbahn, und es ist weitaus kurviger als zuvor. Das bedeutet, die nächste Einfahrt in den Berg ist nur eine Frage der Zeit. Bei kurzen Tunneln, deren Ende bei der Einfahrt sichtbar ist, breche ich mein Versprechen, ohne mit der Wimper zu zucken. Dieser ist jedoch zu lang. Da ich niemals zurückfahre – jetzt erst recht nicht, weil ich zwischen diesen Tunneln stecke –, bleiben nur zwei Möglichkeiten: Ich lasse mich eskortieren oder steige in eines der nächsten Fahrzeuge ein. Weil vermutlich keiner der chinesischen Wagen, die hier vorbeifahren, für den Rollstuhl und das Handbike genug Stauraum besitzen, fällt die letzte Option weg.

Ich frage mich, wie ich einem Chinesen klarmachen soll, dass er im Tunnel mit Warnblinkanlage hinter mir herfahren soll. Eine kommunikationstechnische Herausforderung, denn »Ich habe kein Licht« und »Können Sie bitte hinter mir herfahren?« kann mein Smartphone nicht sagen. Das erste Auto rauscht achtlos an mir vorbei. Der zweite Fahrer bremst – und gibt wieder Gas. So geht das eine Weile.

Einen Moment denke ich daran, einfach hineinzufahren, vielleicht ist der Tunnel nur ein oder zwei Kilometer lang. Nein, ich bleibe dabei. In dieses dunkle Loch fahre ich nicht ohne Eskorte. Zwischen den Fahrzeugen nutze ich die Zeit, das Wörterbuch in meinem Telefon nach passenden Phrasen durchzublättern. Fündig werde ich bei »Können Sie mir helfen?« und dem Wort »begleiten«. Dann endlich stoppt eine Familienkutsche. Wie ein Gehörloser gestikuliere ich vor dem Vater, zeige auf den Tunnel, lege beide Hände auf mein Gesicht, rolle pantomimisch mit zugekniffenen Augen und boxe mit der Faust in meine flache Hand, um einen Aufprall zu simulieren. Die Kinder im Fond drücken sich die Nasen am Fenster platt. Jetzt zücke ich das Smartphone mit den Übersetzungen. Sein fahriger Gesichtsausdruck demonstriert weiterhin Unverständnis. Okay, gleich wird er kapieren. Ich fahre in den Tunnel und gebe Zeichen, mir zu folgen. Es klappt, er schaltet die Warnblinker ein und fährt in geringem Abstand hinter mir her.

Bis zum Abend wiederholt sich diese Prozedur mehrere Male.

## *Der Kormoranfischer und seine Vögel*

In Dali, keine hundert Kilometer vom Mekong entfernt, treffe ich wieder auf den *Banana Pancake Trail*, den besagten ausgetretenen Pfad von Generationen vor mir da gewesener Backpacker. Das zu erkennen bedarf es keines Reiseführers. Ein Blick in Jim's Peace Hotel, in das gleichnamige Café und in eines der vielen ähnlich klingenden Guesthouses sagt alles. Hier werden mir meine Bedürfnisse von den Augen abgelesen, und genau das ist es, was ich jetzt brauche.

Kaffee, richtigen Pulverkaffee, welch ein seltener Genuss. Oder Spiegeleier mit Bacon, Fruchtsalat und natürlich Pfannkuchen mit Banane.

Dank an euch, ihr Rucksacktouristen der Welt, die ihr mir den Weg zu diesen unchinesischen Köstlichkeiten geebnet habt. Wie konntet ihr es bloß schaffen, das Personal hier in Jim's Peace Hotel derart zu präparieren. Erspart bleibt mir die Konversation, bei der ich mich verbiegen muss, mir die Zunge verknote oder Schmierzettel mit bildhaften Metaphern vollkritzele, als wäre ich Teilnehmer an einer »Activity«-Meisterschaft. Dann der Blick auf die Bücher im Regal – herrlich. Abgegriffen wie sie sind, ist ihrem Zustand anzusehen, wie sehr ihr Reisenden euch nach wochenlangem, nonlingualem Ausnahmezustand gewünscht habt, mal wieder etwas Geschriebenes in Händen zu halten, das ihr versteht. Zwar sind die Werke literarisch eher anspruchslos, aber wie der Teufel, der in der Not Fliegen frisst, dachtet ihr euch wohl: »Egal, besser als nichts!« Das verstehe ich nur zu gut und schnappe mir gleich zwei der Schundromane, um damit für den Rest des Tages auf meinem Zimmer zu verschwinden.

Dann am nächsten Morgen das kontinentale Frühstück mit allem Pipapo. Die ganze Nacht habe ich mich darauf gefreut. Nun sitze ich in adäquater Gesellschaft mit einem jungen Pärchen am Tisch. Ihre mehrfach geschälten Sonnenbrände haben sie sich bestimmt nicht in Bussen und Bahnen geholt.

Sie sind Radler, höre ich, und haben sich von Australien aus auf den Weg gemacht, China zu er-fahren. Über Indonesien, Malaysia, Thailand sind sie gekommen und haben die Freundschaftsbrücke über den Mekong nach Vientiane in Laos überquert. Es entsteht eine sehr angeregte Unterhaltung, die mich für eine Weile vergessen lässt, wo ich mich eigentlich befinde. Jenny und Tom prahlen nicht herum mit den achttausend Kilometern, die sie im Sattel zurückgelegt haben. Sie sind bescheiden und wollen ihre Leistung nicht an die große Glocke hängen. Dessen ungeachtet sind sie aufgrund der absurden Erlebnisse auf ihrem Weg mit allen Wassern gewaschen.

Ich finde sie total nett und sehne mich nach meinem Freund Nagender, den ich in Zhongdian wiedersehen werde. Und plötzlich frage ich mich, ob die Sympathie, die ich für sie empfinde, echt ist oder ob es schlicht Entzugserscheinungen sind nach der langen Kontaktabstinenz zu Menschen aus einem ähnlichen Kulturkreis.

Dann kommt, was immer kommt, wenn ich mit Leuten meines Schlages zusammensitze. Meistens fallen sie bei der ersten Begegnung aus allen Wolken, hier auf einen Rollstuhlfahrer zu treffen. Wenn ich dann vom Mekong erzähle und meinem Ziel, der Quelle, ruft das große Bewunderung und Respekt hervor. Jenny und Tom geht es da ähnlich. Meine teilweise absurden Alltagsprobleme machen sie fassungslos. Stufen, Treppen, Steigungen, enge Türen oder das Angewiesensein auf die Hilfsbereitschaft anderer. An derlei Probleme, die mich täglich beschäftigen, verschwenden sie kaum einen Gedanken. Solche Gespräche können schnell in ein Lamento mit leidvollem Unterton ausarten. Nichts hasse ich mehr, ebenso wie übertriebene Lobhudelei ob meines Lebensmutes.

Spätestens in diesem Moment spiele ich die Leistung herunter, sage, dass alles eine Frage der Gewöhnung ist und ich ja nicht erst seit gestern im Rollstuhl sitze. Erst dann kann ein normales Gespräch stattfinden.

Den ganzen Tag verbringen wir zusammen, radeln zu den drei Pagoden, dem Wahrzeichen der Stadt, trinken Kaffee am See und schlendern durch das Museum von Dali. Wir reden über Gott und die Welt, beschäftigen uns nur mit uns. Würden wir am Abend gefragt werden, was wir gesehen haben, wir hätten keine befriedigende Antwort geben können. Am nächsten Morgen sind die beiden weg. Eine flüchtige Bekanntschaft, ein schöner Tag zusammen, von dem jeder profitiert hat – nicht mehr und nicht weniger.

Als ich überlege, was ich heute tun könnte, fällt mir ein, dass Catleen mir die Telefonnummer des Herrn Bai-Li mitgegeben hatte. Was sagte sie? Der letzte echte Kormoranfischer in China. Wie sie das wissen kann? Ich wähle seine Nummer und reiche mein Telefon an die junge Dame weiter, die das Frühstück zubereitet. Sie spricht ausreichend Englisch. Sie solle ihn bitte von Catleen aus Kunming grüßen und fragen, ob ich ihn einmal besuchen könne.

Nach dem Gespräch gibt sie mir das Telefon zurück und meint, er sei bereits informiert gewesen und schicke einen Wagen, um mich abzuholen. Bis dahin bestelle ich einen Kaffee, aber zum Trinken komme ich gar nicht mehr. Nach ein paar Minuten steht bereits ein hupendes Auto vor der Tür. Der Fahrer, der, wie ich schnell herausfinde, nicht Herr Bai-Li ist, hilft mir geschickt die Stufen herunter, klappt meinen Rollstuhl routiniert zusammen und packt ihn in den Kofferraum.

Zwanzig Minuten fahren wir am Erhai-See entlang. Dann, fast am Nordende, biegt er endlich in einem kleinen Dorf ab. Es riecht nach Fisch, der Lebensgrundlage der Bewohner. Weil ich von Catleen einiges gewohnt bin, halten sich meine Erwartungen in Grenzen.

Damit bin ich gut beraten. Als ich zum Steg rolle, steht da ein folkloristisches Empfangskomitee Spalier, um mir zur Begrüßung aufzuspielen. Mir stockt der Atem. Als sie mich sehen, nimmt jeder Trachtenträger Haltung an und beginnt, sein Instrument zu quälen. Was dabei herauskommt, ist nicht mehr als ein Jingle, ohne Anfang und Ende. Mich befällt ein kaum zu unterdrückender Fluchtreflex. Ich muss hier weg. Aber das geht leider nicht, fürsorglich werde ich von dem Mitarbeiter des Herrn Bai-Li schön langsam an der Kapelle vorbeigeschoben. Wohl, damit ich es länger genießen kann. Mich plagt eine große Sorge: Hoffentlich sieht mich niemand, denn diese Art Tourismus habe ich stets abgelehnt! Jetzt heißt es Augen zu und durch.

Catleens langer Arm reicht also bis Dali, sie hat ganze Arbeit geleistet. Kaum habe ich den letzten Flötisten passiert, versiegt die akustische Tortur, und als ich mich umblicke, begeben sich die Musiker laut schwätzend auf den Heimweg. Keine Zeit wird mir gelassen, mich davon zu erholen. Schon stehe ich an einem hastig aufgestellten Tischchen mit einer Kasse und einer Rolle Eintrittskarten, von denen mir eine für hundert Yuan abgerissen wird. Danach verschwindet dieser Tisch wieder. Ein paar Schritte weiter wird mir eine Schwimmweste übergeworfen. Es ist sinnlos, sich dagegen zu wehren.

Der weitere Ablauf folgt einem Automatismus. Wie aus dem Nichts springen Arbeiter herbei, die mich kurzerhand an den vier Ecken greifen und in eines der Fischerboote stellen. Lachend bestaunen sie ihr Werk. Spätestens jetzt sind meine inneren Widerstände gebrochen.

Vor mir im Boot steht groß und breit der Boss, Herr Bai-Li. Und der ist für mich von nun an der letzte echte Kormoranfischer Chinas, egal welches Theater er mir inszenieren wird. Im Gedenken an Catleen nehme ich mir vor, ihm nicht den Spaß durch kleinliches Herumkritteln an der Authentizität seiner Arbeit zu verderben. In der Tat, er macht was her mit seinen Kormoranen, die sich an der Reling bereits auf ihren Job freuen.

Seine Tochter wirft sich schnell das traditionelle Gewand über – schön bunt, es soll ja authentisch sein – und macht sich an der Ruderpinne zu schaffen.

Wie die Hani in Yuanyang bei den Terrassenfeldern gehören die Bai in Dali zu einer der siebzig anerkannten Volksgruppen mit einer eigenen Sprache und Kultur. Die Kormoranfischerei, die Zucht und das Trainieren der Tiere liegen seit Jahrhunderten in ihrer Hand.

Während Herr Bai-Li seinen Vögeln die Kehle zuschnürt, damit sie gerade noch atmen und kleine Happen schlucken können, präpariere ich meine Fotoausrüstung. Wichtigstes Werkzeug des Herrn Bai-Li scheint ein langer Knüppel zu sein. Ich verstehe nicht viel davon und kann ihn nicht fragen, aber ich vermute, mit dem Schlagen auf das flache Wasser will er die Fische in eine bestimmte Richtung treiben. Zu den Kormoranen hin, die nun in dreißig Meter Entfernung schwimmen. Einer nach dem anderen taucht ab, lange Zeit ohne Erfolg.

Ich denke, wenn die Vögel schlau sind, schlagen sie sich den Magen mit kleinen Fischen voll. Ihr Instinkt spricht jedoch dagegen. Er lässt sie nach den Großen jagen, und die passen nicht durch die verengte Speiseröhre. Da, endlich kommt einer mit einer dicken Beule am Hals hoch. Weil die Schwanzflosse dem Kormoran aus dem Schnabel schaut, muss er beim Schwimmen den Kopf hochhalten, um ihn auf dem Weg zum Boot nicht zu verlieren. Herr

Bai-Li hilft ihm an Bord, setzt ihn auf seinen Holzstab, um ihn für ein perfektes Foto zu präsentieren. Jetzt folgt die Prozedur der Fischentnahme: Der Vogel bekommt seine Belohnung, und Herr Bai-Li hält mir den Fang anschließend in meine Kamera. Er scheint seine Erfahrungen mit Touristen zu haben, die bei schwierigen Lichtverhältnissen länger brauchen. Mir bleibt alle Zeit der Welt, den Bildausschnitt, die Belichtung und die Blende zu wählen. Und nun?

Herr Bai-Li setzt sich hin, seine Tochter hat das Rudern eingestellt und sogar die Kormorane auf dem Wasser warten untätig auf neue Anweisungen. Ohne Chinesisch zu verstehen, begreife ich: Ein weiterer Fisch kostet extra.

Irgendwann muss ein dummer Tourist diesem Mann Geld gegeben haben, damit er ihn bei seiner Arbeit knipsen kann, und das war das Ende seines Daseins als Fischer und sein Einstieg in die Tourismusbranche. Seitdem geht es ihm richtig gut. Frischer Fisch kommt nach wie vor auf den Tisch. Dazu kann er sich aber nun ein Auto leisten und sogar die Folkloregruppe am Steg bezahlen. Und ich mache bei diesem faulen Zauber mit. Ich will mich nicht beschweren, zahle für den zweiten Fang fünfzig Yuan und lasse es damit gut sein.

## *Lijiang*

Ein bisschen Schiss habe ich schon, obwohl es keinen wirklichen Grund dafür gibt. Zwischen Dali auf tausendneunhundert Metern und Lijiang, das zweitausendvierhundert Meter hoch liegt, erwartet mich eine Passhöhe von zweitausendfünfhundert Metern. Hundertachtzig Kilometer muss ich dabei zurücklegen. Für die Unterkunft ist in den Ortschaften gesorgt.

Wann ich an meine Leistungsgrenze komme, und die beginnt bei Steigungen ab dreizehn Prozent, ist nur eine Frage der Zeit. Die dünne Luft tut ihr Übriges. Angst vor dem Scheitern zu haben ist also Blödsinn, ich muss mich dem früher oder später sowieso stellen. Darum werde ich den Daumen heraushalten und den Ehrgeiz Ehrgeiz sein lassen.

Gut zehn Kilometer jenseits des Erhai-Sees ist es so weit: Das Tal verengt sich, und wenn mich nicht alles täuscht, sind die Kehren dort oben am Hang Teil meiner Straße. Noch muss ich nicht aufgeben, mehr als fünf Prozent Steigung werden es nicht. Oben an der letzten Serpentine blicke ich ein letztes Mal zurück auf den viertausend Meter hohen Cangshan, an dessen Fuß Dali und der riesige Erhai-See liegen. Von nun an geht es ein gutes Stück bergab, bis sich die Straße auf nahezu zweitausenddreihundert Metern einpendelt.

Den ganzen Tag über fahre ich parallel an einer Bergflanke entlang, von wo sich herrliche Panoramablicke auf das Tal rechts von mir bieten. Der Bewuchs ist eher spärlich. Hin und wieder gibt es lichte Wälder. Sonst wird Ackerbau betrieben – wo das möglich ist, sogar bis hinauf auf die Hänge der Terrassen. Fast unbemerkt ändert sich der Baustil der Häuser. Vereinzelt entdecke ich wuchtige, zweistöckige Bauten mit breitem Dachüberstand und viel Platz für Traktoren und Ackergerät. Oben wird gewohnt. Was mir sofort auffällt, sind die massiven Baumstämme an den vier Ecken, die konisch verlaufen und der Architektur einen extrem stabilen Charakter geben.

Von Dali aus geht meine Reise strikt gen Norden, kontinuierlich in einem Abstand von fast hundert Kilometern zum Mekong. Es existiert zwar direkt am Fluss eine gut befestigte Straße, die bis auf die Höhe von Lijiang führt, doch um Nagender und das Expeditionsteam in Zhongdian zu treffen, hätte ich den Mekong ohnehin verlassen müssen. Daher bot sich die Möglichkeit, in Dali und Lijiang einen Stopp einzulegen.

Die Herbergen auf dem Weg nach Lijiang sind eher von der einfachen Sorte. Toiletten bestehen aus einem Loch mit direktem Zugang zum Schweinehof, zum Waschen wird mir ein Bottich ins Zimmer gestellt. Für viele Menschen in den abgelegenen Tälern ist das komfortabel, und selbst die Bessergestellten lernen in ihrem ganzen Leben nichts anderes kennen. Es gelingt mir durchaus, mich leidlich sauber zu halten. Jetzt, wo ich vor den Toren der Stadt Lijiang stehe und kurz stoppe, nehme ich allerdings einen strengen Geruch war, der an mir hochsteigt. Ich sehne mich nach dem Komfort einer warmen Dusche und einem Bett ohne Krabbeltiere und ohne den Geruch meines Vorgängers. Dafür werde ich tief in die Tasche greifen und mindestens zwanzig Euro pro Nacht investieren. Schließlich will ich keinen Rekord im Knausern aufstellen, ich habe nichts gegen ein bisschen Luxus.

Die Wahl ist schnell getroffen. Das Wangfu Hotel hat eine verführerische Rampe neben den Eingangsstufen. Daran kann ich nicht vorbeirollen. Sie sagt mir, dass ebenerdige Zimmer zur Verfügung stehen. Tatsächlich, alles passt. Zwei Tage lang muss ich nicht wegen jeder Stufe um

Hilfe bitten, zwei Tage lang schwelge ich, wohl wissend, dass es damit bald vorbei sein wird. Denn nach Lijiang kommt Zhongdian. Da dreht der gemeine Pauschaltourist um, weil jenseits davon das Reisen anstrengend wird. Es fehlt die nötige Infrastruktur, und die Sterne der Hotels lassen sich mit etwas Glück an zwei Fingern abzählen. Rollstuhlgerecht werden sie bestimmt nicht sein.

Zwischen Dali und Lijiang sind mir sage und schreibe acht Radfahrer entgegengekommen. Ich meine nicht die aus den Dörfern, sondern von der Sorte Weltreisende. Sie fuhren die Route Hamburg–Hongkong, radelten von Singapur nach Peking oder waren dabei, China zu umrunden. Stets konnte man sie von Weitem an ihren blassroten, ausgeblichenen Fahrradpacktaschen und ihrer kontinuierlichen Fahrweise erkennbar. Einmal wurde ich sogar von einer Gruppe überholt, gefolgt vom Servicewagen mit Ersatzrädern, dem Gepäck und den von ihrer Kondition im Stich gelassenen Radlern. Mit meiner Vermutung, dass hier irgendwo ein Nest sein muss, lag ich nicht falsch. Die Strecke Dali–Lijiang–Zhongdian bietet sich wegen der überschaubaren Distanzen und der Attraktivität der Orte für eine Fahrradtour geradezu an. Die Meinungen der entgegenkommenden Radler, ob sich ein Besuch in Lijiang lohne, waren jedoch erstaunlich kontrovers. Da gab es zwei, die schimpften die Stadt einen verabscheuungswürdigen Touristennepp. Sie sei ein einziger Souvenirshop.

Andere lobten Lijiang als vorbildliches Beispiel gelungener Wahrung traditioneller chinesischer Architektur. Die schönste Stadt, die sie in China bisher gesehen hätten.

Geduscht und wieder gesellschaftsfähig, möchte ich mir davon jetzt mein eigenes Bild machen.

Als 1986 bei einem schweren Erdbeben ein großer Teil der modernen Betonbauten in Lijiang zerstört oder stark beschädigt wurde, die historischen Gebäude dagegen verschont blieben, wurde den Menschen offensichtlich klar, welch einen Schatz sie hier besitzen. Mit der gleichen Radikalität, mit der in China Altstädte niedergerissen werden, um an ihre Stelle Wolkenkratzer zu pflanzen, erklärte der Staat Lijiang zum Touristenmagneten. Die Gebäude wurden restauriert, der Verkehr aus der Stadt verbannt und den Bewohnern das Tragen ihrer Trachten dringend ans Herz gelegt. Ein Jahr später bekam Lijiang das Prädikat UNESCO-Weltkulturerbe. Nur Eintritt wird noch nicht verlangt.

Allein die Lage der Stadt ist spektakulär. Sie liegt eingebettet in ein lang gestrecktes Tal, das von den Ausläufern des Himalaja gebildet wird. Dort, wo das Tal sich verengt, erhebt sich der ganzjährig mit Schnee bedeckte Jadedrachenberg über fünftausendfünfhundert Meter in die Höhe. Ein Spaziergang durch die historische Altstadt von Lijiang wird daher an jeder Ecke von atemberaubenden Perspektiven auf diesen Berg gekrönt. Zur Wasserversorgung wurde ein weitverzweigtes Netz von Kanälen angelegt, die den Charakter Lijiangs entscheidend prägen. Jahrhundertealte Steinbrücken führen über sie hinweg. Die bis auf die Wasseroberfläche der Kanäle reichenden Zweige der Trauerweiden runden das Bild ab.

Den Reiz der Stadt machen freilich die historischen Gebäude aus. Es sind Backsteinhäuser auf Steinfundamenten, in denen viel Holz steckt: Balkone und herrlich verzierte Haustüren, Fensterläden und Wandverkleidungen. Die tragenden Teile, Balken und Säulen, sind mit großen Zapfen flexibel verbunden, was sie relativ erdbebensicher macht.

Die typisch chinesischen, weit überstehenden, geschwungenen Dächer liegen auf geschnitzten Sparren. Löwenähnliche Fabeltiere schmücken sie als Dachreiter. Die Gebäude beherbergen heute Geschäfte, Unterkünfte und Restaurants ausschließlich für den Touristenbedarf. Allein die Unmenge an Läden für Kunsthandwerk offenbart die Ausrichtung der hiesigen Lebensgrundlage auf den Fremdenverkehr.

Das stört mich wenig. Der Genuss wird viel mehr durch den massenhaften Ansturm verleidet. Ab neun Uhr morgens, nachdem in den Hotels das Frühstück abgeräumt wurde, herrscht in den Gassen von Lijiang Volksfeststimmung. Dann ist es Zeit, in die Randgebiete auszuweichen oder zum Schwarzer-Drachen-Park zu fahren. Ein See, den man umwandern kann, eine Brücke darüber, ein dreistöckiger Pavillon, viele Trauerweiden und das Panorama auf den Jadedrachenberg. Diese Komponenten allein machen allerdings noch keinen chinesischen Park daraus: in ihrem Design und ihrer präzisen Anordnung steckt das Geheimnis harmonischer Gartenbaukunst. Selbst der Wasserstand wird nicht dem Zufall überlassen. Perfekt spiegeln sich darin die Wölbungen der Brückenpfeiler als Kreise, dem chinesischen Himmelssymbol. Die vier Dachfirste des Pavillons, drei Stockwerke hoch, sind nach oben geschwungen. Dazwischen beschreiben die Dächer einen Bogen nach unten, wie ein durchhängendes Tuch. Die Trauerweiden mit ihren weit herabhängenden Zweigen passen perfekt zu dieser Architektur. Die Vollendung dieses geschickt inszenierten Ensembles bildet der scheinbar in den Himmel wachsende Schneegipfel im Hintergrund. Ich kann mich daran nicht satt sehen, und nicht einmal die Meute eintreffender Touristen stört mich.

Es ist die Heimat des Naxi- (sprich: Naschi) und Mosuo-Volkes. Letzteres lebt in seinen Dörfern noch in einer Art Matriarchat. Eine eheliche Beziehung, wie wir sie kennen, ist den Mosuo fremd, sie sehen diese sogar als Bedrohung ihrer traditionellen Lebensweise an.

Stattdessen besuchen Männer des Nachts Frauen in ihrem Elternhaus. Kinder, die aus diesen »Besuchen« erwachsen, bleiben zeitlebens in der Familie der Mutter, wissen aber durchaus, wer im Dorf ihr Vater ist. Das Familienleben wird durch die Bindung an Tanten, Onkel und die Großmutter bestimmt. Bis vor Kurzem betrieben sie noch Tauschhandel und konnten damit ihre Kultur in den abgelegenen Tälern bewahren. Weil sich die Machthaber in Peking aber vorgenommen haben, noch den letzten Winkel des Riesenreiches mit Straßen zu erschließen, fallen die Touristenhorden inzwischen auch in die Mosuo-Dörfer ein. Die Fremden werden ihnen das Anderssein schon austreiben. Mit der Abwanderung der Jugend beginnt das. Dann sind lediglich die Alten übrig, bis das Dorfleben erstirbt. Mir ist dabei durchaus bewusst, dass ich mit meiner Anwesenheit Teil dieser unseligen Entwicklung bin.

So endet die Lebensform der Mosuo als touristische Attraktion, wie die der Kormoranfischer in Dali, der Hani, Lishu und Dulong sowie der Naxi. Nur in lebendigen Museen, zoologischen Gärten gleich, wie in der Altstadt von Lijiang oder in künstlichen Minderheitendörfern, wird die Kultur konserviert.

Nirgendwo manifestiert sich der demografische Wandel so sehr wie in der Kulturhalle von Lijiang bei der Aufführung eines Naxi-Orchesters. Die Orchesterleitung spricht im Begleitheft von »lebenden Fossilien«. Greise in biblischem Alter musizieren an historischen Instrumenten. Die Darbietung strengt sie derart an, dass einige der Musiker zwischen den Einsätzen dahindämmern. Ihr Spiel klingt wie eine Metapher für das letzte Aufbäumen einer dem Untergang geweihten Kultur.

Dessen ungeachtet werde ich jedem, der mich auf meiner Weiterreise nach Lijiang fragt, sagen, dass die historische Altstadt einen faszinierenden Eindruck alter chinesischer Kultur vermittelt. Ich werde aber nicht verschweigen, welche negativen Auswirkungen der Massentourismus mit sich bringt.

## *An der Grenze meiner Leistungsfähigkeit*

Nagender ruft an. Er wartet in Zhongdian voller Tatendrang auf meine Ankunft. Weil ihm langweilig ist, hat er versucht, ein Moped zu organisieren, um mir entgegenzufahren, allerdings wollte ihm niemand eines leihen. Darüber beschwert er sich jetzt bitterlich am Telefon. Aha, denke ich, ich fehle ihm also genauso.

»Nagender, beruhige dich, du bist nicht in Kambodscha, das ist China, hier weht ein anderer Wind. Wenn du nichts zu tun hast, geh fotografieren.« Er brummelt etwas vor sich hin und erklärt, geduldig zu sein. »Hast du im Hotel nach dem Fahrer und dem Dolmetscher gefragt, die das Reisebüro für unsere Tour organisiert hat? Herr Hu und Herr Yong sollen sie heißen.«

»Ja, ich hab gefragt, aber sie sind nicht hier. Es hat auch niemand mit diesen Namen reserviert.« Keine beruhigende Nachricht, von der ich mich aber zunächst nicht beirren lassen will. »Nagender, das Signal ist schlecht. Ich habe gerade Lijiang hinter mir. In zwei Tagen bin ich bei dir.« Dann versuche ich ihn zu ermutigen: »Die Zeit wirst du überstehen, okay?«

»Okay, mach's gut.«

Für die nächsten zwei Tage kann ich mein Telefon wegstecken, bereits nach ein paar Metern ist der letzte Strich des Signalbalkens verschwunden.

Die Straße nach Zhongdian macht einen großen Bogen um das Gebirgsmassiv, dessen Gipfel der Jadedrachenberg bildet. Auf hundertzwanzig Kilometern, während der nächsten zwei Tage, wird das Bergmassiv meinen rechten Horizont schmücken. Es ist eine der landschaftlich schönsten Strecken auf meiner Reise. Vielleicht empfinde ich das so, weil ich Zeit und Muße habe, zu genießen, denn es geht, nachdem ich am Morgen einen Höhenzug überwunden habe, kontinuierlich bergab. Nicht steil, gerade so, dass ich mit wenig Kraftaufwand zwanzig Stundenkilometer halten kann. Grund für die Talfahrt ist der drittgrößte Fluss der Erde, der Jangtsekiang, den ich überqueren muss. Er fließt parallel zum Mekong gen Süden in einem Abstand von gut fünfzig Kilometer Luftlinie. Nach der großen Biegung von Shigu führt der Lauf des Jangtsekiang über hundert Kilometer gen Norden, wo er sich erneut wendet. Ein gutes Stück begleite ich ihn an seinen Ufern flussabwärts, bis ich in ein Tal einbiege, das von einem seiner Zuflüsse gebildet wurde. Hier, kurz bevor sich der Strom durch die Tigersprungschlucht, den tiefsten Engpass der Erde mit dreitausendneunhundert Metern, zwängt, genieße ich meinen letzten Panoramablick auf die Breitseite des Jadedrachenberg-Massivs. Zu meinen Füßen fließt der Jangtsekiang, in dem sich Inseln aus Kies gebildet haben. Sie glänzen gelblich in der Sonne. Es sind Sedimente, die von Zuflüssen hineingespült wurden. An den Hängen beider Flüsse ziehen sich frisch bepflanzte Terrassenfelder hinauf, zwischen denen sich winzig klein die Behausungen der Bauern zwängen.

Meine Straße biegt ab zu dem Mündungsarm, an dem entlang ich nun flussaufwärts fahre, womit ich dem Jadedrachenberg und dem Jangtsekiang den Rücken kehre.

Mit dem Müßiggang ist es vorbei, es wird steil. Nach ein paar Kilometern muss ich das Planetengetriebe zuschalten, um die Gänge zu untersetzen. In Yuanyang hatte ich durch den Wechsel des Kettenrades die Übersetzung für große Steigungen bereits optimiert. Zum ersten Mal schalte ich in den untersten Gang. Für einen Meter Strecke benötige ich drei Kurbelumdrehungen. Alle Register sind gezogen, weiter runterschalten geht nicht. Der Tacho zeigt bei dieser

»Geschwindigkeit« nichts mehr an, weil er nicht weniger als einen Stundenkilometer errechnen kann.

Damit schrumpft meine Tagesetappe auf Sichtweite und mein Ziel, keine hundert Kilometer von hier, rückt in fast unerreichbare Ferne. Der Griff zu den Rädern des Rollstuhls ist das letzte Mittel, um zu verhindern, dass ich rückwärts rolle. Ich arretiere die Bremse und muss verschnaufen. Würde ich sie lösen, müsste ich viel Kraft aufbringen, um von allein stehen zu bleiben. Es ist steil, so sehr, dass ich aus Angst hintenüberzukippen, nach vorn gebeugt sitze. Jetzt habe ich eine körperliche Belastungsgrenze erreicht. Ich muss mir eingestehen, ich kann nicht mehr. Keine zehn Meter, nein, nicht einmal drei Meter werde ich aus eigener Kraft schaffen. Ich kann weiter spucken als rollen. Eine Grenzerfahrung, mit der ich so unverhofft nicht gerechnet hatte.

Wie vor dem Tunnel bleibt nur die Weiterfahrt per Anhalter. Ein Zurück kommt nicht infrage, zumal ich den Weg hinauf mit Tausenden von Kalorien teuer bezahlt habe. Da bin ich geizig.

Es herrscht wenig Verkehr, und die meisten Fahrzeuge sind mit Touristen voll belegt. Nach einer halben Stunde stoppt ein Landrover. Zwei Chinesen, des Englischen kundig, sind bereit, mich zu verladen. Sie wollen auf einen Offroad-Trip und bieten mir an, mich bis nach Zhongdian zu bringen. Das will ich nicht. Als mein Höhenmesser dreitausendeinhundert Meter anzeigt, bitte ich sie zu stoppen. Zhongdian liegt auf dreitausendzweihundert Meter, und wenn kein tiefes Tal dazwischen liegt, müsste ich heute Abend dort eintreffen.

Eine deutliche Veränderung der Umgebung wird spürbar. Zum ersten Mal sehe ich einen Steinhügel an der Straße, der mit Schnüren voller Gebetsfahnen bespannt ist. Sie tragen die Gebete mit dem Wind in den Himmel. Einige der Steine sind mit buddhistischen Mantras beschriftet. Kleine Stupas leuchten in hellem Weiß als markante Punkte in der Landschaft. Tibet kündigt sich an.

Flache Hügel formen jetzt die Landschaft. Sie geht am Nachmittag in eine Ebene über, die sich bei dreitausend Metern hält. Ich komme gut voran. Noch wird verbreitet Landwirtschaft betrieben. Riesige Holzgestelle fallen mir an der Straße auf, die mich an überdimensionale Sitzbänke erinnern. Sie dienen wohl zum Trocknen von Heu oder Getreide. Das Vieh der Bauern besteht jetzt aus Yakherden und Ziegen. Massige Gehöfte, wie sie mir bereits auf dem Weg nach Lijiang aufgefallen waren, finden sich nun überall. Ein Flugplatz, links der Straße, kündigt mir an, dass ich bald am Ziel sein werde. Hier muss Nagender vor ein paar Tagen gelandet sein.

Eigentlich heißt Zhongdian gar nicht Zhongdian, sondern Shangri-La, jedenfalls wollte der Tourismusminister in Peking das so. Der hat sich 2001 vorgenommen, die Besucherströme besser zu kontrollieren, um zu vermeiden, dass sie ihre Nase in jeden Hinterhof stecken. Und weil die Nachfrage nach Shangri-La so groß war, einem Ort, der gar nicht existierte, dachte er sich wohl, ein Angebot schaffen zu müssen. Bevor also noch mehr Touristen auf die Suche nach dem sagenumwobenen Tal aus dem Roman »Lost Horizon« gehen, so sein Kalkül, werfen wir ihnen lieber ein paar Brocken hin.

Zhongdian, das im autonomen tibetischen Bezirk Deqen innerhalb der chinesischen Provinz Yunnan liegt, musste dran glauben, hier sollte der Himmel auf Erden geschaffen werden. Also weg mit dem alten Namen. Dumm nur, dass Zhongdian ein hoffnungslos verschlafenes Nest war. Es besitzt zwar ein bedeutendes Kloster, und der durchaus sehenswerte historische Kern ist sicherlich einen Besuch wert. Lijiang kann das jedoch weit in den Schatten stellen.

Ein richtiger Superlativ musste also her, etwas, das es sonst nirgendwo gab.

Folglich wurde die größte Gebetsmühle der Welt auf den Hausberg gepflanzt, vierundzwanzig Meter hoch. Jetzt passte es. Die Tibeter, die hier die Bevölkerungsmehrheit bilden und aus Peking einiges gewohnt sind, müssen sich an den Kopf gefasst haben. Dennoch sind sie vielleicht ganz froh gewesen, dass die Touristen da oben die Riesenmühle drehen und sie unten im Dorf in Ruhe lassen.

Wir fallen uns in die Arme. Nagender schlägt vor, aufs Hotelzimmer zu gehen, da es viel zu besprechen gebe, außerdem warte dort eine Überraschung auf mich. Beim Betreten des Raumes sehe ich sie sofort, zwei große Flaschen Lancangjiang-Bier stehen dort.

»Oh, Mekong-Bier, wo hast du das denn aufgetrieben?«
»Das trinkt hier jeder.«

In Delhi hat man sich bei Nagender für das Missverständnis entschuldigt und ihm unverzüglich ein chinesisches Visum erteilt. Er hat jede Menge warme Kleidung aus Indien mitgebracht, dazu viele Akkus und Speicherkarten. Da wir auf unserer Expedition über längere Zeit keinen Stromanschluss zur Verfügung haben werden und Solarpaneele wegen der unsicheren Wetterlage keine Option sind, haben wir uns dazu entschlossen, den Energiebedarf unserer Kameras mit vielen Akkus zu decken.

Bevor wir die Zivilisation verlassen, müssen sie geladen sein. Damit sie sich bei Kälte nicht zu schnell selbst entladen, werde ich sie im Warmen unter meiner Kleidung am Körper tragen.

Die riesigen Datenmengen von zwei Vollformatkameras und einer Videokamera belassen wir auf den Speicherkarten. Damit ersparen wir uns den Laptop, die externe Festplatte sowie die Stromversorgung dafür.

Nagender erzählt mir vom Kloster Sumtseling Gompa in Zhongdian, in dem er heute gewesen sei. Voller Begeisterung schwärmt er von den bunten Fassaden und Fensterläden, von der farbenfrohen Inneneinrichtung und der Freundlichkeit der Mönche, die ihm das Kloster gezeigt haben. Er schiebt den Fenstervorhang zur Seite: »Schau, du kannst es von hier aus sehen, es ist jetzt beleuchtet.«

Aufgefallen war mir der Gebäudekomplex schon bei der Ankunft in Zhongdian.

»Leider führen einfach zu viele Stufen hinauf, das Kloster wird unerreichbar bleiben für dich. Es tut mir leid.«

»Ach, Nagender«, ich lege die Hand auf seine Schulter und tröste ihn, »du hast es für mich gesehen.«

Dass Nagender in meinem Auftrag auf Erkundungstour geht, ist zur Routine geworden. In den Ländern, durch die wir reisen, mache ich niemandem wegen architektonischer Barrieren einen Vorwurf. Ich kann es schmerzfrei hinnehmen, wenn mir der Eintritt verwehrt wird, weil meine Religion oder der Rollstuhl unerwünscht ist. Rechnen muss ich damit überall. Ob in islamischen Gotteshäusern, Hindutempeln, buddhistischen Klöstern oder Maharadschapalästen. Selbst die ach so toleranten Bahai haben mir das Betreten ihres Lotustempels in Delhi mit dem Rollstuhl verwehrt.

Nagender fungiert als eine Art Vorkoster und muss danach eine detailgetreue Beschreibung abliefern. Anhand der Fotos und seiner Schilderung ist es fast, als hätte ich das Kloster mit eigenen Augen gesehen.

So begeistert Nagender vom Kloster berichtet – ich nehme seine Rede bloß am Rande wahr und nutze die erste Gelegenheit, ihn zu unterbrechen: »Gab es inzwischen eine Nachricht von dem Fahrer und dem Dolmetscher?«

»Nein, bis heute Mittag hat sich niemand nach uns erkundigt.«

»Hm, das ist merkwürdig, sie waren für heute bestellt.«
»Vielleicht kommen sie noch, es ist erst neunzehn Uhr. Erklär mir, wie es jetzt weitergeht.«

## Gan-bei, *lasst uns die Gläser trocknen!*

Ich berichte ihm von meiner Odyssee durch die Büros der Expeditionsveranstalter in Kunming und von ihren Vorbehalten. Ich beklage, dass niemand zu dem Wagnis bereit war und ich erst nach tagelangen Verhandlungen und vielen Zugeständnissen eine Zusage bekam. Dabei dramatisiere ich kräftig, um von vornherein den horrenden Preis zu rechtfertigen. Nagender wird wissen wollen, was das kostet. Selbst wenn es nicht sein Geld ist, was da über den Tisch gegangen ist, wird er über meine Dummheit schimpfen und beklagen, nicht dabei gewesen zu sein, weil er doch Profi im Handeln ist. Wenn ich ihm obendrein sage, dass ich den ganzen Betrag im Voraus bezahlt habe, wird er vielleicht einen Tobsuchtsanfall kriegen oder in Ohnmacht fallen. Kann sein, dass er völlig außer sich das F-Wort herausbrüllt oder einfach das Zimmer verlässt. Ich habe keine Ahnung. Nur eines weiß ich, seine Entrüstung wird maximal sein.

Also liste ich ausführlich auf, wie viel Ausrüstung, wie viele Pferde und Träger nötig sind und welch riesiger Aufwand dahintersteckt.

»Wie viel kostet das?«, platzt es da auch schon aus ihm heraus.

»Na ja, es ist ein wenig teurer als damals am Ganges«, sage ich milde.

»Wie viel?«

Ich weiß, ich komme nicht drum herum, und schiebe ihm den Zettel hinüber.

»Hier, die Leistungsbeschreibung, da sind sogar sämtliche Lebensmittel und Trinkgelder inbegriffen.«

»Trinkgelder, was ist das?«

»*Bakschisch* halt.«

Nagenders Blick wandert ans untere Ende der Rechnung. Ich ahne, was jetzt in seinem Kopf vorgeht.

»Andy, bist du wahnsinnig, das sind über eine Viertelmillion Rupien?!«

»Naggi, ich sagte doch, ich hatte keine Wahl.«

»Hier steht *paid*. Wie viel hast du schon bezahlt?«

»Alles.«

Seine Hand senkt sich mit dem Zettel. Dann schaut er mich mit traurigen Augen an, wie ich sie noch nie bei ihm gesehen habe. Er wird aschfahl, was sogar unter seiner braunen Haut deutlich wird, und sackt aufs Bett herunter.

Nagender sagt gar nichts mehr und schaltet den Fernseher ein. Er starrt auf den Nachrichtensprecher. Auch eine Reaktion.

»Hey, das hole ich mit den Vorträgen wieder rein.«

»Andy, darum geht's nicht. Die können mit dir machen, was sie wollen. Hast du denn gar nichts bei mir gelernt? Wie oft habe ich dir gepredigt, dass du niemals im Voraus zahlen sollst?«

»Aber ich habe die Rechnung.«

»Ha, das ist Verarschung. Glaub mir, es gibt keinen Fahrer, keinen Dolmetscher und keinen Jeep. Niemand wird uns holen.«

»Was hätte ich deiner Meinung nach tun sollen, die haben mir die Pistole auf die Brust gedrückt. Zahl im Voraus oder vergiss es.«

»Hart bleiben, Sicherheiten verlangen, Kompromisse anbieten. Wär ich bloß dabei gewesen.«

»Nagender, du warst aber nicht dabei. Also hör jetzt auf. Wenn dieser Mist uns nicht entzweien soll, vergessen wir jetzt das Thema.«

»O Mann, Andy... aber in Ordnung, lass uns –«

Nagenders Antwort wird vom Klingeln des Telefons zwischen den Betten unterbrochen.

Ich schaue ihn triumphierend an: »Um was wollen wir wetten, dass Hu in der Leitung ist.«

»Hallo, Mister Prove, hier ist Hu, von China Tours & Travel, wir haben eine Verabredung.«

»Ah, Hu, gut dass Sie da sind, wir kommen runter, bis gleich.«

Auf dem Weg zum Aufzug rolle ich hinter Nagender her und knuffe ihm in den Rücken: »Sei nett zu ihm, auch wenn dir die Sache stinkt. Hu kann nichts dafür, der ist nur Dolmetscher.«

Hu ist zweiunddreißig Jahre alt, hat eine Frau und ein Kind, spricht leidlich Englisch, wenn auch mit gewöhnungsbedürftigem Akzent, und ist, wie über neunzig Prozent seiner Landsleute, Han-Chinese. Bei seiner Körpergröße von ein Meter sechzig kann ich ihm geradewegs in die Augen schauen, wenn ich mich hochstütze. Er ist praktisch gekleidet, in Jeans und Outdoorjacke, und hat ein Herrenhandtäschchen dabei.

Schnell offenbart er seine reichlich unbedarfte, etwas fahrige Art. Er erzählt mir, dass er erst seit Kurzem für das Büro arbeitet und seinen Job unbedingt gut machen will. Keine ausgefuchste Strategie von ihm, gleich mit solchen Offenbarungen herauszurücken. Mir hilft das allerdings, ihn besser einzuschätzen. Er wird kooperieren. Das stimmt mich positiv.

In unserem Gespräch überschlägt er sich geradezu mit Anregungen, was als Nächstes zu tun sei. Aber seine Planung wirkt unstrukturiert. Mir wird schnell klar, Hu ist der richtige Mann und sicher ein Organisationstalent, solange ihm jemand sagt, was er als Nächstes zu tun hat. Und er hat Humor. Stolz erklärt er uns: »Hu ist mein chinesischer Name, für euch bin ich Leo, das bedeutet der Löwe.«

»Ach, ich glaube wir bleiben bei Hu, das passt besser«, erwidere ich.

Yong, der unbeteiligt dabeisitzt, ist Fahrer, Raucher und der Mann fürs Grobe. Das war beim Händeschütteln deutlich spürbar. Er trägt einen verschlissenen US-amerikanischen Armeeparka mit den entsprechenden Aufnähern sowie die dazu passende Hose. Von Anfang an habe ich ihn richtig eingeschätzt. Er kann zupacken, ist nicht schüchtern und hat ein offenes Auge für Situationen, in denen er gebraucht wird. Einer, der mitdenkt. Englisch spricht er nicht. Das, stellte sich später heraus, war gut. Jede Sprache hätte unsere nonverbale Kommunikation nur gestört.

An der Quelle des Mekong war bisher noch keiner von ihnen, und sie kennen niemanden, der etwas über die geografischen Gegebenheiten dort sagen könnte. Das werden wir allerdings erst in einer Woche erfahren, wenn wir in Zadoi sind. Dorthin ist ein kundiger Führer bestellt. Die Träger und Pferdeführer erwarten uns ebenfalls dort. Ich breite die Landkarte auf dem Tisch im Foyer des Hotels aus und bitte Hu, mir zu zeigen, auf welchem Weg wir Zadoi erreichen.

»Wir bleiben bis Yushu auf der Zweihundertvierzehn. Dort muss ich eine Genehmigung einholen, und dann fahren wir nach Zadoi. Wie es von dort weitergeht, muss der Führer entscheiden, da kenne ich mich nicht aus.«

»Das sind mehr als tausend Kilometer, wie lange werden wir brauchen?«

»Vielleicht drei Tage. Es kann unterwegs Probleme geben, weil laut Informationen aus dem Büro die Straße in schlechtem Zustand ist.«

»Und was dann?«

»Dann müssen wir einen Umweg fahren.«

Hu versichert, dass es in erreichbaren Abständen einfache Unterkünfte gibt. Schlimmstenfalls müssen wir zelten. Weil es bis Yushu Engpässe bei der Lebensmittelversorgung geben kann, sollten wir mitnehmen, was möglich ist.

Es ist spät geworden. Wir verabreden uns für morgen. Dann werden wir den Proviant für die kommenden vier Tage einkaufen, das Auto beladen und übermorgen früh aufbrechen.

»Siehst du, Nagender, deine ganze Panik war überflüssig. Es ist bestens organisiert.«

»Warte ab, wir sind ja nicht einmal gestartet.«

»Denk positiv, nicht alle Menschen sind Gauner.«

Am nächsten Tag steuert Yong den Wagen direkt vor die Markthalle. Dann ist der Weg nicht so weit, wie Hu meint. In der Tat, was wir da herausschleppen, könnte eine ganze Fußballmannschaft über Tage hinweg ernähren. Unmengen rohen Gemüses, riesige Kartoffeln, ein komplettes Hinterbein vom Yak, getrocknet und bestimmt zehn Kilo schwer, sowie palettenweise Eier landen im Auto. Angesichts der proportional überdimensionierten Menge an Zwiebeln und Knoblauch ahne ich, was mir blüht.

Wie ich sehe, ist Yong derjenige, der am Gemüsestand das Sagen hat. Er lässt Hu die Tüten zum Fahrzeug schleppen. Feinschmecker müssen sie sein. Besonderen Wert legt Yong auf Kräuter: Dill, Petersilie, Fenchel und Ingwerknollen lassen sich gerade noch ausmachen. Über den großen Rest an getrockneten Pflanzen, Nüssen, Früchten und Pilzen kann ich allerdings nur rätseln. Hus Erklärung, das sei gegen Trockenheit im Körper oder bekämpfe heiße innere Winde, hilft mir nicht wirklich weiter. Über den Inhalt des gelben Kartons, den Hu schultert, gibt es dagegen keine Zweifel. »Lancangjiang-Bier, zum Anstoßen an der Quelle«, ruft er zu mir herüber und stellt ihn behutsam zwischen die anderen Kisten ins Auto.

»Das wäre der Gag schlechthin«, sage ich zu Nagender, »wenn wir uns mit Mekong-Bier an der Quelle zuprosten würden.«

Zu guter Letzt kommt Yong mit zwei Stangen Zigaretten aus der Markthalle geschlurft. Seinen chinesischen Kommentar verstehe ich zwar nicht, so wie er aber darüber lacht, muss es wohl sehr witzig gewesen sein.

Jetzt, in den Mittagsstunden, räumen wir den Toyota komplett aus. Gepäckstücke und Lebensmittel, die Blechkisten, in denen sich Zelte, Schlafsäcke, Isomatten und Sauerstoffflaschen sowie Kocher, Gas, Töpfe und Pfannen befinden, breiten wir im Hof des Hotels aus. Erneut prüft Hu anhand seiner Liste die Vollständigkeit. Yong verstaut nach und nach alle abgehakten Teile in den Land Cruiser. Mein Handbike und die wasserdichten Packsäcke werden auf dem Dachgepäckträger verschnürt. Ohne dass ich ihn darauf hinweisen musste, hat Yong für den Rollstuhl einen extra Stauraum an der Hecktür reserviert, wo er ihn mit einem Handgriff erreichen kann. Zwischendurch auszusteigen wird also keine große Sache sein. Ich wusste, Yong besitzt Einfühlungsvermögen.

Beim gemeinsamen Abendessen werden wir miteinander warm. Es ist eines der besseren Restaurants, in denen große Separees zur Verfügung stehen. Hier kann der Chinese seinem Verlangen nachgehen, ungestört zu lärmen. Sinnloses Betrinken, ohne unter den Augen der Gäste vom Nachbartisch sein Gesicht zu verlieren, ist möglich. Es beginnt ganz harmlos. Die Drehplatte auf dem Tisch ist belegt mit Terrinen und Schalen, die die leckersten Gerichte enthalten. Nicht in drei Tagen könnten wir so viel essen. Überfluss soll demonstriert werden.

Jeder bekommt sein Schälchen, den chinesischen Schlürflöffel, die Stäbchen und einen halben Liter Bier vor die Nase gestellt. Damit wird in extrem kurzen Abständen, die kaum ein Essen zulassen, angestoßen. *Gan-bei!*, Gläser trocknen, heißt das. In China muss man nicht Toasten oder andere Ausreden suchen, um sich zu besaufen.

Weil dauernd jemand nachschenkt, gleicht das Gläsertrocknen einer Sisyphusarbeit mit einem einzigen Ziel, möglichst schnell vom Stuhl zu fallen. Hu forciert das Gelage besonders. Dabei macht er mir nicht gerade den Eindruck, trinkfest zu sein. Doch das täuscht. Mit Penetranz springt er unentwegt auf und streckt mir das Glas entgegen.
»Andy, *Gan-bei*!«

Eines ist klar, Hu gehört nicht zu den Chinesen, denen das Enzym zum Abbau von Alkohol fehlt. Der verträgt was.

Ich glaube, er hat es auf mich abgesehen, will mich unter den Tisch saufen. Das kann er haben. Ich biete ihm die Stirn und verkürze die Hoch-die-Tassen-Frequenz.

Jetzt spürt Hu, dass er auf Dauer den Kürzeren ziehen wird. Daher schlägt er vor, ein Spiel zu spielen: Der Verlierer muss das Glas trocknen. Umständlich erklärt er mir, was ich aus Kindertagen als Ching Chang Chong kenne. In China gibt man sich zuvor die Hand und löst sie bei drei, um den Kontrahenten mit Papier, Stein oder Schere zu übertrumpfen.

Der arme Nagender kennt als Einziger die Regeln nicht und vermutet hinter dem infantilen Spiel eine hohe Komplexität. Viele Gläser muss er trocknen.

Kurz bevor es zu eskalieren droht und ich die Runde abbrechen will, steht Hu auf, jetzt ohne Glas, und ruft: »Auf zum KTV!«

Ich habe auf meiner Chinareise lange gebraucht, bis ich begriffen hatte, was die trinkwütigen Chinesen des Nachts aus dem Hause treibt. Karaoke Television oder der Wunsch, einmal Star zu sein, wenigstens im engsten Familien- oder Freundeskreis. Je nach Geldbeutel, nobel oder sehr einfach, begibt man sich mit Gleichgesinnten in den abgedunkelten Raum eines KTV-Centers. Ist es ein renommierter Laden, steht Bier, Knabberkram und ein Becher mit Zigaretten auf dem Tisch. Der Riesenflachbildschirm bringt Musikvideos mit Untertitel, die jeder, so gut er kann, mitsingt. Weil das in nüchternem Zustand wenig lustig ist und kaum ein Chinese lange durchhält, wird sich möglichst schnell ein Pegel angetrunken, bei dem man über die Künste des Singstars lachen kann. Das geht in der Regel schnell.

Ganz gegen das Prinzip, möglichst ohne Gesichtsverlust durchs Leben zu gehen, setzen Chinesen sich im KTV sehenden Auges der Gefahr aus, sich zum Horst zu machen. Dabei ist KTV nicht gleich KTV. Manche dieser Schuppen sind nichts weiter als bessere Gogo-Bars.

Beim Betreten des Restaurants direkt neben unserem Hotel war mir gleich der Hinweis auf das benachbarte KTV aufgefallen. Hu hat den Abend stramm durchgeplant: ein dunkler Raum, massenhaft Bier auf dem Tisch und ein Bildschirm, der bereits chinesische Schnulzen wiedergibt – er will uns mit Gewalt bespaßen. Er braucht jemanden, der im Reisebüro in Kunming seine Fähigkeiten als Dolmetscher und Reiseleiter lobt. Wir machen den albernen Klamauk eine Weile mit, weil wir keine Spaßverderber sein wollen, und brechen beizeiten mit Hinweis auf den anstrengenden nächsten Tag auf.

Zurück im Zimmer, warnt mich Nagender: »Wir sollten uns davor hüten, die beiden zu nah an uns heranzulassen. Denk dran, sie sind für uns Geschäftspartner.«

»Und bitteschön, warum darf ich mit meinem Geschäftspartner nicht einen vergnüglichen Abend verbringen?«

»Sei nicht so empfindlich. Ich will dir nur sagen, dass das zu seiner Strategie gehört. Hu will die Distanz verringern. Je freundschaftlicher euer Verhältnis ist, umso mehr verschwimmen die Grenzen zwischen Auftragnehmer und Auftraggeber, umso größer ist seine Handlungsfreiheit. Er kann sich mehr herausnehmen und erhöht bei dir die Schwelle, ab der du ihn in seine Schranken weisen müsstest. Du hast bezahlt, du bist der Boss.«

Mein Verstand sagt mir, dass Nagender recht hat. Trotzdem widerstrebt es mir, hinter jeder Äußerung oder Handlung von Hu zu vermuten, dass er mir jetzt das Zepter entreißen will. Gleichzeitig bin ich froh, dass Nagender kein Blatt vor den Mund nimmt und mich davor warnt, zu vertrauensselig zu sein.

»Naggi, es stimmt, was du sagst. Ich nehme mir das zu Herzen. Aber ich glaube, Hu ist überhaupt nicht so berechnend. Der ist einfach harmoniesüchtig und will seinen Job gut machen.«

»Genau das wollte ich damit sagen.«

## *Tibet ist atemberaubend*

Mit brummenden Schädeln starten wir Richtung Norden. Yong, der beim Gläsertrocknen auffallend zurückhaltend war, ist topfit und stand bereits vor Sonnenaufgang in den Startlöchern. Schon nach einer Stunde überqueren wir den Jangtsekiang und erreichen kurz darauf den Mekong. An einer Flussschleife legen wir eine Pause ein. Noch immer trägt der Mekong seine charakteristische rotbraune Färbung, wie an der Mündung in Vietnam. Am Straßenrand, hoch oben über dem Fluss, bietet sich ein herrliches Panorama. In Jahrmillionen hat sich der Mekong tief in eines der in Nord-Süd-Richtung verlaufenden Täler eingegraben. Der Indische Subkontinent, der mit einer vergleichsweise rasenden Geschwindigkeit von zwanzig Zentimetern pro Jahr gen Norden driftet, hat neben dem Himalaja diese parallelen Täler aufgefaltet. In ihnen suchen sich einige der größten Flüsse der Erde – Brahmaputra, Salween, Mekong, Jangtsekiang und Huang He – ihren Weg gen Süden oder Osten.

Die chinesische Regierung hat sich die Erschließung dieser teilweise unzugänglichen Täler auf die Fahnen geschrieben. Inzwischen ist der Lauf des Mekong nahezu komplett mit einer Uferstraße versehen. Sie dient als Basis für die vielen Staudammprojekte, um den unstillbaren Energiehunger der Chinesen zu decken. Überall sehen wir aufgerissene Erde. Starker Schwerlastverkehr, Baukräne und riesige Containerdörfer für die Bauarbeiter lassen erahnen, wie sehr der Mekong sich in den nächsten Jahren verändern wird.

Erst jenseits des Bezirks Deqen, in der autonomen Provinz Tibet, wird die Straße schlechter. Sie führt häufiger über Kehren vom Strom weg, und Großbaustellen werden seltener.

Auf meiner Landkarte verfolge ich unsere Route genau. Dabei entdecke ich, dass wir uns Myanmar bis auf gut hundert Kilometer Luftlinie genähert haben.

Ich war schon einmal hier, ganz in der Nähe.

Das Chusri Guest House in der Khao San Road von Bangkok war damals die einzige barrierefreie Unterkunft. Ich kam von Indien herüber, um hier meine Einreise nach Myanmar, das damals noch Burma hieß, zu organisieren. In diesem geheimnisvollen Land, abgeschottet von einer Militärjunta, gab es nur eine Handvoll Orte, die für Ausländer geöffnet waren. Visa wurden generell für nicht länger als eine Woche ausgestellt, und die einzige mögliche Flugverbindung existierte zwischen Bangkok und Rangun. Allein die klangvollen Namen Mandalay und Irrawaddy übten damals eine magische Anziehungskraft auf mich aus. Die Khao San Road bot alles für meinen Wunschtrip: Informationen und Agenten, die Flugtickets und Visa besorgten.

Zwei Tage später landete ich in einer anderen Zeit. Burma machte den Eindruck, als hätte sich seit der Entlassung aus dem Britischen Empire nichts geändert. Auf Mauervorsprüngen und in Dachrinnen der Kolonialbauten sprossen Gräser und Büsche, Wurzeln sprengten die englischen Fachwerkhäuser. Wie auf Kuba schienen die Fahrzeuge konserviert zu sein, als sei ihre Verschrottung auf den Sankt Nimmerleinstag verschoben. Das Verhältnis zwischen motorisierten und von Muskelkraft betriebenen Fahrzeugen auf den Straßen war Maßstab für die brachliegende Wirtschaft. Fahrradklingeln dominierte. Herrlich, wenngleich auch ein Symbol für unmenschliche Schinderei, waren die Rikschas. Ein Fahrrad mit Beiwagen, ich habe sie geliebt.

Mehr als all die Nostalgie begeisterten mich aber die Menschen. Trotz der Repressalien, trotz des Abgeschottetseins und der schwierigen Lebensbedingungen bewahren sie ihr Lächeln und eine optimistische Grundstimmung. Ein extrem sympathisches Volk.

Mein Problem damals: Ich war notorisch knapp bei Kasse. Für die vierzehnstündige Fahrt hinauf nach Mandalay hatte ich eine Fahrkarte in der Holzklasse des Nachtzugs ohne Reservierung gelöst. Das ersparte mir zwei Euro für die Übernachtung im YMCA. Ich schlief im Gang auf dem Boden, angekettet an meinen Rollstuhl und das Gepäck. In der Dunkelheit krochen die Kakerlaken über mich hinweg und jeder, der zur Toilette wollte, stolperte über meine Füße. Am Mittag des nächsten Tages traf ich erschöpft und verdreckt in Mandalay ein. Ich brauchte einen halben Tag, um mich von dieser Bahnfahrt zu erholen. Da musste ich mir zum ersten Mal eingestehen, dass Reisen auf diesem Level nicht wirklich billiger ist. Immerhin war ich glücklich, mehr wollte ich nicht. Ich hatte Mandalay gesehen und das Tal der Tempel von Pagan.

Auf dem Rückweg nach Rangun beschäftigte mich ein Gedanke: Wie kann ich meinen Aufenthalt in Burma verlängern, ohne Illegales zu tun.

Mein Plan war perfekt.

Am Tag meines Rückflugs fuhr ich zum Flughafen und wartete in der Halle, bis ich die Maschine starten sah. Außer Atem rollte ich zum Schalter und entschuldigte mich vielmals. Zwei Tage gewann ich durch die aufgenötigte Visaverlängerung. Bei meinem zweiten Versuch gab es zusätzliche vierundzwanzig Stunden Aufenthalt, weil tags darauf ein weiterer Flieger ging. Ich hatte, was ich wollte. Burma blieb mein Traumland, an das ich die schönsten Erinnerungen hatte. Ich hütete mich davor, diese durch einen erneuten Besuch zu zerstören. Nie wieder war ich dort.

Wir atmen tibetische Luft. Sie wird dünn, vor allem auf den Pässen von über viertausend Metern. Das macht sich noch kaum bemerkbar, weil wir gut akklimatisiert sind und weitgehend regungslos im Auto hocken. Das Gefühl, zu wenig Sauerstoff zu bekommen, stellt sich erstmalig an einem Aussichtspunkt ein, an dem der Höhenmesser im Auto viertausendzweihundert Meter anzeigt und wir aussteigen. Ich bin perplex, wie anstrengend es sein kann, sich eine Jacke anzuziehen. Zum Test meiner körperlichen Fähigkeiten in dieser Höhe lasse ich mich ein Stück die Straße herunterrollen und wende. Ich schaffe die Steigung knapp, das beruhigt mich. Gleichzeitig ist es, als würde mich jemand festhalten. Den fehlenden Sauerstoff kann ich durch häufigeres Atmen kaum ausgleichen. Lediglich das Verlangsamen der Bewegungen und Verschnaufpausen helfen.

Der Hintergedanke bei diesem Versuch ist mein Wunsch, mich von den dreien zu trennen, um einen Teil der Strecke in Handarbeit zurückzulegen. Ich kenne mich und weiß, dass ich spätestens nach vier Tagen in diesem Auto verrückt werde. Dabei gibt es keinen Grund, sich zu beschweren. Ich sitze komfortabel klimatisiert in angenehmer Gesellschaft. Für mein leibliches Wohl ist gesorgt, und vor meinen Augen läuft ein packender Film: die Durchquerung Osttibets – live. Was will ich mehr, ist das geschenkte Glück nichts wert? Es klingt paradox, aber das Sitzen ist Gift für mich, obgleich ich es bereits mein halbes Leben lang tue. Genauer gesagt, das untätige Sitzen. Die ohnehin dürftige Durchblutung in den Beinen verschlechtert sich, und meine Oberarmmuskulatur baut ab. Um das zu verhindern, werde ich den zweihundert Kilometer-Endspurt nach Zadoi in die eigenen Hände nehmen. Das müssen meine drei Spezis jetzt noch nicht wissen. Bis dahin sind es mindestens noch zwei Tage.

Wir haben heute westlich von Gartok den Mekong überquert und übernachten in Bamda. Die Unterkünfte ähneln ein wenig den amerikanischen Drive-ins. Eine durchlaufende Veranda, von der die Zimmertüren abgehen. Parken kann man direkt davor. Irgendwo gibt es heiße Nudelsuppe. Danach verdrücken wir uns in die Betten, zu mehr reicht die Energie selten aus. Autofahren, selbst als Beifahrer, strengt an. Während wir unsere Suppe schlürfen, kommt Hu mit einem vierschrötigen Tischnachbarn ins Gespräch. Offensichtlich gehört er zu dem archaischen Lkw vor der Tür. Hu übersetzt, dass die Straße vermutlich noch nicht passierbar sein wird. Es gab vor ein paar Tagen einen Erdrutsch.

Er hatte recht. Der erste Fahrer, den wir am Morgen anhalten, bestätigt die Aussage des Truckers. Die Straße ist kurz vor Qamdo blockiert. Wann sie wieder passierbar sein wird, ist unklar. Eine Nachricht, die uns einen kompletten Tag extra kostet. Wir müssen kehrtmachen und eine Route östlich des Jangtsekiang wählen. Die Strecke ist schlechter, länger und es gibt weniger Unterkunftsmöglichkeiten. Was mir mehr Sorgen bereitet, ist das Wetter. Kurz nachdem wir auf die Umgehungsstrecke eingebogen sind und das zweite Tal durchquert haben, hängen die Wolken tief, es regnet, schneit ab dreitausendfünfhundert Metern, und dichter Nebel fordert Yongs volle Konzentration. Er besteht auf häufigeren Pausen. Einerseits beruhigt mich sein verantwortungsvolles Handeln in dieser misslichen Lage. Er ist ein wirklich guter, sicherer Fahrer. Andererseits werden wir durch diese Verzögerungen einen weiteren Tag später eintreffen. Ich frage Hu, ob es nicht besser sei, die Träger und Pferdeführer, die in Zadoi auf uns warten, davon zu unterrichten. Er meint, das sei nicht nötig, Das Team steht in Zadoi jederzeit zur Verfügung.

Schuld an unserer Verspätung sind zudem die vielen Polizeikontrollen. Weil Hu einwandfreie Papiere vorlegen kann, geht das meistens schnell, und doch reduzieren die

Stopps unser Tagespensum auf dreihundert Kilometer. Hu meint, aufgrund der vielen Kontrollposten sind die Sicherheitskräfte vermutlich in Alarmbereitschaft. Irgendwas sei im Busche.

In Osttibet leben die aufrührerischen Khampa-Tibeter, ein stolzes Reitervolk, das eine Fremdherrschaft nie wirklich akzeptiert hat. Ihr Kampfesmut machte sie über ihre Grenzen hinweg bekannt, was die CIA 1960 veranlasste, sich ihrer zu bedienen, um der Annexion Tibets durch das kommunistische China etwas entgegenzusetzen. Eine schlagkräftige Truppe von über zweitausend Khampa-Soldaten wurde im Mustangtal in Nepal heimlich und ohne Wissen der Regierung ausgebildet. Die Nadelstichoperationen dieser tapferen Khampa-Reiter auf ihren zotteligen Pferden waren bei der Übermacht der chinesischen Armee allerdings zum Scheitern verurteilt.

1968 verlor die CIA ihr Interesse an ihnen, was sie nicht daran hinderte, Peking bis heute mit ihrem rebellischen Naturell zu piesacken. Sie demonstrieren, hängen öffentlich Bilder des Dalai Lama auf und machen die Weltöffentlichkeit wiederholt mit Selbstverbrennungen auf sich aufmerksam. Ihre Aufmüpfigkeit erreicht zum chinesischen Neujahrsfest und dem Jahrestag des tibetischen Aufstandes vom 10. März 1959 regelmäßig einen Höhepunkt. Darum ist Peking seit ein paar Jahren dazu übergegangen, die autonome Provinz Tibet sowie Teile Sichuans für Ausländer im März zu sperren. Der Grund für die verstärkten Kontrollen, jetzt, nach Ende des Neujahrsfestes, ist das unvermutete Aufflammen von Unruhen. Davon und dass Tibet kurz nach meiner Rückkehr erneut gesperrt wurde, erfahre ich erst viel später. Hu liegt mit seiner Vermutung, dass es irgendwo Ausschreitungen gegeben hat, also ganz richtig.

Osttibet leidet nicht nur unter der Knute Pekings, es gehört außerdem zu den tektonisch unruhigsten Gebieten der

Erde. Spannungen entladen sich durch die Drift der Indischen Platte hier im tibetischen Hochland. Yushu, mit dreihunderttausend Einwohnern, wurde im April 2010 davon heimgesucht.

Wir erreichen die Stadt am späten Nachmittag bei strömendem Regen und zehn Grad. Auf der Zufahrtsstraße, die von der Provinzhauptstadt Xining hierherführt, werden wir von starkem Schwerlastverkehr überrascht, der mit Baumaschinen, Betonmischern, Holz und Kies, kurz mit allem, was nötig ist, um eine Stadt wieder aufzubauen, beladen ist. Entgegen kommen uns allerdings nur leere Lkw. Offenbar haben sie ihre Fracht abgeladen.

Wir fahren durch einen gigantischen Schutthaufen, in dem kleine Flächen planiert wurden, um Platz für die blauen Notzelte der Erdbebenopfer zu schaffen. Auffallend viele Bewohner sind bandagiert, gehen an Krücken oder sind auf irgendeine Weise versehrt. Eine schmale Fahrspur wurde von den Planierraupen freigeschoben. Links und rechts türmen sich Holz, Ziegelsteine und Betonreste. Mich erinnert die Szenerie an Bilder der ausgebombten deutschen Städte nach dem Zweiten Weltkrieg.

Eines muss ich den Chinesen zugutehalten, sie kleckern nicht, sondern klotzen. Vor der Stadt liegen bereits riesige Mengen zerlegter Baukräne bereit, die zum Einsatz kommen, wenn die Bulldozer das Stadtgebiet vom Schutt befreit haben. Wie die Stadt Yushu später aussieht, welche Häuser den Menschen vorgesetzt werden und ob sie dabei ein Wort mitreden dürfen, entzieht sich meiner Kenntnis.

Hu ist ein Organisationstalent. Weil es kein Hotel mehr gibt, besorgt er uns zwei Betten in einem Baucontainer. Er schläft mit Yong im Auto. In Ermangelung von Lust und Laune, den Abend mit Kochen zu verbringen, begnügen wir uns mit Fast-Food-Suppe, einer chinesischen Kopie der Fünf-Minuten-Terrine mit dem Geschmack von Huhn.

Der Morgen beginnt ebenso spärlich. Hu besteht darauf, extrem früh zu starten, er will in dieser zerstörten Stadt nicht länger bleiben als unbedingt nötig. Erst viel später erfahre ich, dass Yushu wegen der anhaltenden Räum- und Bauarbeiten für Ausländer gesperrt ist und die Permits, die uns bisher freie Fahrt garantierten, hier nicht gelten.

Beim Einsteigen in den Toyota kann ich meinen inneren Widerstand kaum überwinden. Der Leidensdruck hat das Maß des Erträglichen überschritten. Ich will nicht erneut zehn Stunden am Stück untätig sitzen, will nicht mehr Zigaretten für Yong anzünden, nicht mehr seinen kalten Rauch einatmen und nicht mehr die Ohrwürmer hören, die er lautstark mitsingt. Um ihn bei Laune zu halten, habe ich das nun vier Tage mitgemacht. Jetzt ist Schluss.

Auf der ersten Passhöhe, in sagenhaften viertausendsiebenhundert Meter Höhe, steigen wir für ein Foto aus. Zwar schneit es momentan, aber die lockere Bewölkung verspricht Besserung. Laut meiner Karte wird die Straße im Tal auf einen Fluss treffen und ihm folgen, bis er kurz vor Zadoi in den Mekong mündet. Mit unüberwindbaren Steigungen muss ich daher nicht rechnen. Die Ortsnamen auf der Landkarte geben mir Hoffnung, dort ein Dach über dem Kopf zu finden. Also optimale Bedingungen, die drei Freunde fortzuschicken und meinem Bewegungsdrang nachzugehen.

»Nagender, ich werde euch verlassen.«

»Wie?«

»Im Rollstuhl. Ich rolle nach Zadoi. Vielleicht schaffe ich es in zwei Tagen, schlimmstenfalls drei.«

»Du willst mich mit den beiden also allein lassen. Wer steckt Yong dann die Zigaretten an?«

Ich nehme tröstend seinen Arm: »Ach, Naggi, frag Hu.«

Dass Nagender gleichmütig hinnimmt, was ich mir vorgenommen habe, wundert mich nicht. Er kennt mich und hat es längst aufgegeben, mich von solchen Ideen abzubringen. Was nicht bedeutet, dass er meine Beweggründe versteht. Ebenso wenig wie Hu und Yong, die sich an den Kopf fassen, weil sie nicht begreifen können, dass sich da einer für viel Geld einen Jeep mit Fahrer und Dolmetscher mietet, um dann auszusteigen und im Rollstuhl weiterzurollen. Für Yong, in dessen Zuständigkeitsbereich solche Fragen nicht fallen, ist die Sache, nachdem er mich lachend für verrückt erklärt hat, erledigt.

Hu dagegen springt im Dreieck. Mit seinen kurzen Beinen, die ihn zu kleinen Schritten zwingen, läuft er auf der Straße zeternd hin und her. Der arme Mann ist ganz aus dem Häuschen und baut sich ein ums andere Mal vor mir auf, um mich mit neuen Warnungen davon abzubringen: »Hast du den Verkehr nicht gesehen?« Dabei weist er in Richtung Yushu, woher wir gerade kommen. »Die fahren dich platt!«

»Hey, Hu, schau dich um, hier ist kaum was los, die Trucks fahren nicht nach Zadoi.«

Wieder tippelt er auf und ab. »Und das Wetter, darf ich dich darauf hinweisen, dass es schneit.«

Freundlich entgegne ich: »Darf ich dich darauf hinweisen, dass ich Winterkleidung trage. Außerdem wird es da hinten schon heller.«

»Andreas, ich muss dir mal was erklären, wir sind im wilden Westen von China. Mit den Khampa ist nicht zu spaßen. Ein Menschenleben ist hier nichts wert. Raubmord wegen ein paar Dollar ist nicht unüblich, wenn die deine Kamera sehen, zögern sie nicht.«

Dass Hu als Han-Chinese und Dolmetscher eines staatlich akkreditierten Reisebüros keine gute Meinung von der hiesigen Bevölkerung hat, übersehe ich. Vermutlich hat er nie etwas anderes gelernt. Ich halte solche Unterstellungen für übertrieben. Lächelnd sage ich: »Hu, verzeih mir, das glaube ich einfach nicht. Die Schurken sind auf der Welt relativ gleichmäßig verteilt. Wenn ich hier einem begegnen sollte, ist das einfach nur Pech, das mir genauso in Frankfurt widerfahren kann.«

Verzweifelt setzt er sich auf die Stoßstange und vergräbt sein Gesicht in den Händen. Dann schaut er mich an und versucht es auf die sanfte Art. »Hast du dir überlegt, wo du übernachten wirst?« Ich breite die Landkarte aus, und weise auf die Ortschaften hin. »Du machst mich unglücklich, Andy. Ich musste Michelle Yang versichern, dass dir nichts passiert. Ich bin für dich verantwortlich, und du willst mit dem Rollstuhl nach Zadoi fahren. Wenn das schiefgeht, bin ich meinen Job los.«

Deswegen also springt Hu hier herum und macht ein solches Theater, jetzt verstehe ich.

Wieder einmal wurde meine Eigenverantwortlichkeit auf andere übertragen. Kaum etwas hasse ich mehr. In Deutschland, wo das Leben der Menschen bis ins kleinste Detail mit Verordnungen und Gesetzen geregelt ist, wo ich jedem, der mir am Bürgersteig hilft, automatisch die Haftpflicht für mich übertrage, kann ich – wenn auch nur widerwillig – darüber hinwegsehen. Dass mir sogar in China eigenständiges Denken abgesprochen wird, macht mich sprachlos!

Sicher, man meint es ja nur gut mit mir. Daher rede ich beschwichtigend auf Hu ein. »Mach dir keine Sorgen, ich werde vorsichtig sein und auf mich achtgeben. Du wirst sehen, ich werde wohlbehalten in Zadoi eintreffen.«

Ich bitte Nagender und Yong, mein Handbike vom Dachgepäckträger zu lösen und meine Fahrradpacktaschen aus dem Wagen zu nehmen. Verdrießlich beobachtet Hu, wie ich mein Bike startklar mache. Nagender schneidet mir ein großes Stück getrocknetes Yakfleisch von der Keule ab, packt gekochte Eier ein, chinesische Müsliriegel und eine große Flasche Wasser. »Für heute muss das reichen.«

Wie bei einem Marathonläufer am Start, fiebern meine Muskeln dem Moment entgegen, endlich in Aktion zu treten. »Macht's gut Freunde, bis bald!«, rufe ich noch.

Ihr Winken sehe ich nicht mehr.

### *Ich gehe fast vor die Hunde*

Meine Schirmmütze, die ich tief in die Stirn gezogen habe, schützt mich vor den Schneeflocken. Wenn ich den Kopf hebe, um den Verlauf der Straße vor mir zu kontrollieren, treiben sie mir ins Gesicht. Sonst bin ich gut gegen Kälte und Nässe eingepackt und habe dennoch genug Bewegungsfreiheit zum Kurbeln. Das erübrigt sich zunächst. Auf der Schussfahrt ins Tal ist meine größte Sorge, nicht zu schnell zu werden. Besonders in den scharfen Kehren, in denen es sehr steil ist, kann ich durch den Schnee leicht ins Rutschen geraten. Zum Glück bleibt der Schnee nicht liegen. Lediglich die kurzen Flechten und Gräser an der Straße sind weiß bedeckt. Drei, vier Haarnadelkurven liegen hinter mir. Einmal kommt der Schnee von vorn, dann schiebt er mich. Meine drei Spezis stehen noch immer oben am Pass und schauen auf mich herab. Jetzt starten sie, und ein paar Minuten später werde ich von ihnen mit einem Hupkonzert überholt. Dann ist es ruhig.

Durch die steile Bergabfahrt bin ich schnell auf der Höhe, die ich in den nächsten Wochen selten unterschreiten werde: viertausend Meter. Gerade eben, hundert Meter höher, ist der Schnee in Regen übergegangen, und nun, an dem vorerst tiefsten Punkt, an einer Brücke, die ein schmales Flussbett überquert, ist es endlich trocken. An der Uferböschung kleben die letzten Eisränder, die nach und nach abbrechen. Ihnen folgt der Frühling. Winzig kleine, blaue Blüten kann ich vom Brückengeländer aus entdecken, und die Gräser zeigen erstes, frisches, helles Grün.

Ich fahre nun an einer Bergflanke. Links von mir – vielleicht dreißig Meter tiefer – liegt der Fluss, zweihundert Meter über mir erheben sich Hügel mit schneebedeckten

Kuppen. Es geht sanft auf und ab mit leicht steigender Tendenz. Jetzt, wo ich kräftig kurbeln muss, spüre ich den fehlenden Sauerstoff deutlich. Ich arbeite langsamer, ohne Unterbrechung, muss in Schwung bleiben und ein Stoppen am Hang vermeiden. Der Kraftaufwand wäre enorm, um wieder in Gang zu kommen. Weil keine Steigung länger als hundert Meter ist, kann ich das folgende Gefälle zum Verschnaufen nutzen. Beim Anblick des Himmels um mich herum schwinden meine Hoffnungen auf ein Aufreißen der Wolkendecke und ein wenig Sonne. Es ist grau in grau. Immerhin gibt es keinen Niederschlag.

Als ich eine scharfe Kurve fahre, die einen Felsvorsprung umgeht, stehe ich unvermittelt vor dem Toyota, an dem meine drei Freunde mit verschränkten Armen lehnen. Sie erwarten mich offensichtlich. »Ihr glaubt, ich mache schlapp!«, schießt es mir durch den Kopf. Beim Passieren des Fahrzeugs grüße ich mit einem *Nin hao* und lasse sie ungerührt hinter mir. Bestimmt steckt Hu hinter dieser Aktion. Wahrscheinlich war er sich sicher, mich hier völlig erschöpft aufzulesen. Den Gefallen tue ich ihm nicht. Als sie mich überholen, kommt mir die lang gestreckte Gerade, die sogar ein leichtes Gefälle aufweist, zugute. Sie sehen, dass ich zügig vorankomme und dies scheinbar mühelos bewältige. Das Letzte, was ich von den dreien sehe, ist Nagenders winkender Arm aus dem Fenster.

Das Tal, in dem der Fluss zu einem Rinnsal schrumpft, öffnet sich und fächert sich weit auf. Ich sehe keine schneebedeckten Gipfel, Felstürme oder von Gletschern flankierte Bergmassive. Mein Klischee von Tibet wird nicht bedient. Genau genommen bin ich nicht in Tibet, sondern in der chinesischen Provinz Qinghai, in der das tibetische Hochland liegt und der Mekong entspringt. Erst dann fließt er durch Tibet und erreicht nach circa vierhundert Kilometern die chinesische Provinz Yunnan. Gleichwohl würde mir jeder an der Straße bestätigen, in Tibet zu sein. Neunzig Prozent der Einwohner von Yushu sind Tibeter, hier wird die tibetische Sprache gesprochen und ihre Kultur gelebt.

Gebetsfahnen gehören nun zum alltäglichen Anblick, ebenso grasende Yakherden in der weiten Landschaft. Es herrscht absolute Stille. Das Pfeifen des Profils meiner Reifen auf der Straße, das Surren der Kette und mein schweres Atmen sind die einzigen Geräusche. Mir gehen Hus Warnungen erneut durch den Kopf. Die Gefahr, hier überrollt zu werden, besteht definitiv nicht. Gerade einmal zehn Lkw sind mir bisher begegnet. Das Wetter ist akzeptabel, und ein Dach über dem Kopf werde ich schon finden. Alle paar Kilometer tauchen Gehöfte an der Straße auf. Zugegebenermaßen werden sie seltener und scheinen kaum Komfort zu versprechen. Und zu Hus Befürchtung, hier niedergemetzelt zu werden, kann ich nur sagen: Bisher sahen die Leute an der Straße nett aus. Ich bin mit mir im Reinen, es war die richtige Entscheidung.

Eine Gefahr hat Hu allerdings vergessen zu erwähnen. Die Hofhunde der Bauern. Furcherregende Tibetmastiffs, die, wenn sie mich erspähen, wie von Sinnen an ihrer Kette reißen. Zu jedem Hof gehört ein Hund. Als Erstes werfe ich einen sorgenvollen Blick auf den Pflock, an dem die Kette befestigt ist, und hoffe, dass er hält, bis ich vorüber bin.

Eigentlich mag ich Hunde. Schließlich können sie – Hundeliebhaber mögen es mir verzeihen – durchaus delikat sein. Es sei denn, ich werde von ihnen Zähne fletschend und Speichel triefend verfolgt, es sei denn, sie springen mich an, um mich zu zerfleischen, abzulecken oder mich auf den Mund zu küssen – vorher weiß man dass bei ihnen ja nie –, es sei denn, sie kacken mir in den Weg oder an den Gartenzaun. Weil Hunde all das so gerne machen, stehe ich mit ihnen auf Kriegsfuß. Genauer gesagt, mit denjenigen, die sie das machen lassen, mit Herrchen und Frauchen, denen die Vorstellungskraft fehlt für das, was ihr Liebling bei anderen auslöst.

Bei einer Kopfhöhe von ein Meter vierzig fühle ich mich neben einem halb so großen Raubtier schlicht und einfach unwohl. Solange sie also Abstand halten oder nicht größer als unsere Katze sind, mag ich sie. Und einmal mochte sogar einer mich! In Zhongdian hatte sich ein Pekinese von der Straße in mich verguckt – als neues Herrchen! Er wich nicht mehr von meiner Seite, begleitete mich ins Hotel, zum Aufzug und in das Zimmer, wo er mir auf dem Bettvorleger den Beschützer mimte. Ein Phänomen. Und vielleicht wollte mir der Kleine – er war wirklich niedlich und hat mich mit seinen Kulleraugen dauernd angeschaut – sagen, ich solle seinesgleichen nicht mehr essen. Ich habe mich daran gehalten.

Hier im tibetischen Hochland sind sie allerdings von anderem Kaliber, wollen nicht Schoßhund sein, sondern ihre Pflicht tun, Haus und Hof vor dem bedrohlichen Eindringling auf vier Rädern schützen. Dafür sind die Tibetmastiffs, eine der ältesten bekannten Hunderassen, berühmt. Für ihre Treue, den unbedingten Willen, das Territorium zu verteidigen, und die Kraft, die sie entfalten können. Zu viel Kraft für meinen Geschmack und zu viel für die altersschwache Leine und den lächerlichen Pflock, an dem der Hund und vielleicht mein Schicksal hängen.

Ich ahne, dass ihn nichts davon abhalten wird, mich zu hetzen. Das erkenne ich bereits von Weitem, noch bevor der Hund mich bemerkt hat. Jetzt schießt er los, reißt den Pflock heraus, der nun an der Leine hinter ihm hertanzt. Sein Jagdtrieb sieht nur mich, sonst nichts. Ich, ganz Opfer, stelle meine Nackenhaare auf und folge schleunigst meinem Fluchtinstinkt. Dumm, dass mich der mangelnde Sauerstoff drosselt. Gegen die besser proportionierte Lunge und Atemfrequenz meines aggressiven Verfolgers habe ich trotz des Vorsprungs keine Chance.

Jetzt, wo er mich fast hat, ist es mir ziemlich egal, ob mein Knüppel auf einen edlen Mastiff von blauem Blut oder einen Promenadenbastard niederfährt, es geht ums Überleben, und zwar um meines. Ja, in der Tat. Es sind nicht die an sich schon dramatischen Folgen einer Bisswunde in Arm oder Hand. Gliedmaßen, deren Unversehrtheit umso wichtiger ist, weil sie meine Beine ersetzen. Es geht um Tollwut!

Die Durchseuchung in China steht in der Welt an zweithöchster Stelle (gleich nach Indien), und ich bin nicht geimpft, ein Versäumnis, das mir jetzt zum Verhängnis werden könnte. Erwischt mich die Bestie, der ich nicht ansehen kann, ob sie infiziert ist, muss ich auf dem schnellsten Wege ins nächste Krankenhaus, um mir eine Impfung nach vermuteter Infektion, eine postexpositionelle Tollwutprophylaxe, geben zu lassen. Getrieben von der Vermutung, dass Yushus Krankenhaus eh in Trümmern liegt, und der grausigen Vorstellung, einem chinesischen Hausarzt mein Problem erklären zu müssen, was zu lange dauern würde und sicher mit meinem vorzeitigen Ableben einherginge, ziehe ich es vor, den Turbolader einzuschalten.

Mit dem Knüppel draufzuschlagen, erweist sich als kontraproduktiv, denn ich verliere dadurch wertvolle Sekunden, und es beeindruckt den Köter auch nicht sonderlich. Große Steine wären besser. Mein rettendes Ufer ist die Grenze seines Territoriums. Es gibt keine Zäune, dennoch weiß der Hund genau, wo sein Zuständigkeitsbereich endet. Obwohl er mich leicht hätte kriegen können, bricht er seine Jagd abrupt ab. Sein Bellen, das er mir hinterherschickt, klingt, als wolle er sagen: »Lass dich hier bloß nicht wieder blicken«.

Das kann er haben, auf solche Abenteuer verzichte ich gern.

Zum Glück werden diese Art Gehöfte seltener und am späten Nachmittag bleiben sie ganz aus. Damit tut sich ein neues Problem auf. All die Ortschaften auf meiner Landkarte entpuppen sich als Phantome. Sie existieren gar nicht. Wo also übernachten? Das Zelt hatte ich im Toyota zurückgelassen, weil ich aufgrund meiner Informationen glaubte, es nicht zu brauchen. Ich kann mich nicht, wie ich bin, ins Gras legen. Aber Vermutlich bleibt mir keine andere Wahl. Einzig die dünne Plastikplane, die ich für Notfälle stets mitführe, könnte hilfreich sein.

Ich muss eine Entscheidung treffen, denn zum Unglück ziehen dunkle Wolken auf, aus denen sich ein feiner Regen ergießt. Mit den sinkenden Temperaturen zum Abend hin, geht er in Schnee über. Jetzt wäre ich sogar zu einem Tabubruch bereit und würde umkehren. Allerdings, das letzte Haus habe ich vor vier Stunden passiert. Das würde bedeuten: fahren bis weit in die Dunkelheit – ohne Licht. Keine gute Alternative. Ich setze alles auf eine Karte und hoffe auf das nächste Fahrzeug. Doch es tut sich nichts. Ewig nerven sie mich, die Lkw-Fahrer. Sie überholen knapp, hupen, dass einem die Ohren abfallen, und lassen mich in einer Wolke aus Dieselruß zurück. Oft bin ich riesige Umwege gefahren, um ihnen auf einsamen Landstraßen aus dem Weg zu gehen. Diese Straße ist eine von der Lkw-freien Sorte und hätte mich unter anderen Umständen glücklich gemacht. Nun wünsche ich mir nichts mehr, als ein Fahrzeug, wenn es sein muss, sogar einen Laster. Aber wenn man sie braucht, sind sie nicht da.

Ich gebe mir eine halbe Stunde. Werde ich bis dahin nicht aufgelesen, bleibt mir vor Einbruch der Dunkelheit gerade genug Zeit, einen Schlafplatz zu präparieren. An einer unscheinbaren Einmündung eines Schotterweges harre ich aus, mit aufgestelltem Kragen, dem Schneetreiben den Rücken gekehrt.

Es ist ein archaisches Gefühl von Ausgeliefertsein. Verloren stehe ich bei null Grad in einem Nichts aus Schnee und Grasland, ohne Aussicht darauf, hier heute noch wegzukommen. Das Licht ist diffus, die Stille ungeheuerlich. Das muss Einsamkeit sein. Dieser Zustand, von dem mir dauernd vorgeschwärmt wird: »Endlose Weite, menschenleere Natur, weitab jeglicher Zivilisation – toll.«
Ein Zustand für jemanden wie mich, der mit Vorliebe durch Länder mit Übervölkerung reist, der in den Megastädten, in denen das Leben brodelt, zu Hause ist und der durch die dünnen Wände seines Hotelzimmers genug Ansprache bekommt, um sich hier nicht allein zu fühlen, eine ganz neue Erfahrung.

Ich bin mir nur nicht im Klaren, ob ich diese Art Einsamkeit gut oder schlecht finden soll. Darüber kann ich später nachdenken.

Wenn mein Schutzengel mich nicht gleich hier wegholt, muss ich im Schnee schlafen. Fünf Minuten gebe ich ihm noch, fünf Minuten, in denen all mein Hoffen und Sehnen auf das rettende Fahrzeug gerichtet ist, das hinter dem Felsvorsprung auftaucht – es muss jeden Moment erscheinen. Ich starre wie besessen auf die Straße, als könnte ich es damit herbeizaubern.

Nichts. Jetzt muss ich dafür sorgen, diese Nacht möglichst unbeschadet zu überstehen. Sicher nicht am Straßenrand, hier würde mich mein Traumauto in der Dunkelheit erfassen und binnen Sekunden plattfahren. Ich rolle in den Feldweg hinein, weit genug, um von keinem Scheinwerferlicht mehr erfasst zu werden. Der Respekt vor der nahenden Nacht und Hus Räubergeschichten von den skrupellosen Khampa treiben mich weg von der Straße. Ich muss mich ja nicht auf dem Präsentierteller schlafen legen. Wählerisch darf ich indes auch nicht sein. An einer ungefähr ein Meter hohen Böschung lasse ich mich nieder. Immerhin ist die

Stelle eben und frei von größeren Steinen. Mehr Vorteile kann ich diesem Ort beim besten Willen nicht abgewinnen. Der Schnee taut am Boden zu einer Pampe, die ich vergeblich versuche beiseitezuschieben. Sinnlos, ich werde mich in den Schneematsch betten müssen.

Der Fotokoffer und die Fahrradpacktaschen sind wasserdicht. Darin wartet mein trockner, warmer Schlafsack. Zunächst muss ich mir, so gut es geht, einen Wetterschutz bauen. Mein Handbike dient als Stütze für die Plastikplane. Das andere Ende davon spanne ich gegen das Schneetreiben und befestige es am Boden. Es entsteht ein dreieckiger, flacher Unterstand, keinen Meter hoch. Nun blase ich die Luftmatratze auf und schiebe sie darunter. Mit Beklemmung sitze ich vor meiner armseligen Behausung. Dummerweise habe ich mir in den Kopf gesetzt, die Situation fotografisch festzuhalten. Bisher konnte ich jede Tätigkeit mit Handschuhen erledigen, zum Einrichten der Kamera auf dem Stativ muss ich sie ausziehen. Sofort dringt mir die feuchte Kälte in die Finger. Jetzt muss es schnell gehen, zumal der Schnee der Kamera und dem Objektiv nicht guttut. Meine darübergelegte Schirmmütze kann sie nur unzureichend davor schützen. Nach ein paar Minuten sind meine Finger eisig kalt. Sie schmerzen bei jeder Bewegung, ich kann kaum mehr zugreifen. Untätig sitze ich da und warte, bis sie in den Handschuhen wieder halbwegs aufgetaut sind. Dann schnell in den Schlafsack. Außer den Schuhen ziehe ich keines meiner Kleidungsstücke aus.

Zur absoluten Stille legt sich nun vollkommene Dunkelheit über die Landschaft. Egal, ob ich die Augen schließe oder weit aufreiße, es macht keinen Unterschied. Umso mehr spitze ich die Ohren, mein einziges Sinnesorgan, das noch Informationen liefert. Damit versuche ich, aus jeder Windbewegung eine Prognose für die Nacht zu erstellen. Wird er an Stärke zunehmen, gar drehen und mir das

Dach wegfegen oder mir den Schnee ins Bett treiben? Was mache ich dann? Oder werde ich eingeschneit, vielleicht von wolkenbruchartigen Regengüssen fortgespült? Und wenn ich von all dem verschont bleibe, könnte mir ein böser Khampa den Rollstuhl klauen oder schlimmer: mir an die Kehle gehen. Das Schweizer Messer, das direkt neben mir im Boden steckt, verleiht mir allenfalls ein nebulöses Gefühl von Sicherheit. Zum Glück würden meine Feinde, wer immer sie wären, mich ebenso wenig sehen wie ich sie. Bei den Wölfen hier im tibetischen Hochland ist das allerdings anders, sie wittern ihr Opfer mit einer hochfeinen Nase. Mein Verstand sagt mir zwar, dass ich nicht in das Nahrungsspektrum eines Wolfes gehöre, zudem müsste er sich durch dicke Daunenschichten beißen, was wenig appetitfördernd ist. Aber das tief sitzende Unbehagen lässt sich nicht von rationalem Denken beruhigen. Mein ohnmächtiges Gefühl, hilflos und angreifbar zu sein und vor allem nicht aufspringen und flüchten zu können, bekommt hier auf dem Boden eine zusätzliche Dimension.

An Schlaf ist nicht zu denken, und wenn ich weiterhin so häufig auf dem Display meines Smartphones nach der Zeit sehe, wird der Akku die Nacht nicht überstehen.

Autosuggestiv die Ängste beiseitezuschieben und positiven Gedanken Platz zu machen erfordert einen Kraftaufwand, der mir keine Ruhe lässt. Es ist nicht die erste Nacht unter freiem Himmel, aber freilich die erste unter solch widrigen Bedingungen.

Dann ein Rauschen. Ich kann es nicht einordnen, vermute ein Aufkommen des Windes, halte die Luft an, um mich besser darauf konzentrieren zu können. Ein schwacher Lichtschein beleuchtet für einen Moment die herabfallenden Schneeflocken in der Luft. Es ist mein Schutzengel, das lang ersehnte Fahrzeug – leider zu spät. Kaum atme ich weiter, kehrt Ruhe ein. Lediglich das leichte Schlagen der Plane im Wind ist zu hören. Als sich das eine Stunde später wiederholt, spiele ich mit dem Gedanken, zu packen und mich an die Straße zu stellen. Zum Glück verwerfe ich die Idee, es war das letzte Auto für heute. Einmal davon abgesehen, dass ich in dieser Nacht so ziemlich jeden Tod gestorben bin, den sich meine Phantasie ausmalen konnte, hat Langeweile mich gequält. Schlaf gab es nicht.

Die Lage kann noch so misslich sein, immer gibt es einen Grund, sich darüber zu freuen, dass es nicht schlimmer gekommen ist. Zugegeben, nach einer solchen Nacht bedarf es nicht viel, meine Laune zu heben. Allein das Aussetzen des Niederschlages – an Sonnenschein ist nicht zu denken – versetzt mich in Hochstimmung. Schnell verzehre ich das letzte Stück Trockenfleisch, stürze das Wasser herunter und sehe zu, diese Pampe schnellstens zu verlassen. Eines ist gewiss, die nächste Nacht wird der reinste Luxus, egal, wo ich mich bette. Es kann nur besser werden.

## *Ein Pilz durchkreuzt meinen Plan*

Nachdem auch die Energie der Müsliriegel in gefahrene Kilometer umgewandelt ist, sind meine Vorräte erschöpft. Ich könnte meine Notration Traubenzucker anbrechen, aber so weit ist es noch nicht. Beruhigend, dass jetzt wieder häufiger Siedlungen auftauchen. Das könnte auf eine größere Ortschaft hindeuten. Heute fahre ich auf einer erstklassigen Asphaltstraße durch eine nahezu topfebene Fläche, die beidseitig von etwa dreihundert Meter hohen Hügeln flankiert wird. Erst dahinter erheben sich höhere, von Schnee bedeckte Bergmassive. Hier unten – auf viertausendeinhundert Metern – ist jeglicher Niederschlag längst geschmolzen. Auf dem mageren Gras stehen in weiter Ferne, als schwarze Punkte auszumachen, einzelne Yaks. Häufig in unmittelbarer Nähe der weiß leuchtenden, jurtenähnlichen runden Zelte der Nomaden. Die Nacht ist vergessen, eine leichte Brise gibt Anschub, und nichts fehlt mehr zum Glücklichsein.

Am Nachmittag verengt sich das Tal, und das Gelände steigt bis zu einem kleinen Pass an, den ich überqueren muss. Jenseits davon taucht ein neues Rinnsal an der Straße auf. Schnell schwillt es zu einem stattlichen Bach an, der laut meiner Karte in den Nebenfluss des Mekong mündet. Von dort werde ich meinem Fluss bis Zadoi folgen. Die Besiedlung, die aus Zelten auf dem Grasland oder festen Gebäuden an der Straße besteht, hat inzwischen stark zugenommen. Um ein Dach über dem Kopf muss ich mir daher keine Sorgen machen. Wie erwartet erreiche ich eine Ansiedlung, die auf meiner Karte natürlich nicht existiert. Zugegeben, es sind nicht mehr als ein Dutzend Häuser, aber immerhin kann sich bei dieser Einwohnerzahl eine kleine

Essstube halten. In der Tat gleicht die Kneipe viel mehr einem privaten Wohnzimmer. In der Mitte des Raumes bollert ein Ofen, auf dem der obligatorische Kessel mit heißem Wasser steht. Die Wände sind mit Teppichen geschmückt. An einer Seite steht ein gemütliches Sofa, dessen Anblick mich augenblicklich an Schlaf denken lässt, das Möbelstück übt unwiderstehliche Anziehungskraft auf mich aus. Meine Frage nach einer Schlafstatt – die flache Hand an der Wange – wird mit heruntergezogenen Mundwinkeln beantwortet. Die Couch ist wohl besetzt. Also lasse ich zunächst mein Telefon »*Wo yao yi wan tang*« sagen und bekomme umgehend eine kräftige Suppe. Ich hätte den Satz selbst sprechen können, nach langer Übung sogar in perfekter Aussprache. Aber weil Chinesen, mit denen ich es hier zu tun habe, um die Komplexität ihrer Sprache wissen und davon überzeugt sind, dass sie aus dem Mund eines Ausländers unmöglich erklingen kann, glauben sie einem sprechenden Telefon einfach mehr.

Bei dem alten Ehepaar, das diese Suppenküche betreibt, entfacht meine gestikulierte Frage nach einem Bett eine Diskussion. Jetzt, wo ich ausgelöffelt habe, gibt mir der Mann Zeichen, ihm zu folgen. Na also, denke ich, klappt doch. Er führt mich ein paar Häuser weiter in einen von groben Lehmmauern begrenzten Hof. Sofort schlägt der Kettenhund an, was bei mir einen reflexhaften Griff nach den Steinen in meiner Rollitasche auslöst. Aus dem Gebäude gegenüber tritt ein junger Mann mit rot gegerbtem Gesicht in Reiterstiefeln heraus. Würde er nicht chinesisch aussehen, man könnte ihn für einen Cowboy halten. Es dauert eine Weile, bis ich kapiert habe, dass dies eine Schule ist und er der Lehrer. Englisch versteht er nicht. Macht nichts, geschickt mit meinem Rollstuhl umzugehen, ist wichtiger. Er zerrt mich kraftvoll die zwei Stufen hinauf und lädt mich ein, mit ihm die Nacht das Klassenzimmer zu teilen. Auch hier dominiert ein großer Ofen den Raum. Chempo, mein Gastgeber, schiebt voller Freude die Tische beiseite, um Bewegungsfreiheit zu schaffen. Zurzeit sind Schulferien.

An der Wand steht eine Art Bett mit dicken, zerwühlten Steppdecken darauf, aus denen er anscheinend gerade herausgekrochen ist. Für mich räumt er ein ähnliches Gestell frei und bietet es mir mit einer einladenden Handbewegung an. Mit meiner Luftmatratze und dem Schlafsack darauf, kann in dieser Nacht nichts mehr passieren. Der Fernseher auf dem Regal ist dagegen lediglich gefühlter Luxus. In dieses verlassene Nest dringt kein Programm vor, und der Videoplayer ist kaputt.

Chempo feuert den Ofen an, es gibt Tee und eine lustige Unterrichtsstunde. Darin versucht er mir an der Tafel die Bedeutung der chinesischen Schriftzeichen verständlich zu machen. Nach der schlaflosen Nacht ist es mit meiner Aufmerksamkeit nicht weit her. Kein Wunder also, dass ich meinen Lehrer nicht zufriedenstelle. Dauernd verbessert er mich, selbst an der Aussprache meines Smartphones lässt er kein gutes Haar. Gnade mit mir hat er erst, als mir die Augen zufallen.

Am Morgen lade ich meinen Lehrer ein, bei den beiden Alten gegenüber Nudelsuppe zu frühstücken. Inzwischen verstehen wir uns ohne Worte. Zadoi liegt achtzig Kilometer entfernt, was er mir mitteilt, indem er eine Achtzig in den Sand malt und in meine Fahrtrichtung zeigt. Wenn alles gut geht, bin ich morgen da.

Immer häufiger sehe ich jetzt die runden Zelte der Yaknomaden. Sie stehen inmitten des Hochmoors, am Fuße der sacht ansteigenden Hänge und an Flussufern. Anscheinend können diese Menschen von den Erzeugnissen ihrer Yaks gut leben. Es stehen neue Mopeds vor der Tür, manche besitzen einen Jeep, und mobile Satellitenschüsseln sind aufgepflockt. Tiere dagegen sehe ich kaum. Vermutlich grasen die woanders. Das kommt mir alles eigenartig vor und passt nicht recht zusammen.

Noch etwas macht mich stutzig: Durch mein Teleobjektiv entdecke ich Männer, Frauen und Kinder, die einzeln und verstreut in gebückter Haltung den Boden absuchen oder darin graben. Was machen die da? Während ich mit meiner Kamera die Landschaft absuche, gerät ein weiteres Zelt mit Jeep ins Bild. Huch, überrascht schwenke ich zurück, das Fahrzeug kommt mir bekannt vor. Natürlich, meine drei Freunde. Nagender, den ich sofort erkenne, steht neben dem Toyota und redet mit Hu. Auf einer ausgefahrenen Spur nähere ich mich dem Zelt.

»Hi, Nagender, dass ich euch so schnell wiedersehe, hätte ich nicht gedacht.«

Nagenders Gesicht bleibt ernst.

»Wo hast du übernachtet? Es hat geschneit. Wir haben dich überall gesucht.«

»Ach, ihr seid das gewesen!«

»Es gibt auf der ganzen Strecke nur eine einzige Ortschaft. Deine Karte stimmt nicht.«

»Ja, habe ich gemerkt. Was macht ihr hier, wir wollten uns doch in Zadoi treffen.«

»Andy, wir haben ein Problem. Es sind keine Träger da und keine Pferde.«

Eine Weile schaue ich ihn ungläubig an.

»Wie, keine Träger, das war doch organisiert und bezahlt!« Diesen vorwurfsvollen Satz hätte ich mir sparen können. Nagender setzt das Ich-habs-gleich-gewusst-Gesicht auf.

Ich bin geschockt.

Meine Bedenken in Kunming fallen mir sofort wieder ein, die vage Vorahnung, dass ich mir mit der Vorauszahlung womöglich ins eigene Knie schieße, und all die Warnhinweise von Nagender.

Hu, der dabeisteht, will etwas sagen, aber ich falle ihm aufgebracht ins Wort: »Das kann ja wohl nicht wahr sein. Hast du schon mit Kunming telefoniert?«

»Ja, die können von dort nichts unternehmen. Wir sind ausgerechnet in die Pilzsaison geraten.«

»In die was?«

»Im Moment ist die Saison zum Pilzesammeln.«

»Hu, hör auf, dummes Zeug zu reden.«

Ich schaue die beiden verschmitzt an.

»Okay, ihr wollt mich für dumm verkaufen. Darüber kann ich aber nicht lachen. Jetzt Spaß beiseite, was wollt ihr hier.«

»Andy, das ist kein Scherz«, beginnt Nagender mit ernster Miene. »Wir sind hier auf der Suche nach Trägern. Sämtliche arbeitsfähigen Männer in Zadoi sind ausgeflogen zum Pilzesammeln. Samt ihren Pferden. Manche haben gleich die ganze Familie mitgenommen und einen Teil des Hausstandes. Schau dich um. Die ganzen Zelte, das sind keine Nomaden. Das sind Dorfbewohner, die Pilze sammeln.«

Mir will diese absurde Erklärung partout nicht in den Kopf. »Nagender, bitte, was sollen das für Pilze sein, die mehr wert sind, als das ganze verdammte Geld, das ich in Kunming auf den Tisch gelegt habe. Goldpilze oder was?«

»Nein, nicht aus Gold, viel wertvoller. Komm, ich zeig sie dir.«

Inzwischen sind zwei Tibeterinnen aus dem Zelt getreten. Eine von ihnen trägt ein Kleinkind auf dem Arm. Es sind Respekt einflößende Gestalten mit vom Wetter gegerbten, tief zerfurchten Gesichtern. Verwundert, aber freundlich schauen sie auf mich herab. Die langen schwarzen Mäntel, die oben in einem Fellrand enden, lassen ihre Statur massiger erscheinen, und ich kann ahnen, wie viele Schichten an Kleidung sie darunter tragen. Die Ältere der beiden, vermutlich die Großmutter, dreht unentwegt die Gebetsmühle mit dem Schwungstein am Band. In meiner Verwirrung grüße ich mit »*Namaste*«, der indischen Grußformel, verbessere mich sogleich und sage das tibetische »*Tashi delek*«, was so viel heißt wie »Möge es dir wohlergehen«. Freundlich bitten sie uns in ihr Zelt. Drei weitere Kinder, links auf einer Pritsche, schauen mich verängstigt an, bis ihre Mutter hinter mir eintritt. Das fünfte Kind, ein Baby, entdecke ich erst auf den zweiten Blick in einem Berg von grauen Steppbetten. Es gibt einen Schrank, verschiedene Sitzbänke, die mit Geschirr vollgestellt sind, einen Ofen in der Mitte und sogar einen Fernseher. Die Einrichtung und die scheinbare Gemütlichkeit täuschen nicht darüber hinweg, dass diese Menschen härtesten Bedingungen trotzen. Fünfzig Quadratmeter Zuhause auf nacktem Boden, das sommers wie winters kalt ist wie die Außenwelt, da Yakdung knapp ist und nur zum Kochen, nicht aber zum Heizen verwendet wird. Nagender lässt mir kaum Zeit, das Innere des Zeltes näher in Augenschein zu nehmen.

Er hält mir eine kleine Plastikschüssel hin. »Hier, darum geht's.« Beim ersten Anblick denke ich an Keimlinge von Kartoffeln. Es könnten ebenso Sojasprossen sein. An einem Ende sind sie braun und glatt, das andere Ende ist voller Erde. Es sind circa dreißig Stück, jeweils fünf Zentimeter lang.

»Was soll das sein?«

»Na, was wohl«, entgegnet Nagender verdrossen, »das sind die Pilze. Diese Schale ist hundertfünfzig Euro wert.«

Inzwischen sind Yong und Hu dazugekommen. Mit den beiden Frauen ist der Kreis komplett. Sie blicken voller Stolz auf das Schälchen in Nagenders Hand. Wir dagegen können bloß betretene Gesichter machen.

Während Yong nach einem der Pilze greift, bittet er die Frauen, etwas zu holen. Sogleich reicht sie ihm eine verdreckte Zahnbürste, mit der er nun die Erde abputzt. Nach und nach kommt eine gelbe Raupe zum Vorschein, dick wie ein Bleistift. Die hält er sichtbar in die Runde und meint: »*Yartsa Gunbu.*«

Augenblicklich schießt es mir durch den Kopf: »Verdammt noch mal, die Teile hatte ich doch schon in der Suppe. Das ist Sommergras-Winterwurm oder so.«

Nagender schaut mich verständnislos an. »Ich hatte dir doch von Catleen erzählt, in Kunming. Mit der bin ich zum Abschied essen gewesen. Ganz edel. Und da gab es eine Suppe, da schwammen die drin.«

Hu fängt an zu feixen: »Das ist das Viagra des Himalaja. Wie viele hast du davon gegessen?«

Wutschnaubend gehe ich ihn an und drohe mit dem Zeigefinger: »Hu, das ist nicht lustig! Diese verdammten Pilze versauen mir meine ganzen Reisepläne. Und Michelle will nichts davon gewusst haben? Ha, das glaube ich nicht. Die hat mich ins offene Messer laufen lassen. Mit der werde ich noch ein Wörtchen reden!«

Erst jetzt wird Hu bewusst, wie unpassend sein Scherz war. Ich nehme seine entschuldigende Geste an.

Fragend blicke ich zu Nagender: »Was machen wir jetzt?«

»Träger, Pferde, die ganze Ausrüstung selbst organisieren«, antwortet er.

Ich wende mich an Hu: »Was ist mit dem Führer?«

Er schüttelt den Kopf: »Der ist nicht zu erreichen, wahrscheinlich auch beim Pilzesammeln.«

»Dann können wir die Expedition gleich vergessen«, sage ich resigniert, »oder wisst ihr, wo die Mekong-Quelle ist?« Mit einer wegwerfenden Handbewegung füge ich an: »Niemand hier weiß, wo es langgeht. Ohne Führer ist es sinnlos!«

»Hu, wann ist die Saison vorbei?«

»Wir haben uns erkundigt«, antwortet er, »die Ernte ist in diesem Jahr sehr gut und dauert länger als üblich. Noch sechs, sieben Wochen vielleicht.«

Ich rolle vor das Zelt. Kalter Wind fegt mir ins Gesicht. Niedergeschlagen blicke ich auf das weite Grasland mit den Bergen im Hintergrund. Hier endet also meine Reise zur Quelle des Mekong – in einem Desaster.

Nagender folgt mir und legt seine Hand auf meine Schulter: »Es tut mir leid.«

Ich schaue ihn kopfschüttelnd an: »Diese Geschichte klingt wie ein schlechter Witz. Mir will nicht in den Kopf, dass ich wegen dieses Pilzes die Reise beenden muss. Verstehst du«, ich schlage mir den Handballen auf die Stirn, »das geht da nicht rein!«

»Ja, ein Erdbeben oder eine dramatische Wetterlage würde man leichter akzeptieren. Aber einen kleinen Pilz...«

Ich schlage vor, zunächst nach Zadoi zu fahren, um dort die weiteren Schritte abzuwägen.

»Wir sollten besser warten, bis der Hausherr eintrifft«, wirft Nagender ein. »Angeblich ist er bereit, als Träger für uns zu arbeiten. Ein Pferd hat er auch.«

»Okay, wenn du meinst.« Inzwischen bin ich bereit, nach jedem kleinen Strohhalm zu greifen.

Während ich mein Handbike und die Fahrradpacktaschen im Wagen verstaue, kommt er angeritten. Einer von der rauen Sorte. Bei diesem Wind trägt er lediglich eine wenig wärmende Knautschlederjacke und dünne Hosen. Sein rotes Gesicht wird von hohen Wangenknochen dominiert. Nach einem kurzen Gespräch mit Hu schwindet jedoch auch dieser letzte Hoffnungsschimmer. Der Mann ist nicht bereit, das Pilzesammeln für uns zu unterbrechen. Über Geld haben wir nicht einmal gesprochen.

Die gesamte Fahrt über herrscht Schweigen. Yong, der Fahrer, tut seinen Job und hält sich aus allem heraus, Hu leidet unter schlechtem Gewissen, obwohl ihn keine Schuld trifft. Nagender ist mit seinem Latein am Ende, und ich weiß nicht, wohin mit meiner Wut und der Enttäuschung über das Scheitern dieses großen Projektes, auf das ich mich über ein Jahr vorbereitet hatte. Mehrmals flammt in mir die Zuversicht auf, einen Ausweg, eine zündende Idee zu finden. Ich will es nicht wahrhaben. Dann gewinnt wieder das rationale Denken Oberhand. Akzeptiere die Tatsachen, sage ich mir, gewöhne dich an die Vorstellung, dass dein Traum geplatzt ist. Dir war das Risiko immer bewusst.

So geht es auf und ab in mir.

Inzwischen haben wir den Mekong erreicht mit seiner charakteristischen rotbraunen Färbung, so wie man ihn kennt. Kurz vor Zadoi, wo alle Straßen enden, hat er ungefähr die Breite des Rheins bei Basel.

Zadoi gleicht einer Goldgräberstadt im Wilden Westen. Trotz härtester Lebensbedingungen auf viertausend Metern zieht der Ort Scharen von Glücksrittern an. Männer mit groben Gesichtern bestimmen das Straßenbild. Sie tragen Hüte mit breiter Krempe, hohe Stiefel und abgewetzte Lederjacken. Manche hoppeln auf kurzbeinigen Pferden durch die Gassen, doch wie es scheint, nehmen Mopeds alsbald ihren Platz ein. Ganz im Gegensatz zu meinen Erwartungen herrscht hier am Ende der Welt geschäftiges Treiben. Überall scharen sich Männer in Gruppen zusammen.

Ohne hinzusehen weiß ich, dass es hier nur um das eine geht: *Yartsa Gunbu*, kurz und liebevoll *Bu* genannt. Damit wird das große Geld gemacht. Der Pilz ist Aphrodisiakum und Unterstützer des Immunsystems, bekämpft AIDS und wurde während der SARS-Epidemie zum Allheilmittel. Und weil *Cordyceps sinensis*, so der lateinische Name, bisher nicht auf der roten Dopingliste erscheint, brachte er sogar den Sportlern goldene Zeiten.

Hier wird der Wunderwurm eimerweise gehandelt. Ich sehe große Bündel Yuanscheine den Besitzer wechseln, jeweils mehrere Tausend Euro.

Jeder will an diesem Boom mitverdienen. Verständlich, dass sich der Fokus auf jene Zeit richtet, in der die Schulen geschlossen bleiben, und dass jeder, der kann, seine Arbeit hinschmeißt, um Pilze zu sammeln – und dass niemand bereit ist, für die paar Kröten, die ich zahlen kann, mein Gepäck in die Berge zu schleppen.

Im Hof eines kleinen Hotels, in dem wir zwei Zimmer beziehen, breite ich meinen feuchten Schlafsack aus. Die Lücken zwischen den Wolken, durch die die Sonne manchmal scheint, muss ich nutzen.

Sogleich begebe ich mich an das Telefon auf dem Schreibtisch des Hotelmanagers und wähle Michelles Nummer. Zunächst entschuldigt sie sich für die Panne, was ich sogleich als Schuldeingeständnis verstehe. Doch dann läuft das Gespräch auf eine harte Konfrontation hinaus. Sie weist mich darauf hin, dass die Risiken aufgrund außergewöhnlicher Wetterlagen zu meinen Lasten gehen. Und wenn die Pilzsaison in diesem Jahr länger als gewöhnlich dauere, falle das ebenso unter dieses Risiko. Außerdem seien wir zwei Tage später als geplant eingetroffen. Da hätten die Träger sich wohl gedacht, die Expedition falle ins Wasser. Ich sage ihr, dass sie es sich damit zu leicht mache, denn letzten Endes könne sie jeden Fehler auf das Wetter schieben. Spätestens in einer Woche werde ich bei ihr auf der Matte stehen und mein Geld zurückfordern.

## *Doujie – meine letzte Hoffnung*

Inzwischen hat sich einer von meinen drei Begleitern eigenmächtig an dem Karton mit Bierdosen zu schaffen gemacht. Die waren ursprünglich zum Anstoßen an der Quelle gedacht. Hat hier etwa jemand vor, mich vor vollendete Tatsachen zu stellen? Ich glaube, Nagender war's. Er reicht mir eine Dose herüber und meint tröstend: »*Gan-bei*, Andy.«

In null Komma nichts ist der Karton leer. Da sitzen wir, trinken Bier, und keiner wagt den Satz zu sagen, der allen auf der Zunge liegt: Wann reisen wir ab?

In Ermangelung einer besseren Beschäftigung leere ich meine Packtaschen, um System hineinzubringen. In den letzten Tagen habe ich sie wahllos vollgestopft, bis nichts mehr zu finden war. Ganz verbogen und zerknittert kommt ganz unten ein Buch zum Vorschein. Der Titel: *Kajak-Abenteuer Mekong. Vom tibetischen Hochland bis ins südchinesische Meer* von Mick O'Shea. Viele wertvolle Informationen konnte ich aus diesem Buch ziehen.

»Ach, das hatte ich schon vermisst«, stelle ich überrascht fest.

Beim Versuch, die Eselsohren zu richten, fällt mein Blick auf eine der ersten Seiten. Unwillkürlich beginne ich zu lesen.

»In Zato trafen wir Jimmy, einen Khampa-Tibeter mit hellem Teint und schulterlangem Haar. Er sollte für den nächsten Abschnitt der Reise als unser Übersetzer tätig sein. Kurze Zeit darauf gesellte sich Doujie zu ihm, ein kleiner, stattlicher Mann, der in einen makellosen, schwarzen Anzug gekleidet war. Doujie hatte in den vorangegangenen Jahren wissenschaftliche Expeditionen zur Mekong-Quelle geleitet …«

Könnte es sein, dass der Autor mit Zato dieses Zadoi meinte? Es muss so sein, denn es gibt keinen anderen Ort weit und breit. Jetzt beginnt der letzte Satz mich zu elektrisieren.

»Hu«, rufe ich über den Hof, »wie ist der Name von dem Führer, der uns hat sitzenlassen?«

Er kramt aus seinem Handtäschchen ein Notizbuch heraus. »Lingpa, das bedeutet Finder des Schatzes«, entgegnet er sarkastisch.

»Na toll, das passt ja.«

Der kann es also nicht sein. »Wer ist dann dieser Doujie?«, schießt es mir durch den Kopf. Ich versuche, mehr Informationen über diesen Mann aus dem Text zu ziehen. Leider wird er selten erwähnt. Mir bleibt nichts als sein Name, die vage Beschreibung seiner Statur und die Tatsache, dass er mehrere wissenschaftliche Expeditionen zur Mekong-Quelle geführt hat.

Ich unterrichte meine drei Freunde von dieser Entdeckung und bitte Hu, den Hotelbesitzer zu holen.

Der ist sofort im Bilde, als der Name Doujie in Zusammenhang mit unserem Vorhaben fällt. Jeder kennt ihn im Dorf, und vielleicht ist er sogar zu Hause. Gestern jedenfalls wurde er noch gesehen. Ich bitte den Manager, uns zu ihm zu begleiten. Auf dem Weg, er wohnt ein paar Häuser weiter, hebe ich Nagender zugewandt den Daumen und sage voller Optimismus: »Der Mann ist unsere letzte Chance.«

»Wie viel Bargeld hast du zur Verfügung, denk daran, du musst bezahlen!«

»Knapp zehntausend Yuan. Wenn ihr mir etwas leiht, könnte es reichen.«

Ein kleiner, stattlicher Mann öffnet die Tür. Die Beschreibung trifft voll zu, das muss er sein. Auf den ersten Blick wirkt er verschlafen, nicht gerade wie ein Macher. Er trägt auch keinen schwarzen Anzug, wie es im Buch beschrieben wurde. Stattdessen Fleecejacke, Schneehose und feste Wanderschuhe – Kleidungsstücke, die hier unüblich sind. Sie sprechen Bände. Sofort ist mir klar: Wenn uns in diesem Kaff, in dem nichts als Raupen zählen, einer helfen kann, dann er. Das bestätigt sich innerhalb der drei, vier Sätze, in denen unser Problem, unser Ziel und unsere Bitte an ihn herangetragen werden. Er versteht sofort.

Ich schlage ihm vor, das weitere Gespräch bei einem guten Abendessen fortzuführen. Er ist einverstanden. Niemand in diesem Teil der Welt lässt sich einen solchen Köder entgehen. Er holt noch eine Landkarte aus dem Haus und schließt sich uns an.

In Zadoi lassen sich die meisten Ziele zu Fuß erreichen. Auf dem Weg zum Restaurant beobachtet Doujie interessiert meine Art der Fortbewegung und gerät sogar ins Staunen, als ich das Handbike abnehme, um in die Lokalität zu gelangen.

Wir bekommen ein Separee mit einem großen, runden Tisch. Es wird aufgetragen, was verfügbar ist.

Doujie, durch und durch Tibeter, ist auf Han-Chinesen nicht gut zu sprechen. Ich spüre schnell seine Abneigung Hu gegenüber. Er beherrscht ein paar Brocken Englisch, mit denen er versucht, ohne Umweg über Dolmetscher Hu direkt mit mir zu kommunizieren, was häufige Missverständnisse zur Folge hat.

Die Verhandlungen ziehen sich bis tief in die Nacht. Regelmäßig betont Doujie, mir keine Versprechungen machen zu können. Er würde alles tun, um mich zur Quelle zu führen, der Erfolg hänge davon ab, ob er Träger und Pferde in ausreichender Zahl auftreiben kann und wie sich das Wetter und der Pegel der Flüsse entwickeln werden. Außerdem bräuchten wir ein zweites Allradfahrzeug, weil viele dieser Flüsse zu überqueren seien. Unter Nagenders wachen Augen handele ich mit ihm einen Pauschalpreis von fünfzehntausend Yuan aus. Gleich wie viele Träger und Pferde zum Einsatz kommen inklusive ihrer Verpflegung, Pferdefutter, der Ausrüstung und dem Fahrzeug. So muss ich nicht mit jedem Teilnehmer der Expedition erneut in Preisverhandlungen treten. Für den Fall, dass wir die Quelle erreichen, verspreche ich eine stattliche Prämie.

In unserem Plan sind die kommenden Tage für organisatorische Dinge vorgesehen. Zuerst wird Doujie morgen früh zwei Freunde mit Pferden vorausschicken. Die werden versuchen, unterwegs weitere Träger zu rekrutieren. Zwei Tage später folgen wir ihnen mit den Allradfahrzeugen, um sie am Zusammenfluss von Zanaqu und Zayaqu zu treffen. Ungefähr hundert Kilometer flussaufwärts, auf halber Strecke zur Quelle, bilden diese beiden Hauptströme den Zaqu, das Wasser der Felsen, so die Übersetzung des tibetischen Namens für den Mekong. Dort entscheiden wir je nach Wetterlage und Wasserstand der zu durchquerenden Flüsse, wie es weitergeht. Wenn alles klappt, müssten wir in vierzehn Tagen zurück in Zadoi sein.

Erschöpft lasse ich mich auf das Bett fallen. »Na, wie habe ich mich geschlagen?«

»Ja, nicht schlecht. Vielleicht hättest du zusätzlich hundert Yuan rausschlagen können. Der Preis ist okay.« Mit Lob hält Nagender mich gern an der kurzen Leine.

»Was für ein Tag, Nagender! Heute Mittag haben wir geglaubt, dass unser Vorhaben scheitert, jetzt ist die Tour unter Dach und Fach. Ich kann es kaum erwarten, endlich aufzubrechen.«

»Ja, es geht mir genauso, ich bin wirklich gespannt.«

Beim Frühstück unten in der Suppenküche des Hotels treffen wir Doujie, der bereits seit den frühen Morgenstunden auf den Beinen ist und gerade die Vorhut, zwei Freunde mit vier Pferden, losgeschickt hat. Bei ihm am Tisch sitzt

Itschi, einer dieser tibetischen Cowboys: großer, breitkrempiger Hut, Reiterstiefel, speckige Hose und eine dicke, warme Jacke. Er, als engster Vertrauter Doujies, nimmt in der Hierarchie gleich nach ihm Platz. Die später hinzukommenden Träger werden unter ferner liefen eingeordnet, und ganz unten rangiert Hu. Nagender, Yong und ich stehen außerhalb dieser Rangordnung.

Zwei Tage lang kaufen wir Unmengen von Lebensmitteln ein. Darunter mehrere gefrorene Hammel, die vom Schlachter mit einer Axt in kochtopfgroße Stücke zerhackt werden, gefrorene Hühner, säckeweise Nudeln, Mehl und Reis, Gemüse, Trinkwasser und Tee. Das Kochgeschirr, das wir in Zhongdian eingekauft haben, wird hier aufgestockt. Ebenso der Vorrat an Sauerstoff und Gasflaschen zum Kochen. Alles wird zusammen mit Zelten, Schlafsäcken und Isomatten auf der Ladefläche eines Pick-up verschnürt, mit dem Doujie stolz voneweg fährt. Dafür ist er einen halben Tag lang von Pontius zu Pilatus gelaufen, weil in der Pilzsaison jedes verfügbare Fahrzeug gebraucht wird. Er hat Beziehungen. Während unser Team in Zadoi auf Shoppingtour geht, suche ich einen Metall verarbeitenden Betrieb auf.

Aus Teilen des Handbikes und dem Vorderrad lasse ich meinen Rollstuhl zu einem Sulky, einer Art Trabrennwagen, umbauen. Distanzstücke, die ich von zu Hause mitgebracht habe, verbreitern den Abstand der Rollstuhlräder und geben ihnen einen negativen Sturz. Das verleiht mir in unebenem Gelände eine extrem gute Seitenstabilität. Jetzt bin ich in der Lage, ein Pferd vorzuspannen, und kann gleichzeitig an den Rädern mit zupacken.

Laut unserer Einkaufsliste haben wir alles beisammen. Die Ausrüstungsgegenstände und Lebensmittel werden nun sorgfältig in beiden Fahrzeugen verstaut und mit Planen vor dem strömenden Regen, der inzwischen eingesetzt hat, geschützt.

Wie Doujie allerdings zusätzliche Träger rekrutieren will, ist mir schleierhaft. Wenn ich es richtig verstanden habe, sollen lediglich die beiden Pferdeführer, die bereits gestartet sind, als Träger fungieren. Mindestens zwei weitere benötigen wir noch. Als ich ihn frage, was er zu tun gedenkt, wiegelt er ab. Er habe eine Idee. Ich solle ins Auto steigen, dann würde ich sehen. Wir fahren ein gutes Stück aus Zadoi heraus, bis zu einem Gehöft. Die Straße ist hier unterspült und von einem Erdrutsch weggerissen worden.

»Siehst du die vier Arbeiter dort drüben?«, übersetzt mir Hu den Hinweis von Doujie. »Die backen Ziegelsteine, um später die Straße damit zu untermauern.«

»Ja, klar sehe ich die.«

»Und findest du nicht auch, dass zwei dafür vollkommen ausreichen?«

Ich verziehe den Mund und schmunzle zu Doujie herüber: »Da bin ich ganz deiner Meinung.«

Er steigt aus und bittet mich, im Auto zu warten, meine Anwesenheit könnte sich negativ auf den Preis auswirken. Dafür habe ich vollstes Verständnis.

Die Verhandlungen zwischen Doujie und einer fünften Person, dem Vorarbeiter, ziehen sich hin. Während wir aus sicherer Entfernung dem Treiben zuschauen, meint Hu: »Die Einwilligung zum Abwerben seiner Arbeiter lässt er sich was kosten, darauf kannst du dich verlassen.«

Nach einer Weile scheinen sie sich geeinigt zu haben. Doujie verabschiedet sich von seinem Verhandlungspartner und zwei Arbeitern mit Handschlag und kommt zum Auto zurück.

»Okay, alles klar, wir sind komplett«, meint Doujie beim Einsteigen, »morgen früh holen wir die beiden hier ab und dann geht's los.«

Mein erster Blick aus dem Fenster um fünf Uhr morgens verspricht nichts Gutes. Im Lichtkegel der Hotelbeleuchtung sehe ich den Schneeregen heruntergehen. »Verdammt noch mal, Nagender, das Wetter spielt nicht mit.«

»Bleib cool Andy, gestern gab es auch ständig Schnee und Regen. Doujie hat kein Wort darüber verloren. Diese Wetterlage scheint normal zu sein.«

»Hoffentlich hast du recht.«

Eine Stunde später verlassen wir Zadoi auf einem schlammigen Schotterweg, der parallel zum Mekong verläuft. Hier ist der Landschaft die vegetationsarme Höhe anzusehen. Felsen, graues Gestein und das Fehlen jeglicher Pflanzen, verwandeln die Umgebung in eine öde, düstere Welt. Nebelwolken, aus denen unentwegt Niederschlag fällt, tun ihr Übriges. Der Name Zaqu, das Wasser der Felsen, wie der Mekong hier genannt wird, könnte passender nicht sein.

Stunde um Stunde leitet uns die Piste auf hohe Pässe hinauf. Dann verschwinden wir in den Wolken, um jenseits davon in endlosen Kehren hinunter auf die Flusshöhe von gut viertausend Metern zu gelangen. Ich bin überrascht, hier überhaupt einen befahrbaren Weg vorzufinden. Dieser verschlechtert sich allerdings stetig. Es gibt zunehmend Passagen, die durch Murenabgänge blockiert, notdürftig freigeschoben und mit einer Spur versehen wurden, die keinen Millimeter zu breit ist. Diese Abschnitte fordern genaues Augenmaß. Schräg abfallende, glitschige Fahrbahnen am Hang, die in Schrittgeschwindigkeit genommen werden, sowie häufige Furten von Zuflüssen des Mekong, bei deren Durchquerung der Allradantrieb hinzugeschaltet werden muss, reduzieren unser Tagespensum extrem. Das Team mit den Pferden wird schneller sein, da es querfeldein reiten kann.

Doujie, der vorausfährt und die Gegend wie seine Westentasche zu kennen scheint, muss jetzt regelmäßig aussteigen, um schwierige Abschnitte zuvor in Augenschein zu nehmen.

## Bei tibetischen Yakbauern

Wir fahren an der südlichen Flanke des Ningjing-Gebirges entlang, einer Häufung namenloser Gipfel, von denen kaum einer fünftausendfünfhundert Meter überragt. Jenseits davon senkt sich das Gelände, um nach dreißig Kilometer Luftlinie zum Guosongmucha-Massiv anzusteigen, in dem der Mekong seinen Ursprung hat.

Am späten Nachmittag tritt eine Änderung in der Landschaftsform ein. Die engen Täler weiten sich. Sie sind von kurzen Gräsern, Flechten und Moosen bewachsen.

So lebensfeindlich diese Welt erscheint, sie ist zu meiner Überraschung nicht unbewohnt. Abgesehen von hartgesottenen Pilzsammlern, die mit ihren Zelten weit vordringen, weisen kleine Gruppen von Yakherden auf eine menschliche Besiedlung hin. Eine solche steuert Doujie rechtzeitig vor dem Dunkelwerden an.

Wir halten auf ein Gehöft, nein, eine armselige Lehmhütte zu, die von einer Mauer vor der endlosen, windgepeitschten Weite des tibetischen Hochlandes geschützt wird. Wer hier wohl wohnt, frage ich mich. Was sind das für Menschen, die zehn Grad über null als sommerliche Höchsttemperaturen empfinden und im Winter nichts als Yakdung zum Heizen haben?

Kaum stoppen unsere Wagen vor der Behausung, tritt eine betagte, tief gebeugte Frau heraus. Wären Gesichtsfalten ein Maßstab für das Alter, hätte sie mindestens hundertfünfzig Jahre auf dem Buckel. Freundlich begrüßt sie Doujie wie einen guten Bekannten und bittet uns sogleich, ihr ins Haus zu folgen.

»Ob Sie hier allein lebt?«, frage ich Nagender.

»Nein, das glaube ich nicht.«

Es dauert eine Weile, bis sich unsere Augen an die Dunkelheit im Innern der Hütte gewöhnt haben. Wie üblich nimmt ein Ofen die Mitte des Raumes ein, von dem ein viereckiges Rohr zum Schornstein führt. Die Wände sind mit bunt bestickten Tüchern geschmückt, Bänke voller Kissen und Decken sowie ein Sofa erzeugen eine Atmosphäre von Geborgenheit. In einer solch unwirtlichen Umwelt, in der kalter Wind um alle Ecken pfeift, in der es regnet und schneit, kommt dieses Gefühl noch in der kleinsten Hütte schnell auf. Dazu bedarf es keines großen Aufwandes. Nackte Erde bildet dagegen den Fußboden. Sogleich wird jedem von uns eine Tasse Buttertee gereicht. Ein Getränk, dem nachgesagt wird, fast alle Unannehmlichkeiten, die einen ab viertausend Meter Höhe ereilen können, zu lindern. Das will ich gerne glauben, ändert jedoch nichts an meiner Abneigung gegen die ranzige Medizin. Getreu meiner Devise, alle Lebensmittel wenigstens einmal probiert haben zu wollen, trinke ich brav aus und lehne eine zweite Tasse dankend ab. In die Schale mit getrocknetem Yakfleisch als Appetizer greife ich freilich gern.

Die alte Frau versorgt drei Kinder, die auf dem Boden im Dreck herumkriechen. Eines von ihnen ist schwer geistig behindert. Weil dem circa zehnjährigen Mädchen unentwegt Speichel und Essensreste aus dem Mundwinkel laufen, trägt sie eine Plastikschürze, die ihr bis zu den Füßen reicht. Doujie hat uns nicht zufällig hier einquartiert. Er bringt Medikamente und Lebensmittel. Die übrigen Familienmitglieder, Männer, Frauen und arbeitsfähige Kinder, sind – wie kann es anders sein – seit Wochen in den Pilzen.

Trotz des Interesses, das ich mit meinem Rollstuhl hervorrufe, geht unsere Gastgeberin schnell zur Tagesordnung über, versorgt die Kinder und das behinderte Mädchen, das ihre ganze Aufmerksamkeit fordert. Mir wird klar, die Frau hat andere Probleme.

Yong, der auf dem Weg hierher jede Gelegenheit genutzt hat, Yakdung zu sammeln, schmeißt damit den Ofen an. »Essen macht glücklich«, lässt er über Hu dolmetschen. Der übernimmt freiwillig das Gemüseschnippeln und hockt sich in Ermangelung einer freien Arbeitsplatte auf den Boden.

Nagender schält die Zwiebeln und ich erhalte von Yong den Auftrag, in der Pfanne zu rühren, die er bestückt. Itschi und die beiden Träger entladen die Fahrzeuge. Doujie trinkt Tee. Damit unterstreicht er seine Stellung als Kopf der Gruppe. Zudem setzt er sich mit seiner Tasse in der Hand demonstrativ auf das Sofa – er könnte sich überall hinsetzen – neben den Chinesen Hu, der zu seinen Füßen die Paprika schneidet. Das wäre sicher keine Silbe wert, würde sich in dieser Geste nicht die ganze Wut der Tibeter auf die Chinesen und das Quäntchen Genugtuung, das Doujie beim Erniedrigen von Hu empfindet, widerspiegeln. Seine zufriedene Miene spricht Bände. Pikant, wenn man die politische Konstellation bedenkt.

Hu, der bis zu unserer Ankunft in Zadoi wenigstens das Gefühl bekam, außer Dolmetscher auch Expeditionsleiter zu sein, spielt mit und unterwirft sich vollends der von Doujie festgelegten Hierarchie.

Der blättert laufend in seinem Wörterbuch, um sich in der Kommunikation mit mir nicht des Dolmetschers bedienen zu müssen, und windet sich wie ein Aal, wenn er es doch tun muss. Dann genießt Hu seinen unentbehrlichen Posten. Ich finde das sehr interessant und beobachte mein Rudel unter diesen Gesichtspunkten.

Auf dem Tisch steht eine Schale *Yartsa Gunbu*.

»Doujie, warum bist du nicht beim Pilzesammeln? Und was ist mit den Bauarbeitern und Itschi, wollen die sich den großen Reibach entgehen lassen?«, will ich von ihm wissen.

»Ich bin schon durch damit. Meine Lizenz ist bereits abgelaufen, und eine neue zu kaufen lohnt sich nicht, die würde zusätzlich fünfhundert Yuan kosten. Die Bauarbeiter sind nicht von hier. Die erhalten überhaupt keine Lizenz«, erklärt er.

»Ach so ist das. Pilzesammeln kostet.«

»Ja, sonst könnte ja jeder kommen.«

Ich greife in die Schale und denke beim Betrachten des Kuriosums zwischen meinen Fingern, dass es der weltweiten Population von Nashörnern und Tigern guttäte, wenn sich der zuweilen absurde Wunderglaube der Chinesen stärker auf Pilze und Raupen konzentrieren würde.

Im Schein einer Petroleumlampe studieren wir die Landkarte und planen den nächsten Tag. Doujie ist von dem hohen Pegel der Flüsse überrascht und meint, dass wir keine Zeit zu verlieren hätten. Wenn mehr Wasser aus den Bergen kommt, wird uns der Rückweg versperrt. Ein Kälteeinbruch, bevor der Frühling kommt, wäre jetzt genau das Richtige. Denn dann bleiben die Flüsse in den oberen Höhenlagen länger gefroren, und der Boden weicht nicht auf, was die Reichweite der Fahrzeuge und unser Zeitfenster vergrößern würde. In diesem Fall könnten wir sogar die zweite Quelle des Mekong erreichen.

In einem Gebiet von nahezu achttausend Quadratkilometern bilden sich die beiden Hauptströme Zayaqu und Zanaqu aus einer unübersichtlichen Fülle von Zuflüssen. Wie die Adern eines Ginkgoblattes laufen sie trichterförmig zusammen. Jenseits dieses Halbkreises aus Gebirgsketten erstreckt sich übrigens das Quellgebiet des Jangtsekiang.

Forscher haben in den letzten hundertzwanzig Jahren nicht weniger als sechs Quellen ausgemacht, von denen heute zwei von Bedeutung sind: Zum einen die Stelle in den Felsen des Zanarigen-Massivs, die ursprünglich von den Menschen als religiöse Quelle des Mekong angesehen wurde, und zum anderen den im Jahre 1999 von einer wissenschaftlichen Expedition festgelegten Lasagongma-Gletscher im Guosongmucha-Massiv, gut fünftausend Meter über dem Meeresspiegel. Unser Ziel.

Doujie meint, wenn es in dieser Nacht friert, könnten wir bereits morgen an der religiösen Quelle auf dem Zanarigen-Massiv stehen. Das Gelände wird dann weitgehend befahrbar sein, und das letzte Stück ist nicht mehr als ein kurzer Fußweg.

So ist diese unruhige Nacht von der Hoffnung auf eisige Temperaturen geprägt. Unter normalen Umständen würde ich mir das niemals wünschen. Für den Erfolg meines Projektes bin ich aber sogar dazu bereit. Darüber hinaus raubt mir etwas anderes den Schlaf. Ein nicht genau zu lokalisierender Kopfschmerz, der sich im Verlauf der Nacht verstärkt. Nagender, der in der überfüllten Hütte dicht neben mir liegt, findet ebenfalls keine Ruhe.

Bei einer Geräuschkulisse aus Grunzen, Schnaufen und Schnarchen rätseln wir im Flüsterton, woran das liegt. Mein Freund kommt zu dem Schluss, dass es bei zwölf Personen in dem engen Raum einer luftdicht abgeriegelten Berghütte auf viertausenddreihundert Metern einfach ein bisschen knapp mit dem Sauerstoff ist und die Kopfschmerzen wohl erste Anzeichen unseres Erstickungstodes seien. Schmunzelnd fügt er hinzu: »Vielleicht erstinken wir auch gerade, so wie das hier riecht. Macht wohl keinen großen Unterschied.«

»Wie beruhigend zu wissen, woran ich krepiere, Naggi, aber meinst du nicht, dass wir die dünne Luft hier drin, mit der von draußen andicken sollten?«

»Gute Idee.«

Er pellt sich aus seinem Schlafsack und balanciert vorsichtig über die schnarchenden Leiber hinweg, um die Tür zu öffnen. Augenblicklich schwappt eine Welle eiskalter Luft herein.

»Brrr, das reicht, da erstinke ich lieber!«
»Naggi, unser Flehen wurde erhört, die Kältewelle ist da.«
»Ja, wirklich, es friert draußen.«

Der Zug Frischluft hilft. Wenngleich sie lediglich einen Bruchteil Sauerstoff enthält, vertreibt sie den Kopfschmerz und bringt zwei Stunden Schlaf.

Doujie hat die Lage richtig eingeschätzt. Wir kommen schnell voran. Die meisten Flüsse sind gefroren und lassen sich leicht überqueren. Am Nachmittag fahren wir über mehrere Kilometer im trocknen Kies eines ehemaligen Baches, der sich ein neues Bett gesucht hat. Praktisch, das Wasser hat uns eine Straße geebnet, die geradewegs zum Ziel führt. Links und rechts, leicht erhöht, wölbt sich das dicke Polster des Hochmoores aus mageren Flechten und Gräsern. Es wird in ein paar Jahrzehnten den frei gewordenen Weg wieder ganz vereinnahmt haben. Am Ende stoßen wir an die Stelle, wo der Bach durch das Anhäufen von Kies in einer Biegung zu einem neuen Verlauf gezwungen wurde. Er ist ebenso gefroren. Wir folgen seinem Ufer bis an den Fuß des Zanarigen-Massivs und der angrenzenden Bergkette.

Es gilt, keine Zeit zu verlieren. Ich will der religiösen Quelle möglichst nahe kommen. Ein gutes Stück können mich die beiden Träger im Rollstuhl schieben. Aber der Untergrund erfordert dafür einen zu großen Kraftaufwand. Mit wenigen Handgriffen spanne ich das Vorderrad des Handbikes vor den Rollstuhl. Ein vorsichtiges Anlupfen reicht und die Einrastfunktion macht daraus ein stabiles Dreirad. Mein Sulky kommt zum Einsatz. Jetzt kann ich spielend leicht große Unebenheiten überfahren, ideal für das Hochmoor. Während ich gezogen werde, kann ich meine Helfer an den Rollstuhlrädern kräftig unterstützen. Am Fuß mehrerer circa zweihundert Meter hoher, schneebedeckter Hügel, zwischen denen sich unter einer Eisschicht das Wasser des Zanaqu ergießt, komme ich zum Stehen. Von hier geht es nur kletternd voran. Auf einem der Gipfel entdecke ich Gebetsfahnen. Mehr kann ich von hier nicht erkennen. Nagender schaut mich erwartungsvoll an: »Und? Was ist das jetzt für ein Gefühl, nach fünftausendsiebenhundert Kilometern. Du bist sozusagen am spirituellen Ursprung des Mekong. Spürst du was?«

»Es ist ein bisschen wie am Goumuck-Gletscher am Ganges. Weißt du noch? Das war derart unspektakulär damals. Genau wie jetzt. Es ist toll, hier zu sein, nicht mehr und nicht weniger. Bei dem Gedanken, dass das Wasser, das hier unter dem Eis dahinfließt, eines Tages in Vietnam ins Südchinesische Meer fließt, bin ich durchaus ergriffen.«

Nagender dreht sich zu den Jeeps um, die man selbst von hier aus gut sehen kann, und meint verächtlich: »Na ja, wir sind damit fast an die Quelle herangefahren, keine große Leistung.«

»Das stimmt. Aber ist dieser Ort deshalb nichts wert? Es war gut herzukommen. Quasi als Einstimmung auf die richtige Quelle. Lass uns aufbrechen zum Endspurt!«

Am Treffpunkt mit den beiden Trägern, etwa drei Stunden entfernt, wo sich Zanaqu und Zayaqu zum Zaqu vereinen, hofft Doujie, die Flüsse mit den Jeeps überqueren zu können. Sollte das nicht gelingen, weil die Furt zu tief ist, müssen wir im schlimmsten Fall bis zur nächsten Brücke flussabwärts fahren, um auf die gegenüberliegende Seite zu gelangen. Einzig von dort ist die Mekong-Quelle erreichbar.

Allen knurrt der Magen. Grund genug, sämtliche Planung um einen Tag aufzuschieben und einen Platz zum

Kochen zu präparieren. Doujie schlägt vor, wegen des eisigen Windes den Schotterweg nach Moyun einzuschlagen, einer winzigen Ansiedlung, wo wir im Haus eines Freundes den Ofen benutzen können. Das stößt erwartungsgemäß auf große Zustimmung; wenn's ums Essen geht, werden keine Kompromisse gemacht. Ich bin, was das angeht, genügsamer. So nah an meinem Ziel würde ich zugunsten meiner Ungeduld liebend gern auf zwei warme Mahlzeiten am Tag verzichten und dafür schneller vorankommen. Gegen den allgemeinen Konsens wage ich jedoch keinen Einspruch. Klar, dass wir Moyun heute nicht mehr verlassen werden, dazu kenne ich meine Truppe inzwischen zu gut. Nach dem Essen wird keiner mehr Lust haben, in die Kälte hinauszugehen.

Am Abend versuche ich, mehr Informationen aus Doujie herauszubekommen. Die Tatsache, dass ich an der Zanarigen-Quelle mit dem Rollstuhl schnell an die Grenzen gekommen bin, gibt mir zu denken.

»Doujie, kannst du mir etwas über die Beschaffenheit des Geländes dort oben sagen?«

»Ja, es ähnelt dem, was wir heute vorgefunden haben. Ein großes Hochmoor, das von Flüssen durchzogen ist, die wir überqueren müssen. Und es gibt viel Kies.«

»Wie schätzt du meine Chancen ein?«

»Wir werden die Pferde brauchen. Du kannst reiten, hast du gesagt!«

Deutlich spüre ich das Fünkchen Misstrauen in dem letzten Satz, selbst nach Hus Übersetzung. »Ja, im Prinzip schon, fragt sich, wie lang das nötig sein wird.«

»Das kann ich nicht sagen«, antwortet er, »vielleicht acht Stunden, vielleicht zwei Tage, kommt darauf an, wie weit wir uns mit den Fahrzeugen dem Massiv nähern können. Die Flüsse verändern jedes Jahr ihren Lauf.«

»Wann warst du zum letzten Mal an der Quelle?«

Er antwortet mit hochgezogenen Brauen und unverhohlenem Kopfschütteln, als hätte er damals etwas ganz Außergewöhnliches erlebt: »Das war im Frühjahr 2004. Ein Australier kam damals mit seinem Boot nach Zadoi. Ich sollte ihn damit zur Quelle bringen. Nun, er hat gut gezahlt, warum nicht, dachte ich mir. Verrückt, im Zayaqu hat er das Boot dann ins Wasser gesetzt und ist einfach davongepaddelt, bis nach Vietnam.« Dabei holt er weit mit dem Arm aus, um seiner Rede Nachdruck zu verleihen. Verwundert fügt er die Frage an, warum ich den nicht kenne, alle Verrückten auf der Welt würden sich doch kennen.

»Ich kenne ihn«, entgegne ich, »nur nicht persönlich. Pass auf.« Ich hole Mick O'Sheas Buch hervor und zeige ihm das Cover. »Ist er das?«

»Ja, natürlich«, antwortet er überrascht. Ich lese ihm daraus vor und bestätige, dass ausschließlich positiv über ihn berichtet wird. Er schaut sich die Bilder im Mittelteil intensiv an und will von mir wissen, ob ich Bücher schreibe. »Ja, wenn du es mir erlaubst, schreibe ich auch über dich.« Doujie stimmt zu und macht dann eine Bemerkung, die mehr an Itschi, seinen Freund neben ihm, gerichtet ist und mir keinesfalls übersetzt werden darf.

Nachdem ich keine Ruhe lasse, hat Hu es später doch getan. Doujie beklagte sich, dass von nun an vermutlich ständig Verrückte hierherkommen.

Die für unser Gelingen wichtige Kältewelle ebbt langsam ab. Doujie ist gleichwohl überzeugt, dass dieser kurze Wintereinbruch sehr hilfreich war. Zum Überqueren des Zaqu reicht es allerdings nicht. Erst nach dreißig Kilometern flussabwärts erreichen wir einen flachen Abschnitt, in dem sich der Strom in viele Mäander teilt, die mit den Jeeps leicht durchfahren werden können. Immerhin haben wir dadurch den Weg zur nächsten Brücke, einen ganzen Tag, gespart.

Inzwischen hat sich frühlingshafte Wetterlage eingestellt: Bei Temperaturen um die null Grad werden wir mit Niederschlägen aller Art konfrontiert. Schutzhütten kommen hier keine mehr.

## *Am Ende aller Wege*

Unser erstes Camp richten wir auf einer leichten Erhebung ein, hoch über dem Zusammenfluss der beiden Ströme, die das Guosongmucha- und das Zanarigen-Massiv entwässern. Die Sichtweite reicht kaum bis dorthin, dichte Nebelschwaden ziehen über die Ebene hinweg.

Auf der Anhöhe erwartet uns die Vorhut. Unser Team ist nun komplett. Sechs Träger, Yong, der Fahrer, Koch und gleichzeitig die gute Seele des Teams, Hu, der Übersetzer, Itschi, der Pferdeflüsterer, Doujie, der sagt, wo es langgeht, Nagender, mein Freund und Fotograf, und ich. Zusammen sind wir zwölf Personen, fünf Pferde und ein tibetischer – nicht aggressiver – Mastiff. Die Hälfte davon startet am frühen Morgen vor Anbruch der Dämmerung mit den Pferden. Wir, die zunächst mit den Fahrzeugen fahren, können den Tag ruhiger angehen lassen.

Da es ständig zu Regengüssen kommt, packen wir schnell ein und flüchten in die Autos. Mit der Vorstellung, dieser Nässe vielleicht schon morgen schutzlos ausgeliefert zu sein, kann ich mich überhaupt nicht anfreunden. Lieber spekuliere ich auf die Statistik, nach der auf jedes schlechte Wetter gutes folgt.

Es ist definitiv der letzte Tag in den Fahrzeugen. Der Schotterweg verschwindet streckenweise immer häufiger im Nichts des Hochmoores oder existiert nach einer Flussquerung für einige Zeit gar nicht mehr. Aber es gibt ihn, und immer wieder taucht er auf. Er ist unentbehrlich für uns, da er über drei Brücken führt, die wir keinesfalls verfehlen dürfen. Drei große Zuflüsse des Zayaqu können wir auf ihnen überwinden. Am vierten wartet das zweite Team auf uns.

Zwischen diesen großen Zuflüssen gibt es ein unübersichtliches Netz von kleineren Wasseradern, die das gesamte Hochmoor durchziehen. An ihnen endet der Weg, und es bleibt dem Geschick und der Intuition des Fahrers überlassen, die Böschung zu nehmen, eine flache Furt zu finden und auf der gegenüberliegenden Seite das Flussbett zu verlassen. Mehrmals verschätzt sich Doujie bei diesen Überquerungen und bekommt nasse Füße, wenn sein schwer beladener Pick-up abermals mitten im Fluss stecken bleibt. Einmal sackt er derart tief ein, dass sogar die Sitze unter Wasser stehen. Er wusste, warum ein zweites Fahrzeug und ein langes Seil unerlässlich sind. Jetzt muss er dauerhaft mit Heizung fahren, um das Wageninnere zu trocknen.

Auch unser Toyota kommt mehr und mehr an seine Grenzen. Da hilft es überhaupt nicht, dass ab viertausendsechshundert Metern die Flüsse gefroren sind. Das Eis ist tückisch. Doujie hätte es eigentlich nicht nötig, dennoch versucht er, seine außergewöhnlichen Fahrkünste unter Beweis zu stellen. Bisweilen geht sein Übermut mit ihm durch. Wir stehen an einer hohen Böschung und diskutieren, welches wohl die sicherste Passage über den etwa vierzig Meter breiten, vereisten Fluss sein könnte. Da er nun einmal der Indiana Jones ist – so nennen wir ihn inzwischen –, lässt er die durchaus fundierte und vernünftig klingende Meinung von Yong, dem Stadtbewohner, nicht gelten. Hu hat es sowieso längst aufgegeben, in solchen Situationen Vorschläge zu machen, und beschränkt sich auf die Tätigkeit, für die er bezahlt wird.

Entgegen allen Ratschlägen startet Doujie den Wagen, um mit Vollgas das andere Ufer zu erreichen. Dann sollen wir ihm in seiner Spur folgen. Genau in der Mitte des Flusses bricht sein Wagen ein. Nein, was folgt, ist kein Wort des Bedauerns. Stattdessen ruft er nach Schaufeln und dem Abschleppseil. Weil das mit seinen zwanzig Metern zu kurz ist – die Schuld dafür wird Hu in die Schuhe geschoben –, gerät die gesamte Unternehmung plötzlich in Gefahr, denn jetzt muss auch das zweite Fahrzeug aufs Eis. Wir haben Glück, bekommen ihn frei und überqueren den Fluss auf Yongs Alternativroute. Eine Lehre war Doujie das nicht. Schließlich machen wir uns vor jeder Flussüberquerung heimlich über seinen Ehrgeiz lustig und schließen Wetten ab, wann er wohl abermals versackt. Allein an diesem Tag müssen wir ihn fünf Mal mit dem Seil aus dem Wasser oder vom Eis ziehen.

Am Nachmittag, jenseits der dritten Brücke, ist der Weg kaum noch auszumachen und endet unbemerkt. Über Stunden fahren wir querfeldein, an Uferböschungen entlang oder im Schritttempo über holprige Moosflächen.

Die Gefahr, mit den Fahrzeugen aufzusetzen oder im Moor gänzlich zu versacken, wird immer größer. Uns ist klar, mit den Jeeps kommen wir nicht mehr weit. Schon jetzt wären wir zu Fuß weitaus schneller. Daher gehen wir auf die Suche nach einer geeigneten Stelle für ein Camp. Die sollte relativ trocken, eben und, wenn es geht, erhöht liegen, um für das zweite Team, das wir morgen früh erwarten, gut sichtbar zu sein.

Auf viertausendsechshundert Meter Höhe über dem Meeresspiegel, neunundzwanzig Kilometer Luftlinie von der Quelle des Mekong entfernt, finden wir, was wir suchen. Nach wie vor ist es stark bewölkt. Beim Zeltaufstellen bleiben wir zum Glück trocken. Es bietet sich das übliche Bild. Jeder ist mit diversen Vorbereitungen beschäftigt: Yong wirft den Kocher an, Doujie sitzt auf einer Blechkiste und schaut Tee trinkend zu, wie Hu auf dem Boden Kartoffeln schält. Ich denke, wenn sich jeder in seiner Rolle wohlfühlt, sollte man daran nichts ändern. Bisher war das Team durch die strikte Aufgabenteilung und eine Rangordnung, an der niemand rüttelte, stabil. Reibungspunkte gab es kaum, weil Doujie und Itschi im Pick-up saßen und wir in unserem Toyota. Jetzt ändert sich das. Bei Hu mache ich mir keine großen Sorgen, der ist gut zu führen. Doujie hingegen erfordert einiges an Fingerspitzengefühl. Ich muss ihn stets in dem Glauben lassen, die Fäden in der Hand zu haben. Darüber spreche ich mit Nagender. Weil der aus Gewohnheit überall Betrüger sieht, die mich um Geld und Gut bringen könnten, bitte ich ihn, das bei jedem Satz, den er Hu übersetzen lässt, zu berücksichtigen. Bis tief in die Nacht – wir liegen längst im Zelt in den Schlafsäcken – erörtern wir die Konstellation zwischen den Teilnehmern der Tour und spielen Szenarien durch, die aus dem nicht gerade freundschaftlichen Verhältnis zwischen Hu und Doujie entstehen könnten. Es kommen wichtige Aspekte zum Vorschein, da beide voneinander abhängig sind.

Nagender befürchtet Eifersüchteleien und die Absicht eines jeden, unser Vertrauen zu gewinnen. Doujie hat da natürlich wegen der Sprachschwierigkeiten die schlechteren Karten, was dazu führen könnte, dass er sich zurückzieht. Das müssen wir verhindern, schließlich sind wir auf beide gleichermaßen angewiesen. Eines, meint Nagender, bräuchten wir nicht zu fürchten: ihre Verbrüderung. Unsere Position ist also gar nicht schlecht. Letztlich bleibt jedoch eine große Unbekannte: die Übersetzungskunst unseres Dolmetschers. Damit, das haben wir bereits bemerkt, ist es nicht weit her. Hu könnte allerdings so weit gehen, sich beim Übersetzen dem Reisebüro gegenüber ins rechte Licht zu rücken.

Frost gibt es in jeder Nacht. Das passt zwar meinen kalten Beinen nicht, gibt aber Hoffnung, diesen Ort über die gefrorenen Flüsse wieder verlassen zu können. Außerdem tauen unsere Lebensmittel, vor allem die Hammel und Hühner, nicht auf. Es hat in dieser Nacht leichten Schnee gegeben, der bereits nach dem Frühstück vom einsetzenden Regen wieder weggewaschen ist. Nur in schattigen Senken kann er sich länger halten.

Im Küchenzelt treffen wir uns zur Lagebesprechung. Ich bin überzeugt, dass Doujie eine Verschiebung des Starts wegen des schlechten Wetters erwägt, doch kein Wort wird darüber verloren. Es interessiert überhaupt nicht, ob es schneit oder regnet. Ich erfahre, dass ein Pferd wegen Problemen am Huf bei den Fahrzeugen zurückbleiben muss. Weil es hier Wölfe gibt, wird es einer der Träger bewachen müssen. Mit einem Pferd und einem Träger weniger müssen wir umdisponieren, scheitern wird die Unternehmung daran nicht.

Vorsichtig beginnt Doujie, mich auf ein anderes Problem hinzuweisen: »Andreas, reiten ist in diesem Gelände zu gefährlich, und dein Sulky kann hier nicht sinnvoll eingesetzt werden. Bist du einverstanden, wenn wir dich tragen? Wenigstens das erste Stück.«

Ich hatte mir gestern schon gedacht, dass es schwierig werden wird: »Doujie, wie wollt ihr mich denn tragen?«

»Hier, mit den Zeltstangen, die sind massiv.« Er greift zur Stütze in der Mitte des Zeltes.

»Okay, lass es uns versuchen.« Ich blicke Nagender an: »So ähnlich haben wir es in Indien auch gemacht.«

Doujies Plan sieht vor, heute und morgen jeweils zehn bis zwölf Kilometer zu gehen. Das müsste zu schaffen sein. Dann richten wir ein Basislager ein, das nicht weiter als fünf Stunden Fußmarsch von der Quelle entfernt liegen darf. So können wir sie am Mittag des dritten Tages erreichen und zum Abend wieder am Basislager sein. Das klingt einleuchtend, und alle sind einverstanden.

Meine Kleidung schützt zwar vor Regen, dennoch versetzt mich der Blick aus dem Zelt in leichte Panik. Eigentlich bin ich ein Weichei, denn wegen der mangelnden Bewegung und der schlechten Durchblutung der Beine friere ich schnell. Die Aussicht auf das, was kommt, beunruhigt mich zutiefst. Ich werde beim Tragen regungslos dem Wetter ausgesetzt sein ohne Chance auf Bewegung.

In der Nässe machen wir uns an den Zelten zu schaffen und verstauen sie mit den übrigen Utensilien wasserdicht in den Transportkisten. Itschi, der Mann für die Pferde, sorgt dafür, dass sie den Tieren seitlich angehängt werden. Dabei achtet er sorgfältig auf eine gleichmäßige Gewichtsverteilung.

Nach einer Stunde sind wir startbereit. Die Räder des Rollstuhls werden von den Pferden getragen. An ihrer Stelle wurden zwei Eisenrohre fest mit dem Rollstuhlrahmen verzurrt. Sie sind lang genug, dass vier Träger, jeder an einer Ecke, den Stuhl anheben können. Sie liften mich nach oben, und schon kommt unser Tross in Bewegung.

Schnell stellt sich heraus, dass Doujies vorgegebenes Tagespensum von zehn Kilometern die Träger an ihre Leistungsgrenze bringt. Das Gelände ist extrem schwer zu begehen. Im Gegensatz zu den letzten Tagen, ist das Hochmoor nun von vielen, mit Wasser gefüllten Pools durchsetzt, die im Schnitt einen Durchmesser von knapp einem Meter haben und bis zu den Knien reichen. Sie liegen häufig so dicht beieinander, dass meine Träger auf den Grasinseln dazwischen kaum Halt finden. Wer gezwungen ist, mit einem großen Schritt über die Pools zu balancieren, wird durch die Verlagerung des Körperschwerpunkts für einen Moment von einem Großteil meines Gewichtes belastet. Jeder Fehltritt, ein verstauchter Knöchel oder ein Sturz könnten das ganze Projekt zum Scheitern bringen. Diese Gefahr ist extrem hoch, weil der Regen den Untergrund aufweicht und rutschig macht. Das ist allen bewusst. Daher legen wir in kurzen Abständen Pausen ein, in denen wir darüber diskutieren, wie man die Tragetechnik verbessern könnte.

Zunächst hängen wir meinen Rollstuhl tiefer. Das verringert die Verletzungsgefahr, wenn ich abstürze. Gleichzeitig erleichtert der tiefere Schwerpunkt das Tragen erheblich. Dann brauchen die Träger dringend Schulterpolster. Die Eisenstangen drücken schmerzvoll auf Schlüsselbein und Nackenmuskeln. Jeder, der ein Kleidungsstück erübrigen kann, spendet es den Trägern.

Auch die Pferde, beladen mit schweren Metallkisten, geraten häufig ins Straucheln, weil die Grasinseln, auf die sie treten, unterhöhlt sind und trügerischen Halt versprechen. Sie bilden beim Wachsen Wülste über den Pools.

Yong, Doujie und die anderen Träger führen je ein Pferd. Itschi, der vorangeht und ebenfalls eines der Tiere an den Zügeln hält, tastet den Untergrund mit jedem Schritt vorsichtig ab. Ein zweites verletztes Pferd können wir uns nicht leisten. Auch Nagender hat es nicht leicht. Mit seiner schweren Fotoausrüstung hüpft er auf der Suche nach guten Perspektiven zwischen den Pools herum. Er hat seine Kamera zum Schutz vor dem Regen in eine Plastiktüte gewickelt, die lediglich das Objektiv frei lässt. Ich sitze als Einziger untätig, vor Nässe frierend, in meinem Sessel und beginne langsam zu zweifeln.

Was tue ich hier eigentlich? Sehnsüchtig denke ich an zu Hause. Dort ist es jetzt frühlingshaft warm, und ich könnte im Kreise meiner Familie wunderbar auf der Terrasse sitzen. Bestimmt steht gerade der erste Spargel auf dem Tisch, oder Erdbeeren kündigen den Sommer an. Die Kinder springen auf dem Rasen herum, und das Leben ist einfach schön. Stattdessen gebe ich eine Menge Geld für zweifelhafte Vergnügen aus, wie Campieren im Schnee, Flüchten vor wilden Hunden, ranzigen Buttertee und Regenwetter im tibetischen Hochland. Wozu? Allenfalls kommen ein paar spektakuläre Landschaftsaufnahmen dabei heraus. Nein, nicht einmal die werden mir bei diesem Klima gelingen.

Dann die Quälerei der Träger. Ich fühle mich wie ein kolonialer Menschenschinder. Sie scheinen wirklich am Ende ihrer Kräfte zu sein. Ihr Klagen ist keine Schauspielerei für ein zusätzliches Trinkgeld. Ich hatte vorher schon geahnt, dass ich mich wohl tragen lassen muss. Jetzt plagt mich mein schlechtes Gewissen. Dazu kommen Zweifel am Sinn des Unternehmens, an der Verhältnismäßigkeit, und ich frage mich, ob der Aufwand das Resultat rechtfertigen kann. Mittags bin ich soweit, einen Abbruch der Tour in Erwägung zu ziehen. Nagender, den ich zuerst in meine Überlegungen einweihe, versteht meine Beweggründe, schlägt jedoch vor, die Träger entscheiden zu lassen. Ich hatte den ganzen Vormittag über Zeit, mir die Namen der Träger einzuprägen. In der Mittagspause bitte ich Hu um die Übersetzung meiner Bedenken. Sangpo, der beherzt und wenig schüchtern als Sprecher der Träger fungiert, hockt vor mir auf einer der feuchten Inseln und schaut mich angesichts solcher Gewissensbisse verwundert an.

Ob Hu, für den Tibetisch und Englisch Fremdsprachen sind, seine Antwort richtig übersetzt, entzieht sich meiner Kenntnis. Jedenfalls meint er, Sangpo hätte geantwortet, ich könne mir diese Sorgen sparen. Es sei im unwegsamen Tibet üblich, Menschen zu tragen, wenn sie nicht laufen können. Das hätte jeder schon einmal gemacht, ohne sich als Sklave zu fühlen, und meistens wurden sie nicht einmal dafür bezahlt.

Sollte ich ihnen zu schwer werden, würden sie das sagen. Darauf könne ich mich verlassen, aber noch sei es nicht so weit. Ich möge bitte bedenken, dass sie ihre Familien mit diesem Job ernähren und dass bei einem Abbruch die Erfolgsprämie wegfällt, ob ich das wolle?

Dieser Job, fügt Sangpo schnell an, sei nicht wie jeder andere. Hu übersetzt, wie viel Hochachtung sie vor mir und meinem Durchhaltewillen hätten. Den ganzen Vormittag sei das Thema gewesen. Dass sie sich aufgeben, sogar umbringen würden, erlitten sie einen solchen Unfall, wie ich ihn hatte. Daher sei es ihnen neben dem Verdienst ein persönliches Anliegen, zum Erfolg dieser Reise beizutragen. Auch wenn sie den Sinn meines Unternehmens nicht genau begriffen hätten.

Diese Unterhaltung hat uns einander erheblich nähergebracht, ja, sie hat geradezu ein freundschaftliches Verhältnis geschaffen. Die große körperliche Nähe beim Tragen tut ein Übriges. Auf der Speicherkarte meiner Kamera habe ich ein paar Aufnahmen von einem der Mündungsarme des Mekong in Vietnam gesichert. Als ich ihnen den Fluss der neun Drachen zeige, wollen meine Träger gar nicht glauben, was aus ihrem kleinen Zayaqu da wird.

Der Anstieg des Geländes ist zunächst kaum spürbar. Als meine Träger am späten Nachmittag mit letzter Kraft eine Anhöhe besteigen, um oben auf relativ trockenem Boden unser Camp einzurichten, stelle ich fest, dass wir seit dem Morgen gerade einmal hundert Höhenmeter zurückgelegt haben. Es scheint keinen Unterschied zwischen viertausendsechshundert Metern und viertausendsiebenhundert Metern zu geben. Falsch – der Eindruck trügt, da ich nichts spüre in meiner Sänfte. Als die Trageisen abmontiert sind und ich wieder ein paar Meter rollen kann – hier oben gibt es keine Wasserbecken –, gerate ich derart aus der Puste, als hätte ich gerade einen Hundertmetersprint hinter mir. Das Aufstellen des Zeltes wird zum Kraftakt, bei dem ich zwischendurch oft pausieren und nach Luft schnappen muss. Viel gibt es hier nicht mehr zu atmen. In dieser Höhe beträgt der Sauerstoffgehalt der Luft fünfundsechzig Prozent von dem, was ich auf Meereshöhe gewohnt bin. Das Dorf, in dem ich aufgewachsen bin, liegt nur dreiundvierzig Meter darüber. Kein Wunder also, dass ich auf dem letzten

Loch pfeife. Nagender geht es ähnlich. Er konnte tagsüber nur mithalten, weil die Träger dauernd Pausen eingelegt haben. Seit dem Morgen klagt er über Kopfschmerzen. Weil er das von sich überhaupt nicht kennt, gehen wir davon aus, dass die Höhe die Ursache ist. Ich rate ihm, viel zu trinken und verordne Diamox, Tabletten gegen Höhenkrankheit.

Endlich hört es auf zu regnen. Das dauerhafte Nieseln, der Schlamm, die kalten, ständig nassen und aufgeweichten Hände, die Feuchtigkeit, die trotz guter Kleidung in die Knochen zieht, und der Anblick einer dauerhaft eintönigen Landschaft mit wenig Kontrasten, die übergangslos mit dem Grau der tief stehenden Wolken verschmilzt, schlagen aufs Gemüt.

Ich weiß, das ist Jammern auf hohem Niveau. Jeder hier im Team würde gern einmal verschnaufen und sich ein paar Meter tragen lassen. Gleichwohl nervt diese ewige Nässe.

Mir ist bewusst, dass sich das Wetter in den Bergen stündlich ändern oder einen Ort tagelang in Regen tauchen kann. Dessen ungeachtet frage ich Doujie, unseren Indiana Jones, ob er mir für die nächsten Tage Hoffnung auf ein paar sonnige Stunden machen könne. Nein, es gibt keine Prognose, außer vielleicht, dass der Regen nachts als Schnee fällt. Eine gute Nachricht hätte er aber: Das Gelände werde sich morgen ändern, ich könne endlich reiten.

Ich sollte Doujie beizeiten davon unterrichten, was ich unter Reiten verstehe; dass mein Reiten nicht viel mehr als ein Auf-dem-Pferd-sitzen ist und ich mich nur dann auf dieses Abenteuer einlassen kann, wenn das Tier unter mir ein altersschwacher Phlegmatiker ist. Außerdem muss ich ihm erklären, dass ich kaum zum Balancehalten in der Lage bin und daher mindestens ein Träger nebenhergehen muss, um mich notfalls am Herunterkippen zu hindern.

Ich beschließe, das Problem auf morgen zu verschieben.

## *Das Ziel*

Doujies Prognosen waren richtig. Es ist etwas Schnee gefallen, der nach dem Frühstück schmilzt. Das Gelände jenseits des Lagerplatzes besteht in der Tat aus einem kleinsteinigem Boden mit vereinzelten Grasinseln, die ich vermutlich mit dem umgebauten Rolli befahren kann. Das ist ein guter Tag, ich bin geradezu euphorisch, zumal es nicht regnet und sogar der blaue Himmel durch die Wolkendecke schimmert. Ich ignoriere Doujies Idee, mich auf das Pferd zu packen, präpariere mit ein paar Handgriffen den Rolli und schnalle die Gurte vor.

Das ganze Team ist überrascht. Mit meinem Rollstuhlumbau und dem vorgespannten Pferd kommen wir vergleichsweise rasend schnell voran. Anfangs fällt es Itschi, der die Zügel hält, schwer, die für mich gefährlichen Passagen – hohe Grasinseln oder zu steile Böschungen – rechtzeitig auszumachen und das Pferd weiträumig drum herum zu geleiten. Ein paarmal kippe ich seitlich aus dem Stuhl, was glimpflich verläuft. Itschi tut das furchtbar leid. Aber mit jedem Sturz lernt er dazu, und bald sind wir ein eingespieltes Team.

Meine Träger erholen sich von den Strapazen des Vortags oder schieben in Ermangelung einer besseren Beschäftigung zusätzlich am Rollstuhl. Wichtig für mich: Ich kann wieder in Aktion treten. Den Rollstuhl um Hindernisse herumzudirigieren erfordert meine ganze Konzentration. Da das Vorderrad steif mit dem Rolli verbunden, also nicht lenkbar ist, muss ich bei jedem Schlenker, den Itschi mit meinem Zugpferd macht, das Rad anlupfen und der Fahrtrichtung anpassen. Gleichzeitig ist es wichtig, durch leichtes Bremsen die Gurte stramm zu halten. Das Pferd könnte sich sonst mit den Hinterläufen darin verfangen und stolpern.

Die Fokussierung auf ein reibungsloses Zusammenspiel zwischen mir und meinem Zugpferd nimmt meine Aufmerksamkeit derart in Anspruch, dass ich nur in den Pausen bemerke, wie sich die Landschaft verändert. Wir biegen von der Hochebene in eines der breiten Täler ein, das uns am Ende zum Ziel führen soll. Wir machen weitere hundert Höhenmeter gut, die sich wahrhaft atemberaubend auswirken. Nun bin ich es, der um eine Pause bitten muss. Der Vorgang des Atmens oder, besser, des Schnaufens erfordert dies. Was unter normalen Umständen funktioniert, ohne einen Gedanken daran zu verschwenden, wird hier oben zu einer Tätigkeit, für die regelmäßig eine Pause eingelegt werden muss. Dennoch reicht das nicht. Es bleibt das Gefühl, beim Atmen zu kurz zu kommen. Die Luft ist wie fettreduzierte Milch, sie gibt einfach nichts her. Es kostet nach jedem Stopp Überwindung, wieder aufzubrechen. Etwas in mir sträubt sich, muss von meinem Willen, weiter voranzukommen, überredet werden. Wenn wir dann endlich Fahrt aufnehmen, meldet sich nach spätestens fünfzehn Minuten der Schweinehund und lässt mich Itschi um eine erneute Pause flehen. So geht das den ganzen Tag.

Beim Einrichten unseres Basislagers in knapp viertausendachthundert Meter Höhe spüre ich es zum ersten Mal: ein ganz leichter Kopfschmerz, der nicht mehr verschwindet, weder durch das Trinken von viel heißem Tee noch durch die Einnahme von Diamox oder die Verlagerung in die Horizontale. Mehr noch, in der Nacht raubt er mir den Schlaf. Doujie hat die Flachlandbewohner im Team – Flachland beginnt bei ihm ab zweitausend Metern – eindringlich vor den ersten Anzeichen der Höhenkrankheit gewarnt: Kopfschmerzen, Übelkeit, Schwindel. Sollten diese drei Symptome bei jemandem auftreten, müssen wir absteigen.

In dieser schlaflosen Nacht kreisen meine Gedanken nur um eins: Ich will nicht so nah am Ziel umkehren. Unentwegt höre ich in meinen Körper hinein auf der Suche nach weiteren Anzeichen der Höhenkrankheit. Es bleibt bei Kopfschmerzen.

Am Morgen, kurz vor der lang ersehnten Dämmerung, falle ich vor Erschöpfung nach der durchwachten Nacht in einen kurzen, tiefen Schlaf.

»Andy, wach auf!« Nagender rüttelt an mir.

Einen Moment grübele ich orientierungslos, in welchem Hotelzimmer ich liege. »Was ist denn?«, entgegne ich genervt.

»Ich habe eine Überraschung für dich, schau mal vor die Tür!«

Mühselig richte ich mich auf, während Nagender am Reißverschluss zieht. Als präsentiere er eine Zirkusnummer, ruft er »Traraaa!« und öffnet das Zelt. Schnee. Kein Berg, kein Tal, kein Fluss, kein Gras ist mehr auszumachen. Als hätte jemand die Welt mit weißem Flausch überschüttet. Selbst mein Rollstuhl ist zehn Zentimeter tief eingeschneit. »Sieht das nicht phantastisch aus?«, ruft mein Freund begeistert.

Ich lasse mich ernüchtert auf die Luftmatratze zurückfallen. Mir bleibt auf dieser Reise nichts erspart: »Wirklich toll, Naggi, aber auf solche Überraschungen kann ich gern verzichten.«

Er schaut mich verdutzt aus seinen dunklen Augen an.

»Rollstuhl rollen im tiefen Schnee ist scheiße, Nagender, das will ich heute nicht haben.« Weil ich ihm die Freude über seinen ersten richtigen Schnee nicht vermiesen will, unterdrücke ich meinen Unmut aber schließlich und bestätige seine Begeisterung. Es muss für jemanden, der das nicht kennt, tatsächlich faszinierend sein, plötzlich in einer gepuderten Welt zu stehen, zumal als Fotograf.

Was das Wetter angeht, hätte ich allerdings keinen schlechteren Tag für den Aufstieg wählen können. Dichtes Schneetreiben reduziert die Sicht auf rund hundert Meter, und nichts weist darauf hin, dass sich das jemals ändert. Nicht einmal ich würde jetzt einen Hund vor die Tür jagen. Was soll's! Besser, ich gewöhne mir ab, über das Wetter nachzudenken. Hinnehmen, wie die Tibeter es tun, ist die Kunst, die ich von ihnen lernen sollte. Sie sind noch weitaus Schlimmeres gewohnt. Die Wetterlage, die den Tibetern einen Kommentar wert ist, möchte ich nicht erleben.

Die ungünstigen Umstände können meiner Euphorie nichts anhaben. Wenn sich meine Träger von dem Schnee nicht beeindrucken lassen, dann ich doch wohl auch nicht. Doujie sagt, vielleicht knacken wir heute die Fünftausendmetermarke. Er befiehlt nach dem Frühstück allen, die sich zu dem finalen Aufstieg bereit erklärt haben, bloß nicht schlappzumachen. Mit dem halben Team und einem Pferd starten wir. Die Übrigen halten die Stellung und sollen uns am Abend mit einer guten Nudelsuppe empfangen.

Zunächst muss ich getragen werden. An den vier Ecken meiner Sänfte stöhnt, hechelt und pfeift es aus allen Löchern. Meine Träger holen den letzten Rest aus sich heraus. Sie haben sich in den Kopf gesetzt, mich da wirklich hochzuschleppen. Selbst Doujie, der außer beim Autofahren bisher keinen Finger gekrümmt hat, schultert meine Sänfte und löst die Träger einen nach dem anderen ab. Das motiviert sie, Pausen auszulassen und einen Schritt schneller zu gehen. Damit gerät Nagender an seine Belastungsgrenze. Zum Fotografieren oder Filmen kommt er nicht mehr. Und dann ist da Hu, unser kurzbeiniges Sorgenkind. Er bleibt plötzlich zurück, und als wir uns nach ihm umsehen, hockt er schwer atmend auf den Knien im Schnee. Ein bemitleidenswerter Anblick. Sein Kopf ist gesenkt, mit den Händen stützt er sich im Schnee ab.

»Ach, Hu«, ruft Nagender voll ironischer Anteilnahme und hilft ihm auf. Er bekommt ein paar Züge aus der Sauerstoffkartusche und darf auf dem Pferd Platz nehmen. Doujie schüttelt den Kopf, als wolle er sagen: Was will der eigentlich hier?

Nagender inhaliert als Nächster und ist von der Wirkung des zugeführten Sauerstoffs so begeistert, dass auch ich davon tanke.

Von nun an folgen wir strikt dem Zayaqu. Mal direkt am Ufer entlang, dann in einer Entfernung, in der sich der zugefrorene Fluss mit dem Schneetreiben vereint und darin verschwindet.

Plötzlich gibt Doujie, aus mir zunächst unerfindlichen Gründen, Hu den Befehl abzusteigen. Ich vermute, dass Häme und Missgunst der Grund dafür sind, warum Doujie dem Dolmetscher hier das Leben so schwer macht. Das Gelände, argumentiert er, ließe es nicht zu, dass ich weiterhin getragen werde. Ich müsse nun auf das Pferd umsteigen. Außerdem sei es an der Zeit, die Träger zu entlasten. Letzteres sehe ich ein und ist auch der einzige Grund für mich, keinen Einspruch zu erheben. Jetzt muss ich tapfer sein und zu meinem Wort stehen. Zumindest wird der apathische Gaul mir keine Sorgen machen. Er bewegt sich nur, wenn er lautstark dazu aufgefordert wird oder einen Klaps auf das Hinterteil bekommt.

Die Träger greifen nach meinen vier Gliedmaßen und packen mich auf den Sattel. Nagender, der die Sorge um mein unversehrtes Sitzbein verinnerlicht hat wie ein Querschnittsgelähmter, schiebt mir umgehend das Sitzkissen unter den Po. Weil die dicken Schuhe nicht in die Steigbügel passen, hängen meine Beine schlaff herunter, was die Sitzposition zusätzlich destabilisiert und das Sitzen umso schwieriger und anstrengender macht. Eindringlich bitte ich meine Helfer, bloß keinen Schritt von mir zu weichen.

Mich erinnert das sehr an meine ersten Meter im Rollstuhl, damals in der Klinik. Jeglichen Gefühls für Balance beraubt, musste ich unentwegt befürchten, wie ein Mehlsack aus dem Rollstuhl zu kippen und auf dem Boden des Krankenzimmers aufzuschlagen. Lediglich mit den Händen an den Rädern und dem Halt der Rückenlehne kann ich sitzen. Weil Räder und Rückenlehne dem Pferd fehlen, gerate ich fast in Panik, so wie damals. Obwohl das Tier starr und steif steht. Wenn es den ersten Schritt tut oder gar eine Böschung hinabsteigt, werde ich schneller, als mir lieb ist, an die Grenzen meiner Belastbarkeit geraten. Ich bitte deshalb alle Teilnehmer, die besorgt zuschauen, mir Zeit zu geben. In diesen paar Minuten muss ich versuchen, mein Gespür für die spezielle Sitzposition zu schärfen. Das ist nicht leicht für Körper und Geist, die in den letzten dreißig Jahren mit dem Rollstuhl verschmolzen sind. All meine Sinne sind auf ihn geeicht, ich bin derart in ihn hineingewachsen, dass jede andere Sitzgelegenheit einen Balanceakt darstellt.

Schnell stellt sich heraus, dass von all den wackligen Positionen, die leicht nach vorn gebeugte am stabilsten ist. Gleichzeitig muss ich weit voneinander entfernt liegende Haltepunkte am Sattel finden. Optimal ist es, diagonal vorn rechts und hinten links zu greifen. So kann ich auf jede Bewegung des Pferdes ausgleichend reagieren. Trotz allem bin ich Lichtjahre davon entfernt, mit dem Pferd eine Einheit zu bilden oder mit ihm gar zu harmonieren. Ich hänge vielmehr wie ein angeschossener Cowboy auf dem Gaul. Reiten geht anders.

In den kommenden Stunden besteht meine Hauptbeschäftigung darin, nicht herunterzufallen. Wenn ich das schaffe, bin ich gut. Auf keinen Fall darf ich loslassen, selbst wenn ich meine Finger vor Kälte nicht mehr spüre. Ich darf den Blick nicht vom Boden abwenden, denn auf jede

Unebenheit des Geländes, auf jeden Schritt des Pferdes muss ich meine Reaktion einstellen, bevor der Schritt getan ist. Außerdem würde ich beim Aufschauen das fragile, mühsam erlangte Gleichgewicht verlieren. Die Landschaft bleibt mir also verborgen. Dazu wirbelt mir bei der gekrümmten Sitzposition Schnee in den Nacken, und stechender Schmerz überzieht meinen Rücken. All das muss ich jetzt aushalten, weil ich jedem gesagt habe, ich könne reiten. Das geht eine Stunde lang gut, und eine weitere Stunde beiße ich die Zähne zusammen. Ich spüre deutlich, wie dünnhäutig ich mit der Zeit werde. Dann, nach drei Stunden, ist Schluss. Stopp, aus, ich will nicht mehr, will nach Hause, will nicht mehr hier sein!

Der Wunsch, diesem Leiden ein Ende zu setzen, dominiert derart mein Denken, dass ich kurz davor stehe, alles abzubrechen. Scheißegal! Als habe Doujie mein inneres Schreien erhört, gönnt er uns plötzlich eine Pause. Diese letzten drei Stunden waren gefühlt das Schlimmste, was mir je widerfahren ist. Ich möchte gar nicht an den Rückweg denken.

Die deutliche Wetterbesserung habe ich kaum wahrgenommen, so sehr haben die Strapazen mich gequält. Es ist sogar spürbar wärmer geworden. Wir befinden uns in einem Tal, das steil ansteigt. Rundum erheben sich die Gipfel des Guosongmucha-Massivs, die weit über fünftausend Meter in die Höhe ragen. Irgendwo vor uns, an einer der Flanken dieser schneebedeckten Berge, liegt unser Ziel, der Quellgletscher des Mekong.

Erleichtert vernehme ich Doujies Plan, mich nun wieder tragen zu lassen. Wir müssen eine große Distanz im Kiesbett des Flusses zurücklegen. Das Pferd sei da zu unsicher. Er bereitet die Träger auf extrem schwierige Passagen vor. Wir müssen den vereisten Fluss mehrmals überqueren, und es wird steil.

Ich weiß nicht, wie lange meine vier Träger diese Belastung ertragen. Erst jetzt, nachdem ich selbst so sehr gelitten habe, kann ich nachempfinden, wie sie schuften, welchen Durchhaltewillen sie aufbringen, wie schwer es für sie ist, gegen die Erschöpfung und den unwiderstehlichen Wunsch nach Ruhe anzukämpfen. Ich würde es ihnen gern erleichtern. Nach circa einer halben Stunde stehen wir vor den von Doujie angedrohten Abschnitten. Es wird extrem steil, dazu erschwert lockeres Geröll unter den Füßen einen sicheren Stand. Schmelzender Schnee zwischen den Steinen macht die Wegstrecke zudem rutschig. An Steigungen verlagert sich meine Last zu einem großen Teil auf die hinteren Träger, die darüber hinaus kräftig schieben müssen.

Dagegen gleicht es nahezu einem Kinderspiel, den Fluss über das Eis, das über Nacht eine dicke Schneeschicht bekommen hat, zu überqueren. Hier sacken meine Träger tief ein und laufen Gefahr auszurutschen. Nichts wäre schlimmer als ein Sturz, bei dem sich jemand ernsthaft verletzen würde – an diesem Ort, eine Siebentagereise zu Fuß und im Jeep von der nächsten ärztlichen Hilfe entfernt.

Als wir der Biegung des Flusses folgend, in ein neues Tal kommen und mein Blick hinaufwandert, macht sich in mir zum ersten Mal die Gewissheit breit, dass ich die Quelle niemals erreichen werde. Zu meiner Überraschung empfinde ich dabei keinen Anflug von Enttäuschung.

Wir befinden uns auf 94°41'43" östlicher Länge und 33°43'97" nördlicher Breite. Extrem steile Geröllfelder liegen vor uns, die beidseitig von weitaus steileren Böschungen flankiert sind. Keine Ausweichroute, kein Umweg bietet sich an. Fassungslos stehen wir vor diesem unüberwindlichen Hindernis, das uns verstummen lässt. Jede Erklärung, dass dies das Ende ist, erübrigt sich, alle wissen es. Ich denke, Doujie war es als Einzigem vorher klar. Er hat es für sich behalten. Ich nehme ihm das nicht übel.

Trotz der Aussichtslosigkeit gibt Doujie erneut Anweisung, mich zu heben, als wolle er jegliche Zweifel an seinem guten Willen, mich zur Quelle zu führen, ausräumen. Den hege ich freilich schon lang nicht mehr. Spätestens seitdem er sich selbst dazu durchgerungen hat, mich zu tragen. Gerade als wir am Geröllfeld ankommen und ich der grotesken Situation ein Ende machen will – schließlich weiß jeder, wie sinnlos es ist weiterzugehen –, stoppt Doujie den Treck und schaut mich fast hypnotisierend an. »Andreas«, lässt er Hu übersetzen, »die Träger sind zu erschöpft, könntest du nicht ebenso diesen Ort als Quelle akzeptieren, wir sind nur dreihundert Meter davon entfernt.«

Ich muss innerlich schmunzeln, weil ich nämlich kurz zuvor aufgrund einer GPS-Messung die Quelle in fünfhundert Metern verortet habe. Da hat er sich wohl verschätzt. Nichts liegt mir ferner, als ihm das vorzuwerfen. Ich erkläre mich einverstanden.

Nagender, der die ausweglose Situation wahrgenommen hat, mache ich einen Vorschlag: »Willst du hinaufsteigen und die Reise für mich vollenden, natürlich warte ich hier auf dich?«

Nein, mein Freund fügt sich ebenfalls dem Schicksal und lehnt empört ab: »Unsere Quelle ist hier, basta. Wo du nicht bist, will ich auch nicht sein.«

Ich lächle ihn beherzt an: »Wie schön du das gesagt hast.«

Wir fallen uns spontan in die Arme.

Mit seinem Angebot, hier eine ganz individuelle Andreas-Pröve-Mekong-Quelle zu kreieren, rennt Doujie offene Türen bei mir ein. Ohne Groll akzeptiere ich meine Grenzen. Weil das Scheitern auf der ganzen Reise mein ständiger Begleiter war, der mich an jeder Ecke bedroht hat, bin ich sogar dankbar und froh, meinem Ziel überhaupt so nahgekommen zu sein.

Obwohl ich seit Monaten darauf hingefiebert habe – hier, in fast greifbarer Nähe, verliert es plötzlich seine Bedeutung. Es ist nicht mehr wichtig, ob ich zehn, hundert oder fünfhundert Meter vor der Quelle stehe. Bereits vor ein paar Stunden, als ich erschöpft vom Pferd gehievt wurde, war es, als hätte jemand einen Schalter umgelegt. Seitdem macht sich eine große Zufriedenheit in mir breit, ein schwer zu beschreibendes inneres Glücksgefühl. Und plötzlich wird mir bewusst, dass ich auf den letzten fünftausendsiebenhundert Kilometern genau danach gesucht habe. Ich bin an meinem Ziel.

## *Nachspiel*

Ohne Hast packen wir unsere Schlafsäcke aus, stellen Wasserflaschen auf den Tisch und breiten unsere Notation an Lebensmitteln aus. Sie soll sehen, dass sie uns nicht so leicht loswird.

Nagender hatte mich im Aufzug gefragt, mit welchem Betrag ich zufrieden wäre. Mindestens fünfzig Prozent habe ich ihm geantwortet. Dann, erwidert er, müssen wir hundert verlangen.

Verwundert schaut Michelle, wie wir nach und nach das Besprechungszimmer in Beschlag nehmen und uns häuslich einrichten.

»Entschuldigung, was soll das?«

»Michelle, Sie haben eingeräumt, bei Ihrer Planung die Pilzsaison falsch eingeschätzt zu haben. Trotzdem weigern Sie sich, mir das Geld zu erstatten. Wir sind zu allem bereit und werden dieses Büro erst verlassen, wenn der volle Betrag von dreitausend Euro in meinen Händen liegt. Nicht in Dollar oder Yuan, ich will Euro, wie Sie sie von mir bekommen haben.«

»Das ist unmöglich!«, platzt es aus ihr heraus.

»Das *ist* möglich. Wir können auch zur Polizei gehen«, betone ich.

Obwohl ich meine, eine Versteinerung in ihrer Miene entdeckt zu haben, bleibt Michelle cool. Entweder hat sie Routine in solchen Situationen oder es entspricht ihrer Natur. Natürlich pokern wir hoch, denn unsere Rückflugtickets sind auf morgen datiert, und sie lassen sich nur gegen einen erheblichen Aufpreis umbuchen. Ein Streit, der sich über Tage hinzieht, käme mich teuer zu stehen und würde bestenfalls auf ein Nullsummenspiel hinauslaufen.

Wir hatten Hu in Zadoi gebeten, ein Protokoll anzufertigen. Er sollte nichts beschönigen oder übertreiben. Widerwillig, unter Jammern und Klagen, mit dieser Erklärung seine eigene Entlassung zu unterschreiben, hat er die Gründe für das anfängliche Desaster aufgeführt. Mit einer Kopie davon verlässt Michelle das Besprechungszimmer und bittet um Bedenkzeit, sie müsse zunächst mit ihrem Boss telefonieren. Ein paar Minuten später ist sie zurück.
»Mein Boss möchte selbst mit Ihnen sprechen. Morgen früh wird er hier sein, dann können Sie wiederkommen.«

Offensichtlich ein Test, sie will uns auf die Probe stellen. Ich erinnere sie daran, dass wir dieses Gebäude nur mit dem geforderten Geld verlassen werden. Es folgt eine endlose Diskussion über Schuld und Wiedergutmachung mit ihr, die jedoch zu nichts führt, weil sie nicht entscheidungsberechtigt ist. Zwei Stunden später sitzt ihr Chef vor uns. Sein erstes Angebot, fünfzig Prozent zu erstatten, lehnen wir ab. Die Leistung von Hu und Yong sowie die Miete des Fahrzeuges sind wir bereit abzuziehen, aber das betrage, argumentiere ich, höchstens ein Drittel. Je näher die Schließzeit des Büros rückt, umso kompromissbereiter wird er. Am Schluss öffnet er den Safe, um mir zweitausend Euro auszuzahlen. Zuvor legt er mir eine Erklärung vor, in der ich durch meine Unterschrift bestätige, das Reisebüro niemals negativ zu erwähnen und auch keine negativen Bewertungen auf ihrer Webseite zu veröffentlichen.

Handschriftlich füge ich meiner Unterschrift hinzu: »Sollte Dolmetscher Hu die Schuld am Misslingen der Tour in die Schuhe geschoben werden oder ihm anderweitig Nachteile daraus entstehen, ist diese Erklärung ungültig.«

Bei meinem letzten Telefonat mit ihm vor zwei Wochen hat er mir erneut bestätigt, bevorzugt als *tour guide* eingesetzt zu werden.

MALIK

## Christoph Rehage
*The Longest Way*

4646 Kilometer zu Fuß durch China
448 Seiten mit 47 Farbfotos und 2 Karten. Gebunden

Mit 30 Kilo Ausrüstung und einem Traum im Gepäck tritt Christoph Rehage am Morgen seines 26. Geburtstags vor seine Wohnungstür in Beijing. Es ist der erste Schritt einer Wanderung, die durch China und Vorderasien bis ins heimische Bad Nenndorf in Norddeutschland führen soll. So ungeheuer die Idee zu dieser Reise ist, so unerwartet und wechselvoll ist ihr Verlauf ...

»Rehage, ein Reporter-Naturtalent, erzählt spannend und mit raffinierter Dramaturgie.«
*DIE ZEIT*

»Ein äußerst gelungener und intensiver Einblick in ein China, das dem gewöhnlichen Touristen sonst verschlossen bleibt.«
*Basler Zeitung*

 Film ab!